MILLE ANS DE MALHEUR

Pierre MIQUEL

MILLE ANS DE MALHEUR

Les grandes épidémies
du millénaire

Michel LAFON

Les dix plaies d'Égypte

On lit dans la Bible (Exode VII à XII) que Moïse en colère demande à Dieu de frapper les Égyptiens. Le pharaon veut maintenir le peuple hébreu en servitude et l'empêcher de rejoindre la Terre promise. Dieu envoie dix fléaux, les dix plaies de l'Égypte : l'eau du Nil, changée en sang, n'est plus potable. Trois invasions successives de grenouilles, de moustiques et de mouches attaquent les communautés de la vallée. Une épizootie décime les troupeaux, et bientôt les détruit. Une maladie mystérieuse couvre les hommes d'ulcères. Un orage terrifiant anéantit la récolte de blé. Une nuée de sauterelles ravage les terres, arrachant ce que la grêle a laissé intact. L'Égypte tout entière est recouverte par des ténèbres épaisses. On ne voit plus la lumière de Râ. Enfin Dieu fait périr dans leur berceau les premiers-nés des Égyptiens.

À cette description des plaies d'Égypte, on peut reconnaître les fléaux qui accablent l'humanité depuis mille ans (et bien plus), et dont elle n'a pas réussi à se libérer. Les morts infantiles ont beaucoup régressé, mais des bébés succombent encore dans le monde à toutes les maladies de la malnutrition et, sous nos climats, de méningites infectieuses. Les ténèbres peuvent symboliser la mort écologique, celle où une chape de plomb recouvre les villes, cachant aux aviateurs l'image de Paris ou de New York, distribuant au sein des populations des affections nouvelles, des allergies inconnues, des maux respiratoires qui peuvent être fatals.

L'orage qui détruit les récoltes évoque le vent de l'est qui abattait sur les potagers des Vosges les pluies de déchets venus de Tchernobyl. Les maladies ulcéreuses évoquent la peste et la lèpre qui firent tant de ravages, et peut-être le cancer. Les animaux ne sont pas épargnés. La fièvre aphteuse tue les bovins par millions, les moutons, les poulets sont victimes de la contagion. On s'aperçoit que leurs maux peuvent gagner l'homme, et l'on accumule précipitamment d'immenses charniers de vaches folles ou de taureaux tuberculeux.

Les sauterelles sont symboliques de ces maladies inconnues, mystérieuses et létales qui suppriment les espèces dans la flore elle-même. Les ormes disparaissent, les chênes sont menacés. On croise des plantes à l'infini pour leur permettre de résister à la pollution en bordure des autoroutes, des buissons de fleurs à feuilles monstrueuses, caparaçonnées à l'extrême, adaptées à l'agressivité du gaz mortel qui s'échappe des pots des automobiles à vingt centimètres du sol. On se perd en conjectures sur l'invasion des plages de l'Ouest par une algue verte inconnue, surgie du fond des mers pour menacer les baigneurs, et les rendre malades jusqu'à mourir.

Le texte biblique laisse-t-il entendre que les vecteurs d'épidémie seraient les animaux ? Aujourd'hui, La pollution des mers par les hydrocarbures modifie la chimie des profondeurs, et fait surgir des armées de méduses qui tuent tout ce qu'elles touchent. On ne pouvait soupçonner, au temps de Moïse, le rôle de dangereux intermédiaire joué par le moustique, inoculant le paludisme et autres tendres virus. Sans doute accusait-on les essaims de mouches noires et vertes de pourrir les substances vivantes, de les infecter, sans savoir par quel processus. Les rats étaient exemptés de soupçons, sans doute parce que les chats sacrés d'Égypte se chargeaient de les détruire. On est surpris que la grenouille, cette providence des laboratoires, soit accusée dans les Écritures des pires méfaits ; elle partageait alors avec le crapaud l'honneur sulfureux de représenter le diable, crachant le venin de l'enfer.

Si l'eau du Nil est rougie de sang, les animaux meurent, les plantes se dessèchent, les hommes sont atteints : danger des eaux, dangers de la pollution, tous les éléments deviennent suspects : les eaux comme l'air que l'on respire, et la terre que l'on creuse. Seul le feu purifie et détruit les impuretés, mais il est à Satan.

En l'absence de toute exploration scientifique, la Création soudain devient une source infinie de dangers qui sont, tels les péchés, mortels. Faute de coupable, on accuse Dieu. Il est le seul à pouvoir détériorer ce qu'il a créé. S'il est responsable de toute la Création, faut-il lui imputer aussi le mal ? Sans doute l'a-t-il lâché du ciel, comme une pluie mortelle, pour punir les hommes qu'il a rendus par là même libres de le combattre et comme souverains.

*
* *

En l'an mille, l'épidémie qui sème la mort est considérée comme une punition, un châtiment du Dieu terrible. Elle lui permet de reprendre ce qu'il a donné, la vie, en infligeant aux hommes les douleurs qui seules permettent le repentir et le salut après la mort. Les

9

maladies ne sont pas le négatif de la création, mais son complément.

Il faudra plus de six siècles pour se rendre compte qu'elles sont contagieuses. Ambroise Paré écrit en 1667 : « Peste est une maladie venant de l'ire de Dieu tempestative, hastive, monstrueuse et épouvantable, contagieuse, terrible peste sauvage farouche et fort cruelle, ennemie mortelle de la vie des hommes et plusieurs bêtes, plantes et arbres. »

La contagion admise, sinon prouvée, pousse la malédiction au paroxysme. Dieu frappe à retardement. Ceux qui sont touchés touchent à leur tour, et transmettent. Cette prise de conscience n'est nullement une atténuation aux plaies de l'Égypte, mais une explication. Dieu frappe ceux qui se touchent la main ou s'embrassent sur la bouche. Il tue par l'amour.

À la fin du premier millénaire, on ignore tout de la peste, fléau de Dieu au même titre que la guerre et la famine. On la subit et on en tremble. Est-elle l'instrument du jugement dernier ? Tous les hommes sont-ils destinés à mourir ensemble, emportés par une épidémie millénariste ? Vont-ils tous se coucher et attendre le jugement dernier ?

Pourtant la répétition des vagues de peste, depuis des siècles et des siècles, interdit de considérer cette plaie comme particulière à l'an mille. Hippocrate avait connu la peste de Périclès, celle que décrivait Thucydide dans l'*Histoire de la guerre du Péloponnèse*. Mais on n'en attendait pas à l'époque la fin du monde. Il était admis qu'elle était l'une des calamités cycliques, inévitables, dans l'histoire des hommes. Elle faisait partie du processus de création.

En l'an mille, fléau de Dieu ou non, on se doutait bien que cette calamité avait une cause, même si l'on était incapable de la déterminer avec précision, pas plus qu'on ne pouvait le faire pour la lèpre, la variole, et la syphilis. Dans l'ignorance, les médecins en étaient venus à isoler les malades, à construire des léproseries. Mais pour la peste, l'attaque était trop rapide. Le seul salut était dans la fuite. L'évêque de Carpentras, pour échapper à l'air pestilentiel, se fit construire un palais sur une colline proche, le pape se réfugia à Castel Gandolfo, comme si l'on soupçonnait les communautés urbaines d'être responsables de l'épidémie, en raison de la concentration des matières putrides, non évacuées par un système d'égouts efficace.

On avait déjà oublié alors la prophylaxie des Romains par l'usage des eaux, qui entraînaient la pollution des villes vers la mer. On croyait découvrir que la « putridité » des lieux gagnait le corps des hommes et que les « miasmes » des cadavres et des immondices étaient des foyers de maladie. On assimilait la maladie aux « immondices » du corps, aux « humeurs malsaines ».

On décrivait ces humeurs comme si elles étaient les causes déterminantes, toujours identiques, des maladies. On élaborait une somme de notions abstraites, permettant aux médecins de jargonner à l'infini, comme si le raisonnement sur les mots pouvait supprimer le mal, comme si nommer la maladie suffisait à la conjurer. Après le recours au panisme religieux, on entrait dans les voies de Thomas Diafoirus, qui cherchait dans Aristote, Galien et Hippocrate des parades magiques à la mort galopante dont ces illustres médecins et philosophes avaient été, en leur temps, les victimes impuissantes.

Que pouvait alors la médecine contre la malédiction ? On cherchait, pour apaiser la colère de Dieu, d'autres méthodes pour l'écarter, par exemple les flagellations collectives ou les pèlerinages au sanctuaire des saints guérisseurs. Les Grecs avaient Esculape, les Chrétiens du Moyen Âge saint Roch et bien d'autres protecteurs mobilisés dans les villages comme sauveurs possibles. On cherchait aussi des boucs émissaires, les lépreux, les juifs que l'on condamnait par milliers au supplice du feu en période d'épidémies, sous prétexte qu'ils avaient tué le Christ. Les membres du clergé dénonçaient l'impiété et l'immoralité, comme si elles étaient la cause des fléaux. Les sorciers et les sorcières, qui recouraient à la magie et aux plantes pour soigner les hommes, étaient dénoncés et condamnés à mourir dans les flammes des bûchers de l'Inquisition comme suppôts du diable.

Les astronomes faisaient fortune en étudiant les passages des comètes et la configuration des planètes pour donner une explication aux grandes épidémies. Ceux-là n'étaient pas condamnés, mais au contraire encensés et recherchés, car on considérait leur science comme utile. Les astronomes de l'université de Paris étaient fréquemment consultés et donnaient des avis lors des pestes, comme s'ils avaient le pouvoir d'annoncer la venue ou la fin des calamités.

Les marchands d'amulettes, de gris-gris et de médailles pieuses s'installaient à l'entrée des sanctuaires, prétendant protéger de la peste par un morceau de la vraie croix ou de la verge d'Aaron. Il s'agissait de se protéger du mauvais sort. Une potion miraculeuse, l'intervention d'un esprit saint, la cure d'eau de source purifiée par quelque gourou local étaient considérées comme le moyen le plus efficace de guérir, ou du moins d'échapper au mal.

La purification est alors fort en vogue. Le sang des pucelles est très recherché par les nobles dames dans la Quête du Graal. On assure qu'il a des propriétés miraculeuses. On prône la guérison du corps par celle de l'âme, confondant constamment le moral et le physique. L'évêque de Gênes, au XIIIe siècle, racontera dans la *Légende dorée* la guérison de l'empereur Vespasien

12

par la prière et la simple imposition des mains. Une thérapeutique qui tenait du miracle : « Aussitôt, dit-il, les vers lui sortirent du nez et il retrouva la santé. » Les thérapeutiques spirituelles existent donc, et la foi en Dieu ou dans le pouvoir d'intercession des saints peut être plus efficace que la pseudo-science des médecins, alors balbutiante.

On considère le corps malade comme impur, promis à la gangrène, au pourrissement. Expulser les impuretés est une thérapie. Pour guérir les enfants qui avaient des douleurs au ventre, les villageois de l'an mille les confiaient aux forgerons. Ceux-ci faisaient semblant de frapper le ventre de la petite victime avec un énorme marteau. Ils s'arrêtaient au ras de la peau. La terreur panique ainsi provoquée était jugée propre à chasser les mauvais esprits du corps. On ne distinguait pas, dans la maladie, ce qui venait de l'organisme et ce qui émanait de l'âme. Dieu seul était responsable. C'est lui seul qui avait le pouvoir de guérir. Il était donc inconvenant de commettre le péché d'orgueil et de chercher à percer les secrets de la nature. S'en remettre à la seule volonté divine, au Dieu guérisseur et à ses saints, était la seule thérapie possible. Le Christ n'avait-il pas guéri le paralytique, rendu la vue à un aveugle, ressuscité un mort ?

L'an mille est celui des croisades, de la foi vive, de l'angoisse religieuse. Les croisés ne partent pas seulement pour libérer les Lieux saints, mais pour permettre au Fils de Dieu de revenir une fois encore à Jérusalem, et au monde de sortir de l'Histoire. Des paysans par milliers, avec leurs femmes, s'en vont mourir sur les routes desséchées de l'Asie Mineure. On connaît même une pitoyable croisade des enfants. Comment ces croyants, isolés dans leurs régions fermées, sans contact avec la science antique dont les héritiers sont les médecins arabes d'Espagne et d'Afrique du Nord,

13

pourraient-ils imaginer que les épidémies ne sont pas le fléau de Dieu mais des faits de nature?

*
* *

Le fatalisme chrétien récurrent devant la mort iné-luctable, dont l'instant est choisi par le Ciel, n'ouvrait pas grand espoir aux médecins des universités qui pro-liférèrent en Europe à partir du XIIIᵉ siècle. Ceux-ci ne parvenaient pas à établir avec précision les causes des maux qui frappaient les hommes, d'autant que les apprentis médecins étaient des clercs qui devaient lire uniquement les ouvrages de l'Antiquité reconnus et adoptés par l'Église. Il était par exemple considéré comme criminel et impie de s'écarter du médecin grec du royaume de Pergame, Galien, dont les Pères approu-vaient béatement les ouvrages. Personne n'avait le droit de toucher à un cadavre. L'interdit religieux s'op-posait à la dissection.

Pendant des siècles il ne sera donc pas question de guérir, mais de prendre position par rapport au malade. L'épidémie engendre une terreur telle qu'à partir d'un certain nombre de victimes, le pouvoir politique en place est contraint d'y faire face.

La première mesure qui vient à l'esprit, nous l'avons vu, est l'isolement: on construit des léproseries pour mettre à l'ombre, de leur vivant, ceux dont la vue offense les croyants, ceux qui portent les stigmates du mal sur leur visage. On isole aussi les villes de pestifé-rés, pour empêcher le mal de se répandre. La troupe est mobilisée pour enfermer les pesteux dans leur espace urbain que les puissants ont déserté pour se réfugier sur les hauteurs où l'air est pur.

Mais, peu à peu, on va se dire que ces malades sont aussi des chrétiens, qui souffrent mille morts et se

14

repentent chaque jour de leurs péchés. La souffrance est un moyen de recevoir l'absolution, de toucher au salut. L'épidémie est une rédemption. Dès lors, le devoir de charité impose aux croyants non touchés par la maladie de se dévouer au salut de leurs frères, de les soigner, de les enterrer en période de peste, au risque de perdre leur propre vie. Ainsi s'ouvre la période hospitalière, où les malades sont enfermés dans des espaces ouverts, où l'on peut les visiter. Les dames d'œuvres se font même un devoir de charité d'y paraître, pour le salut de leur âme.

Sainte Hildegarde, mystique et bénédictine allemande, créatrice au XIIᵉ siècle des monastères de Rupertsberg et d'Eibingen, explique, dans un livre destiné aux candidats à la vie monastique intitulé *Scis vias* (Connais les chemins) : « Dieu n'habite pas dans les corps bien portants… Combien ont déjà, pour nous, témoigné qu'à la seule épreuve physique ils doivent d'avoir pris conscience de leur vocation spirituelle. » Bienheureuse l'épidémie qui favorise les conversions collectives, remue la masse des chrétiens, les porte en troupeaux blessés vers le salut.

Cinq siècles plus tard, alors que la médecine est tout aussi impuissante devant les maladies à virus, Vincent de Paul recommande à ses Filles de la Charité de se précipiter au domicile des malades. Il a donné lui-même l'exemple en se rendant seul au domicile d'un pestiféré d'un village des Dombes dont il était le curé. Cet homme se mourait d'inanition faute d'avoir reçu des visites. Il avait été abandonné à son sort par la communauté chrétienne.

Les Filles de la Charité, disait Vincent de Paul, doivent, non pas soigner les mourants, ce qui est impossible, mais arriver à temps pour les aider à recevoir la bonne mort, celle qui les place à la droite du Seigneur. La disciple préférée du saint homme, Louise de

Marillac, elle-même plus tard canonisée, met toutes ses forces au service des malades, jusqu'à en mourir. Le devoir de charité n'esquive plus l'hôpital, mais y conduit au contraire les riches et les puissants en priorité. Les héros de la lutte contre la peste à Marseille, au «siècle de l'impiété», en 1720 pendant le règne du régent d'Orléans, seront quand même un évêque et un chevalier, des privilégiés.

Les souverains de France et d'Angleterre donnent l'exemple de cette charité en usant depuis des siècles de leur pouvoir magique de guérir les écrouelles, ces abcès répugnants dont on découvrira plus tard l'origine tuberculeuse. Ces rois médecins ont le devoir, dès qu'ils ont reçu le saint chrême de l'onction, de faire la preuve publique de leur pouvoir thaumaturgique. Nul ne remet en question ce rite, qui sera encore pratiqué au XIXᵉ siècle, lors du sacre de Charles X à Reims.

Les monarques guérissent des scrofuleux, porteurs de plaies purulentes au cou, à la face, à l'emplacement des ganglions atteints de tuberculose, marquant d'un signe de croix les plaies des malades dont on attend la guérison miraculeuse. En France, ce pouvoir s'exerce depuis le règne du capétien Philippe Iᵉʳ au XIᵉ siècle. Édouard le Confesseur, en Angleterre, en fut aussi l'heureux bénéficiaire.

Ce pouvoir est héréditaire, mais ne s'attache qu'à la personne du souverain et il est bien d'essence religieuse : c'est parce que le roi de France est le descendant de ceux d'Israël, l'élu de Dieu, qu'il dispose d'un don surnaturel, celui des saints et des prophètes. Au XIVᵉ siècle, on prête plus de huit cents guérisons au toucher du roi d'Angleterre Édouard III. Leurs contemporains ont cru à ces miracles, en raison du caractère de sainteté du pouvoir royal qui ne faisait à leurs yeux aucun doute. Et même si le roi était un potentat dissolu, corrompu, et criminel, son pouvoir restait sacré.

L'efficacité thérapeutique du toucher royal était cependant très incertaine, mais on admettait que la grâce ne pouvait se manifester constamment. Il en est ainsi, de nos jours, pour les malades pèlerins de Lourdes. Certains scrofuleux se représentaient une fois, deux fois et plus s'ils le pouvaient, n'ayant pas été guéris au premier toucher. On devait admettre que les rois ne guérissaient pas tout le monde, et cependant chaque malade espérait fermement bénéficier comme ses compagnons du divin miracle.

La croyance aux rois thaumaturges était telle qu'elle déborda sur le règne des Bourbons pour atteindre aussi Bonaparte. Touchant les pestiférés de Jaffa, celui-ci s'attribuait, sinon un pouvoir de guérisseur, du moins une sorte d'invulnérabilité aux épidémies qui caractérisait les héros élus de Dieu.

Puissance de la propagande politique, exprimée alors par la peinture et les images d'Épinal. Le miracle n'était pas que le roi ou le général Bonaparte, héros des guerres d'Italie, guérît les pestiférés, mais qu'il ne fût pas lui-même atteint. Il exerçait moins un pouvoir magique qu'un devoir de charité, en donnant l'exemple du sacrifice aux pauvres et aux affligés. Chaque bénéficiaire du toucher royal recevait en outre une petite somme : si la grâce n'avait pas joué en sa faveur, il lui restait les écus.

*
* *

On a compris que, de l'an mille jusqu'au siècle des Lumières, début de la médecine expérimentale et des succès de la vaccination, les hommes sont pratiquement démunis contre les épidémies qui les frappent en rafales répétées d'un siècle à l'autre. En racontant l'histoire de ces fléaux exterminateurs, largement responsables de l'arrêt des cycles de peuplement, on n'a pas assez tenu compte des voyages de l'Occident en Orient, des mouvements migratoires, de l'arrêt des guerres et des campagnes, de la ruine des royaumes quand la moitié de la population des villages et des villes était soudainement frappée par le mal du Ciel.

Contre ce déferlement des pestes, que pouvaient les rois thaumaturges ? Louis IX, dit Saint Louis, faiseur de miracles réputé dans la chrétienté, devait lui-même mourir de la peste qui avait liquidé toute son armée devant Carthage, en 1270. Pieusement étendu sur un lit de cendres, il succombera à son tour au fléau.

Un fléau qu'il faut accepter, encore une fois, comme une épreuve venue du Ciel, qui renforce la foi et promet le salut. Le culte de la souffrance propre aux chrétiens englobe les calamités naturelles.

L'intérêt historique des grandes épidémies ne tient pas aux miracles et aux procédés thérapeutiques inefficaces dont elles ont été, au cours des siècles, l'occasion, mais bien aux réactions des sociétés et des pouvoirs devant le mal considéré toujours comme un châtiment de Dieu. Dans la très longue succession des siècles où la religion est au cœur des conflits et au centre des pouvoirs, les épidémies posaient problème : faute de savoir les endiguer, on était contraint de vivre avec, et d'imaginer des traitements sociaux à une calamité plus mortelle encore que la guerre, aussi éprouvante que la famine.

Chacune des grandes épidémies a créé des paniques comparables à celle qui affecte, avec le sida, la société contemporaine. La lèpre est la terreur du XIIe siècle et la reprise des pestes, qui atteint son point culminant au XIVe siècle, entretient périodiquement la peur du châtiment jusqu'au XVIIIe et au-delà. Les rois de France ont été les premières victimes de l'épidémie de vérole au XVIᵉ siècle, et de variole au XVIIᵉ. La tuberculose a frappé les grands comme les humbles au XIXᵉ siècle. Les fièvres intestinales, comme le choléra, les dysenteries, le typhus et la typhoïde continuent à éclater de nos jours sur quelques points de la planète, et même en France où l'on signale encore périodiquement des cas de typhoïde, et des flambées de méningite cérébro-spinale, sans oublier la poliomyélite, mortelle ou très handicapante dans les années 40.

La source principale de la panique est qu'aucun vaccin, aucune thérapeutique n'existe quand le mal est nouveau, et qu'il faut attendre parfois plusieurs siècles avant que la parade ne soit mise en œuvre. Il faut beaucoup de courage au duc d'Orléans pour faire vacciner ses propres enfants contre la variole, alors que l'injection du vaccin à l'époque peut être encore mortelle. On peut rapprocher de cette expérience humaine le cas du jeune Alsacien soigné contre la rage par Pasteur, et qui devait mourir de l'inoculation.

Les efforts de la science pour juguler les maladies contagieuses ne sont donc nullement immédiats et magiques. Ils supposent une période plus ou moins longue d'expérimentation où la médecine ne peut être assurée de rien. Le climat de panique se prolonge jusqu'au moment où l'efficacité des soins est avérée, manifeste, pratiquement sans bavures.

On s'est habitué rapidement à penser, dès le début de la médecine expérimentale au XVIIIᵉ siècle, que la patience des foules de malades potentiels était récompensée dès lors que le mal était repéré, décrit, étudié, démystifié. Personne n'attribue plus la tuberculose à la colère divine au siècle de Byron et de Musset, même si le remède à l'épidémie n'intervient concrètement dans la thérapeutique qu'après la Seconde Guerre mondiale. Ni Louis XIV ni Louis XV ne se croient les victimes d'une vengeance du Ciel quand une partie de la famille succombe au cours des épidémies de variole. Cependant la conversion de Louis XIV, sa bigoterie de fin de règne, peuvent être pour une part attribuées à la succession des malheurs qui l'ont frappé dans son entourage et à sa propre déficience physique.

Les médecins de Molière étaient d'une redoutable inefficacité dans les soins, et leurs successeurs, au fil des ans, ne valaient pas mieux. Il faudra le sens pratique d'un major des armées pour arracher Louis XV à la mort au cours d'une étape à Metz sur le chemin d'Allemagne. La Faculté l'aurait laissé doctement mourir. Cette impuissance du corps médical officiel explique la persistance des pratiques religieuses ardentes dans les périodes d'épidémie.

La peste exerce périodiquement ses ravages dans les quartiers de Paris au XVIIᵉ siècle, et le rythme des processions expiatoires ne se ralentit pas. La religion ne renonce certes pas à jouer son rôle, en dénonçant les maux liés aux péchés. Les prédicateurs ont utilisé la terreur inspirée au public chrétien par la Grande Peste de 1631 dans les prédications recommandées par le mouvement de la Contre-Réforme, pour impressionner les foules et les ramener au culte catholique. Naturellement, pour obtenir l'édification des fidèles, le clergé doit donner l'exemple, comme saint Vincent de Paul à sa Mission de Saint-Lazare, de la charité et du sacrifice.

Mais on connaît désormais le mal, on peut le décrire, le nommer. Il est devenu objet d'études, de réflexions. Même s'il n'est pas en passe d'être jugulé, faute d'une recherche appropriée et outillée, il est trop familier pour qu'on espère de pouvoirs uniquement magiques des guérisons problématiques. Il frappe à la porte des grands comme des faibles, et la seule attitude convenable est de prier pour qu'il s'éloigne au plus tôt.

Quand les Missions de Saint-Vincent de Paul en Afrique et en Italie sont détruites par la peste, il n'est pas question d'en imputer la responsabilité aux péchés des missionnaires, saints hommes qui en sont les premières victimes.

On sait que le mal frappe dans les ports, et qu'il vient des bateaux. On les met en quarantaine dès le XIVe siècle. En 1347, le port de Gênes est fermé aux galères rentrant de la mer Noire, en raison des rumeurs persistantes : dans toutes les escales, la peste a fait des ravages, à Constantinople comme à Messine.

La notion de contagion s'installe tard dans les mentalités. Frascator, poète et médecin italien a baptisé le premier syphilis le «mal de Naples», dont mouraient les chevaliers français de Charles VIII et de François Ier, au temps des guerres d'Italie. Il a décrit les causes de la maladie, les *seminaria*, petites substances invisibles, germes microscopiques qui passent d'un individu à l'autre et transmettent la maladie par contact. Le sexe et la bouche, mais aussi les pores de la peau, peuvent favoriser l'infection. Ces animalcules n'attaquent pas seulement les hommes. Ils peuvent propager d'autres maladies aux plantes et aux animaux.

Mais qui prend au sérieux Frascator ? Il faudra attendre que l'inoculation variolique en 1720, la découverte de la propagation de la fièvre puerpérale en 1847, et enfin la transmissibilité de la tuberculose démontrée par Villemin en 1867, mettent sur le chemin des découvertes décisives de Pasteur. Sans doute, même à l'époque pasteurienne, les parades aux infections sont loin d'être toutes opérationnelles, mais chacun peut et doit alors se convaincre que seule la science apporte une réponse appropriée aux maux multiples qui frappent l'humanité depuis l'an mille.

*
* *

Que d'efforts, pour analyser les maladies connues, répertoriées, ayant fait des millions de victimes depuis le début du millénaire ! Tout commence avec la révolution copernicienne de 1543, quand le savant polonais établit que la Terre tourne autour du Soleil, et non l'inverse. Il faut réviser l'ensemble des connaissances pour faire progresser non seulement l'astronomie, mais toutes les autres sciences.

Une découverte décisive est celle des micro-organismes par le naturaliste hollandais Van Leeuwenhoek qui les observe au microscope en 1665. Il est dès lors possible d'expérimenter sur les germes, ce que pressentait seulement le génial Frascator, et qu'il n'avait pas réussi, faute de moyens d'observation, à apercevoir. Et pourtant, en haut lieu, nul n'encourage alors ces recherches, comme si elles ne présentaient pas le moindre intérêt.

«La vérité fait moins de bien dans le monde que ses apparences n'y font de mal», écrivait La Rochefoucauld. La médecine officielle n'a que faire d'un Frascator ou d'un Van Leeuwenhoek, fort éloignés des cercles universitaires et académiques. Pour la Faculté, la santé est le résultat d'un équilibre physique et moral, qui ne peut être atteint par des substances venues d'un autre corps vivant. On l'a dit, ce sont l'air et le climat, c'est-à-dire l'environnement, qu'il convient d'incriminer. Quand on admet la propagation des épidémies, on refuse de les considérer comme le résultat de contacts humains, elles sont liées à la circulation des vents, au cosmos, et prévisibles par l'observation des astres. La contagion par le vivant n'entre pas dans la doctrine, elle est rejetée, même au XIXᵉ, le grand siècle de la Science, celui de Pasteur.

Seule la démonstration de ce savant français et celle de l'Allemand Koch vont permettre de pulvériser l'ancienne théorie, et d'assurer la voie libre à la science expérimentale. Le combat contre les épidémies, toujours en cours, n'a en somme des chances sérieuses d'aboutir que depuis un siècle et demi. Encore est-il compliqué aujourd'hui par les progrès fulgurants de la biologie moléculaire, qui indique aux chercheurs de tout autres pistes, et par la modification des germes pathogènes sous l'effet du milieu, des réactions des individus, ainsi que par la découverte de nouvelles maladies.

L'affaire de la vache folle reprend le thème pasteurien des chiens porteurs de la rage, renouvelé avec la lutte entreprise contre les renards, et autres mammifères portant atteinte à l'espèce humaine. Il est ainsi devenu clair que les barrières entre les règnes du vivant tombent, et que des maladies affectant les animaux peuvent agresser le milieu humain. Ainsi les renards sont-ils détruits dans l'Europe du Nord-Ouest avec un luxe inouï de moyens déployés.

La route est longue qui conduit à l'élimination des antiques fléaux. Mais les résultats sont spectaculaires : la variole et la tuberculose presque entièrement éliminées, la peste très réduite, la lèpre conjurée, le choléra en régression, le paludisme maîtrisé, tout indique que les armes offertes par la science ont été efficaces, depuis surtout un siècle. Les longs efforts des hommes pour faire face aux épidémies se sont insérés par force dans l'Histoire, jusqu'à rendre leur apport nécessaire à la compréhension du destin des sociétés depuis le Moyen Âge. Mille ans de pestes, de variole et de choléra ont compté beaucoup plus pour le malheur de l'humanité que la répétition des guerres.

Car le rapport social et culturel entre les hommes est profondément bouleversé par les cyclones épidémiques, et plus ou moins rapidement reconstitué selon d'autres critères. Le désespoir qui s'affiche au fronton des cathédrales du gothique flamboyant au XIVᵉ siècle, cette hantise de la mort mise en lumière par l'historien néerlandais Huizinga, l'attente d'un nouveau monde, d'une renaissance de la société, où l'homme ose affirmer, avec Michel-Ange, la vérité des corps nus, la solidité d'un rapport plus franc avec la réalité, plus exigeant avec la nature, moins complaisant avec les fausses sciences du passé s'affirment et se précisent à partir de la série d'hécatombes que la Grande Peste noire a provoquées dans la plupart des nations européennes.

Il reste que la confrontation des hommes avec les maladies a suscité des attitudes sociales dont la description n'est sans doute pas inutile, à voir les réactions qui ont suivi la découverte du sida. La prise de conscience progressive, et sans cesse remise en question, que la maladie et la mort impliquent une réflexion sur le rapport social ne s'arrête pas au domaine de la médecine et de l'hygiène. Chacune des grandes épidémies pose, en termes différents mais comparables, ce rapport du fléau et de la réponse sociale et culturelle qu'il appelle.

Par ce biais essentiel, les épidémies sont objet d'histoire, au centre de l'évolution humaine et justifient l'approche de cet essai. Elles concernent sans doute la démographie, mais beaucoup plus l'histoire des mentalités. Du traitement de la peste à celui du sida, un millénaire s'est écoulé. Il a changé le regard des hommes, en dépit des archaïsmes de certains comportements contemporains et de l'impuissance provisoire de la médecine devant le nouveau fléau.

Cette longue histoire des épidémies met en question les institutions et les pouvoirs, mais aussi le courage individuel et collectif des hommes confrontés au passage de la mort, qui s'exprime de siècle en siècle avec d'autant plus de mérite que les fléaux sont multiples, souvent inconnus, et suscitent des terreurs qu'il semble impossible de maîtriser.

Les dix plaies de l'Égypte n'ont jamais cessé de menacer l'humanité. Elles frappent encore sur la planète, d'un continent à l'autre, soudainement et massivement. Ceux qui ont eu le courage de faire front au péril de leur vie comptent parmi les vrais héros, souvent oubliés, parfois inconnus de l'humanité souffrante. Ils ont marqué de leur sacrifice les itinéraires du deuxième millénaire.

Chapitre premier

La grande rafle des lépreux

Le Moyen Âge, dès l'an mille, est le temps de la lèpre, mal horrible qui ronge, mutile, pourrit, atrophie, défigure. La lèpre est une image de la damnation, des tortures de l'Enfer. Elle ne se peut regarder fixement.

Incurable, comme tous les maux venus du Ciel, elle donne au malade un avant-goût des souffrances éternelles, s'il n'a pas les moyens de se racheter. Le lépreux n'a plus de temporalité puisqu'il est incurable. Il est déjà installé dans sa propre mort, il assiste à la décomposition de son propre corps, lambeau par lambeau. Il n'a plus d'yeux, ni de membres, il est réduit à son squelette misérablement atrophié. Et à son âme, qui ne le quitte pas. Il est le témoin de sa déchéance. Personne ne lui prend plus la main, parce qu'il n'a plus de main. On ne lui parle plus, il n'a plus d'oreilles. Il n'entend plus comme saint François d'Assise le chant des oiseaux, il ne voit plus comme saint Augustin la douce lumière de l'été qui caresse la peau des fruits, il a perdu l'usage des sens.

Qui parle de l'abandonner? Sa souffrance est

rédemptrice, puisqu'elle vient du Seigneur. Il faut au contraire le chérir, et, même si on l'enferme, le visiter, oser s'aventurer dans la léproserie, ce purgatoire des âmes perdues. L'enfermement du lépreux n'est pas une sanction, mais, dit l'Église, une sanctification. Créer un espace de souffrance est une démarche pieuse.

Faute de pouvoir guérir les lépreux, dont on pressent qu'ils peuvent entraîner les autres dans leur chute par leur baiser mortel, on les enferme à jamais. La lèpre est la première maladie supposée contagieuse qui ait fini par contraindre les autorités municipales du Moyen Âge à isoler les corps contaminés du reste de la société chrétienne, jusqu'à leur mort définitive.

Les rafles de lépreux se font sur ordonnance. Le Troisième Concile du Latran, réunion des cardinaux et des évêques autour du pape Alexandre III en 1179, décide de prendre des mesures d'internement des lépreux, accompagnées d'un rituel de séparation en tous points comparable à l'office des morts.

La cérémonie était minutieusement réglée. Dès qu'un cas de lèpre était signalé et confirmé, dans le meilleur des cas par un médecin, par un juge ou par quelque autre autorité locale, le prêtre, revêtu de ses ornements sacerdotaux, devait se rendre solennellement, en procession, au domicile du malade. Il était précédé de la croix, tenue par un paroissien ou un enfant de chœur. Le lépreux, informé de cette visite, devait attendre pieusement le représentant de la religion, à genoux et pieds nus, comme un coupable.

Le prêtre l'exhortait à souffrir avec patience et dans un esprit de pénitence le mal incurable dont Dieu l'avait frappé. Le malade était ensuite recouvert du drap noir mortuaire, celui du catafalque, après avoir été confessé. Il était chassé de la communauté urbaine, mais restait dans le cadre de la chrétienté. Aspergé d'eau bénite, il était conduit à l'église, dans une procession où l'on chantait les mêmes versets qu'aux enterrements.

Après avoir franchi le porche, il abandonnait ses vêtements ordinaires, aussitôt brûlés sur un bûcher. Revêtu d'un habit noir descendant jusqu'aux pieds, il s'agenouillait devant l'autel, entre deux tréteaux, et entendait la messe sans avoir le droit de lever les yeux. Il devait fixer humblement le sol et ne pas chercher à regarder le ciel. On chantait, comme aux funérailles, le *Libera me, Domine*.

Dès que l'office était terminé, le malade était accompagné tout aussi solennellement à la maladrerie. Le prêtre et son cortège, suivis de la famille du malade et des paroissiens du quartier, s'arrêtaient au seuil. L'officiant arrosait de nouveau d'eau bénite le lépreux, à qui il adressait en latin une dernière exhortation. Il lui prodiguait alors des consolations, puis lui jetait une pelletée de terre du cimetière sur la tête et sur les pieds, par trois fois, en disant : «Mon ami, c'est le signe que tu es mort au monde et pour ceci aie patience en toi, et loue Dieu en tout. »

Ce rituel de la séparation faisait du malade un mort vivant: ainsi l'avait voulu le pape Alexandre III. Symboliquement, la rupture des lépreux d'avec la communauté était devenue une exigence de l'Église. Rolando Bandinelli, Siennois d'origine élu sous le nom d'Alexandre, n'était pas un pape traditionaliste et borné, mais un esprit éclairé du XIIe siècle, professeur de droit canon à Bologne, protecteur des étudiants et fondateur d'universités. Mais c'était aussi un homme d'action, capable d'imposer au roi d'Angleterre Henri II une pénitence après le meurtre de Thomas Becket, et de s'opposer au puissant empereur du Saint Empire romain germanique Frédéric Ier, dit Barberousse. S'il faisait enfermer rituellement les lépreux, c'est qu'il croyait la société en grand péril et proposait des mesures drastiques, définitives.

Le pontife, ancien professeur de droit, avait pris ses précautions. Il recommandait une enquête soigneuse, une expertise approfondie des simples suspects. Il existait déjà, depuis le IXe siècle, des maladreries. Il suffisait d'étendre le système. Le malade ainsi séparé du monde des vivants n'avait plus d'existence légale, il n'était plus serf, vilain, artisan ou noble seigneur. Il perdait sa capacité civile au sein de sa propre famille qui se ruinait en procédures pour tâcher de récupérer ses droits. Il ne pouvait plus aliéner, ni donner ; il gardait l'usufruit de ses biens, s'il en possédait, mais il n'était plus en mesure ni de tester, ni d'hériter. Il était exclu, sans appel.

*
* *

Donc, au XIIe siècle en France, le devoir de tout chrétien est de dénoncer les lépreux. On leur prête des conduites diaboliques, et particulièrement le désir de communiquer leur mal à tout le village. Certains sorciers n'osent-ils pas prétendre soigner la terrible maladie envoyée par le Ciel en proposant d'ignobles et sataniques remèdes à base de serpents, animaux maudits de l'Écriture ?

— Prenez, disent-ils, des serpents à dos noir, liez-les par la tête ou la queue, flagellez-les de brindilles ; que deux hommes les coupent, l'un la tête, l'autre la queue... Faites-les cuire à l'eau jusqu'à la séparation des chairs et des os, avec beaucoup de fenouil.

Ce remède étrange était destiné à faire changer la peau du malade comme change celle des serpents, à obtenir une mue par des moyens magiques. Il n'en fallait pas plus pour que cette pratique fût dénoncée comme diablerie. François Bériac[1] raconte qu'au printemps de 1321, des centaines de lépreux furent condamnés sous ce prétexte au supplice du feu et accusés de « complots contre la chrétienté ».

Ailleurs, les malades de la lèpre sont censés empoisonner l'eau des puits, pas forcément par malveillance. Tout ce qu'ils touchent est maudit. On les accuse d'entraîner leur famille et leurs amis dans la maladie, ils sont réputés dangereux, montrés du doigt. La dénonciation est le début du processus d'exclusion. Le malade doit comparaître devant un jury d'épreuve, s'il veut éviter les agressions dramatiques des gens du village.

Mais qui peut « éprouver » ? Les médecins sont rarissimes, ils n'existent que dans certaines villes. Les magistrats ecclésiastiques des officialités diocésaines ne se déplacent pas facilement dans les campagnes, qui n'ont même pas de chirurgiens barbiers. Un simple jury de « ladres », c'est-à-dire de lépreux, peut suffire à constater la maladie. On considère les malades comme les meilleurs juges. Les lépreux sont donc très souvent reconnus par d'autres lépreux, condamnés, entraînés dans la malédiction.

Il est ainsi facile de se débarrasser d'un parent dont on désire les biens, d'un voisin jalousé, d'un riche fermier dont on envie la prospérité. Qu'il montre des plaies au visage, des écorchures sur les mains, le voilà réputé lépreux, enfermé à vie, dépossédé. Le pape Alexandre a pourtant interdit la désunion des ménages. Un lépreux reste marié. Le mariage est un sacrement qu'il est impossible de rompre. L'épouse a le pouvoir, quand elle en a les moyens, d'exiger un jugement honnête. Mais elle doit se résigner à la séparation, sous peine de poursuites une fois la sentence tombée.

---

1. François Bériac, *Lèpre et société en Aquitaine, XIIIe-XVIe siècle*, thèse d'État.

Si l'on veut faire appel, il faut se rendre dans une léproserie convenable, pourvue de maîtres et de médecins dont le jugement soit respecté. À Chartres, au Grand-Beaulieu, les malades viennent de loin. Il n'est pas rare qu'ils soient déclarés sains.

S'ils sont reconnus porteurs de la terrible maladie, il revient à l'official, un juge ecclésiastique, de prononcer la sentence. Un juge laïque peut aussi faire l'affaire. Le malade reçoit alors son identité de lépreux, qui se substitue à son ancien état. Dans les régions pauvres, toujours menacées de famines ou de disettes, l'enfermement des malades indigents et non secourus dans la maladrerie est considéré comme une sorte de pitoyable sécurité. Le patient est assuré d'y mourir de la lèpre et non de faim, car le nourrir est un devoir de charité.

La répression se fera moins sévère au cours des siècles, quand l'épidémie se résorbera. Le malade pourra alors faire appel quand la sentence se révélera manifestement injuste. On connaît le cas d'une jeune Anglaise, Johanna Nightingale, de Brentwood dans le Kent, dénoncée dans son comté et examinée par un jury incompétent. Elle obtint de passer devant une commission médicale et fit le voyage de Westminster, où elle fut déclarée saine. Mais l'histoire est du XVe siècle. Au XIe, les juges se montrent moins scrupuleux.

*
* *

Le départ en maladrerie est en fait décidé par l'autorité civile ou ecclésiastique en fonction des coutumes des régions, et des menaces de l'épidémie. La loi du pape est loin d'être uniformément appliquée. Certains évêques, à Besançon sur le Doubs, à Troyes en Champagne, à Vienne en Dauphiné, osent s'affranchir du cérémonial funèbre, refusant de considérer les lépreux comme des mourants privés de leurs droits.

On tient cependant à les signaler au reste de la population par un grand luxe de moyens. Dès le IXe siècle, on les a tous obligés à porter «un vêtement de dessus fermé pour qu'on les distingue des personnes saines». Les curés ordonnent à leurs paroissiens de nourrir et d'entretenir à domicile les ladres, pour que ceux-ci n'aient pas à se rendre sur les lieux de travail dans les villes. Des règles fort strictes sont appliquées localement pour éviter la promiscuité des lépreux. Il leur est interdit de fréquenter les foires et marchés, de se mêler à la foule dans les processions, réjouissances, carnavals, fêtes religieuses ou civiles, entrées de prince. Il n'est pas question qu'ils assistent aux mystères de Notre-Dame de Paris, aux spectacles des jongleurs. Les places des villes, où la population se rassemble en permanence et en toutes occasions, leur sont rigoureusement interdites.

À partir du XIe siècle, ils sont revêtus d'un costume très particulier: un long vêtement noir et des gants, souvent un grand chapeau, afin de dissimuler leur visage et cacher leur bouche, d'où sortent, croit-on, les exhalaisons fatales. Pour que chacun puisse les éviter sur son chemin, il leur est ordonné de s'annoncer en agitant une crécelle.

Selon le manuel instructif des curés de l'église de Sens, ils devaient subir les interdits suivants:

«Je te défends, leur disait le prêtre, d'entrer ès-église, ès-marché, au moulin, au four et à lieux èsquels y a affluence de peuple.

«Je te défends de laver tes mains, linge et autres choses nécessaires à ton usage, en fontaines et ruisseaux.

«Je te défends d'aller hors de ta chambre, en autre

habit que celui dont usent les lépreux, et sans être chaussé.

« Je te défends toucher aucune chose que voudras acheter, qu'avec une verge nette pour la démontrance des objets.

« Je te défends entrer en taverne et maisons, hors celles en laquelle est ton habitation, et si tu veux avoir vin et viande, qu'ils te soient apportés dans la rue.

« Je te recommande, si aucuns ont propos avec toi, ou toi avec eux, de te mettre au dessous du vent (…). Si tu es contraint de toucher un arbre, ou un passage étroit, que ce soit avec tes gants.

« Je te défends que tu touches aucunement enfants, quiconque soient, et de leur donner ce que tu auras touché.

« Je te défends de manger et boire en autre compagnie que lépreux. »

Ce luxe de précautions montre à quel point on jugeait possible la propagation du mal par le simple contact, ou encore par le vent et l'eau. On n'en savait pas plus sur les circonstances précises de la contamination. Les lépreux restés libres étaient constamment sous surveillance, à la merci des dénonciations. S'ils mendiaient à la porte des églises, ils ne devaient pas tendre la main nue, mais un barillet.

Ainsi se protégeait la société. À leur mort, les lépreux étaient enterrés sous les ruines de leur propre maison, au préalable incendiée s'il s'agissait d'une chaumière ou détruite pierre par pierre. Ils n'avaient naturellement pas droit au cimetière clos du village, non qu'ils fussent exclus de la communauté chrétienne, mais pour que leur mal ne pourrît pas de ses miasmes la terre sainte des défunts.

*
* *

L'internement en maladrerie est cependant la parade la plus efficace, celle à laquelle les villes médiévales auront recours en France pendant plusieurs siècles. Dans le seul département du Pas-de-Calais, cent cinquante établissements accueillaient les malades. Chaque région se faisait un devoir d'en construire. Les municipalités dégageaient les crédits nécessaires pour construire les « bordes » assez loin des remparts, pour que l'air ne contamine pas la cité.

On en connaissait deux mille dans le domaine royal, au temps du roi Louis VIII, l'époux de la pieuse Blanche de Castille qui, en 1225, un an avant sa mort, avait fait un legs de cinq livres, ou cent sols parisis, à chacune des léproseries. Il faut croire qu'à la fin du XIIIᵉ siècle l'épidémie avait empiré, puisqu'on ne comptait pas moins de dix-neuf mille de ces établissements dans le royaume.

Les nobles, les rois, le clergé attribuaient des dons et des legs à l'édification. Et si l'enfermement était de mise, l'assistance aux lépreux était considérée comme un devoir. Saint Louis n'avait pas hésité à rendre visite à un religieux atteint du mal, dans une maladrerie de Royaumont. Les *mesels* – ainsi appelait-on encore les lépreux – avaient droit au secours de leurs contemporains. Le clergé rappelait dans ses prêches l'histoire biblique de Job, lui-même touché par la maladie, qui avait accepté son sort avec humilité et atteint de cette manière le salut. La soumission au mal était un hommage à Dieu, qui avait donné l'exemple de la souffrance rédemptrice. Le lépreux n'était donc nullement maudit pour l'éternité, mais au contraire sanctifié par son mal, dans le grand mouvement de la foi du XIIᵉ siècle.

Dans l'Évangile selon saint Luc, un pauvre nommé Lazare couvert de plaies meurt et rejoint au Ciel le patriarche Abraham. Celui qui souffre est l'élu du

Seigneur. La lèpre purifie, ouvre les portes du paradis. Avant sa conversion, l'empereur Constantin en fut frappé comme d'un châtiment venu d'En-Haut pour son obstiné paganisme, assure Grégoire de Tours. Il en fut libéré par la purification du baptême. Les frères hospitaliers qui accueillaient et soignaient les lépreux aimaient à répéter que leur saint éponyme, Julien l'Hospitalier, les avait accueillis dans son propre lit, parce qu'il reconnaissait en eux le Christ souffrant.

Dès lors les religieux rivalisaient de zèle pour s'occuper des lépreux. Il s'agissait moins de les soigner que de s'assurer de leur mort chrétienne et de les aider moralement à surmonter leur malheur. Un ordre spécial, celui des frères dits hospitaliers de Saint-Lazare, encore appelé Saint-Ladre, avait été créé à leur intention. Les plus déshérités des hommes devaient être secourus les premiers.

*
* *

Ainsi le mouvement caritatif du Moyen Âge récupérait-il la lèpre, tout en enfermant les lépreux. Leur traitement était fort inégal, selon les maladreries. La société riche des bourgeois huppés s'ingéniait à traiter bien, comme à Toulouse, ses propres membres atteints par le mal. En d'autres villes, les lépreux devaient se contenter, s'ils étaient pauvres, des ressources limitées du chapitre ou de la municipalité.

À Provins, les comtes de Champagne avaient dû prendre le parti d'enfermer tous les lépreux, en raison de la propagation galopante de la maladie. Les léproseries, maladreries ou lazarets étaient construits en dehors des villes de Champagne. Provins, alors l'un des centres les plus actifs de la chrétienté sur cet isthme du XIIᵉ siècle de l'Europe, qui, de la Flandre à l'Italie, drainait selon Braudel toutes les richesses du continent, avait la sienne. Les quatre-vingt mille habitants de la ville des foires craignaient une extension rapide du mal.

Les étrangers fréquentaient Provins à la date des deux grandes rencontres annuelles. Des Italiens porteurs d'étoffes précieuses, des Belges tisserands, des Espagnols fournisseurs d'armes, des Anglais marchands de laine. Il n'était pas question de laisser la maladie se propager, et ruiner le grand commerce international qui enrichissait alors tout le royaume.

Les comtes de Champagne, puissants seigneurs de l'époque, avaient à charge la sécurité des foires, y compris leur protection sanitaire, d'où leur constant souci d'écarter les épidémies. On assurait à prix fort les marchandises qui transitaient par Provins et Lagny. Comment n'aurait-on pas pris le plus grand soin d'épargner aux riches hôtes étrangers les dangers de la contagion?

Il était urgent de confiner les ladres, de quelque condition qu'ils fussent. Les bourgeois acceptèrent, à l'injonction du comte, de s'associer au plus tôt à la construction de la maladrerie de Close-Barbe, à une lieue de la ville [1].

Cet hôpital avait été doté de moyens suffisants par le comte Henri le Libéral. Des religieux et religieuses du Grand Hôtel-Dieu de Provins avaient été spécialement détachés. Ils bénéficiaient, pour nourrir les malades, des copieuses aumônes de la ville et de ses environs. Les plus petits villages des grandes routes marchandes venant des Flandres au nord, de Paris et de l'Italie au sud, d'Allemagne par le chemin de Strasbourg avaient

---

1. L. Rongeron, membre correspondant de la Société archéologique de Provins, *Historique de la maladrerie de Close-Barbe*, Provins, Société archéologique de Provins, 1902. Exemplaire dactylographié.

aussi enfermé leurs ladres. Sourdun, Montigny-Lencoup, Pécy, Vaudoy avaient suivi l'exemple donné par le comte de Champagne. Personne ne voulait mourir de la lèpre.

Dans chaque léproserie, de vastes enclos étaient bâtis sur le même modèle, des habitations pour les malades des deux sexes, avec cellules individuelles. Les jardins, les vignes et les vergers étaient à la disposition de la communauté. Dans ce pays enrichi par les foires, on avait les moyens de se montrer charitable envers des lépreux, souvent issus de la bourgeoisie orgueilleuse des marchands.

Une ligne d'établissements décidait du sort des infirmes. Tous étaient d'abord reçus à Close-Barbe où les religieux de Saint-Lazare les sélectionnaient. Les moins atteints, dont on croyait qu'ils pouvaient encore guérir par la grâce divine, étaient aussitôt orientés vers la maladrerie proche de *Guériton,* les autres sur un lieu appelé *Mourant.* Seuls les irrécupérables étaient enfermés à *Mortery.* Ce dernier village est encore porté sur la carte routière, à une lieue de Provins.

On avait ainsi aménagé un parcours de la maladie, pour permettre aux lépreux de jouir le plus longtemps possible d'une certaine autonomie, et reculer à l'extrême limite l'étape du mouroir. La hiérarchie sociale avait également repris ses droits : dans les léproseries pour bourgeois aisés de Provins, on ménageait relativement les malades. Le comte lui-même et les notables avaient multiplié les donations, ainsi que plusieurs papes.

Innocent III avait accordé à la maladrerie de Close-Barbe, sur la suggestion de l'archevêque de Sens, le privilège de ne payer aucun impôt par tête de bétail entretenu sur ses biens. La comtesse Marie de Champagne avait concédé à tous les marchands, français et étrangers, l'avantage d'acheter et de vendre une fois par an, le jour de la Saint-Marc, au village de Close-Barbe, sans acquitter la moindre taxe, à charge seulement pour eux de faire bénéficier la communauté de leurs fructueux échanges.

Nombre de nobles, de clercs et de bourgeois léguaient, qui leurs maisons, qui leurs champs, aux frères de Saint-Lazare. La comtesse avait cédé trente-sept arpents de bois au finage de Saint-Hillier, pour chauffer les lépreux. Le comte Thibaud de Champagne avait accordé aux chanoines prospères de Saint-Quiriace le droit de résilier leur prébende entre les mains du maître de l'Hôpital, afin qu'il pût en jouir au profit de sa communauté.

Car le maître avait tout pouvoir, avec ses frères du clergé séculier et ses sœurs dévouées, d'administrer les biens de la maison et d'affecter les donations à la construction de nouveaux bâtiments, à l'entretien des anciens, à l'alimentation des malades, à l'achat de vêtements, au bois de chauffage. Dans son budget, point de médications. À quoi bon soigner un mal incurable ?

L'accès à la maladrerie modèle, maintes fois visitée par la comtesse Marie, était réglementé, réservé aux habitants de Provins qui s'y rendaient dans un esprit de mortification, pour obtenir du clergé des jours d'indulgence.

Les paroissiens de Saint-Loup-de-Naud, également touchés par la lèpre, avaient demandé à bénéficier du même traitement que ceux de Provins. Il leur fut répondu qu'ils devaient payer. Aussi les riches Briards, dotés d'une église romane admirablement décorée, firent-ils le sacrifice d'une obole par habitant pour avoir le droit d'envoyer leurs malades à Close-Barbe. Chaque boulanger était contraint de donner un tourteau de chaque fournée pour les malades, chaque nouveau marié un denier et un pain le lendemain de Noël.

Ainsi la charité était-elle quantifiée, précisée avec soin dans des textes officiellement paraphés.

Les habitants de Provins en vinrent à être eux-mêmes taxés pour l'accès, la réception et l'entretien de leurs malades : ceux-ci devaient faire la preuve auprès du maître de la communauté qu'ils étaient bien habitants de la cité et verser à la porte, en entrant, quatre livres tournois. Ils étaient tenus de fournir leur lit, avec draps, courtepointes, coussins, couvertures, oreillers, couvre-chef avec écrin, tabliers, des nappes pour les repas. Ils devaient apporter leurs propres robes, vêtures et chaussures. Ils donnaient vingt sols pour le chauffage, cinq sols à chacun des autres malades, deux sols six deniers à tous les frères et sœurs soignants, six deniers aux « varlets », les apprentis chevaliers, et aux chambrières.

L'entrée du lieu était manifestement réservée aux riches, à ceux qui pouvaient s'acquitter de ces droits. Les nobles ou notables défuntes avaient leur tombe sur le lieu, richement ornée. On a retrouvé la sépulture d'une de ces dames de Provins, veuve d'un marchand-boucher, l'aristocratie des métiers. Elle avait fait graver sur sa tombe un chevron, un coutelas et un couperet.

En échange du paiement des droits, Les malades étaient assurés d'un traitement convenable : dix miches de pain blanc par semaine pour chaque homme, neuf seulement pour une femme et huit pour les varlets et chambrières. Une pièce de chair les dimanches, mardis et jeudis, matin et soir. Trois chopines de vin par jour, des réserves de vivres très variées à l'année, pois et fèves, quartiers de lard, sel, huile et grains. Le jour de la Saint-Marc les malades recevaient de la fleur de froment pour faire leurs tourtes et pâtés. Aucun pauvre lépreux recueilli dans les maladreries misérables des gâtines n'aurait osé envier pareille pitance.

*
* *

Les établissements hospitaliers assignés aux lépreux entraient dans le cadre du vaste système d'assistance médiéval qui fournissait un rapport régulier en argent et en nature en raison des dons et legs. Les villes les plus riches réservaient parfois l'usage des ladreries à leurs bourgeois, certaines autres, comme Bruxelles, obligeaient les malades à payer un droit d'entrée très élevé, garantissant des soins de qualité. Les riches, même lépreux, tenaient à mourir décemment, au prix d'un coût d'entretien élevé, qui rendait nécessaire des investissements. Les dotations avaient fini par constituer un important capital dont la gestion était fort disputée entre les diverses autorités.

L'archevêque de Sens se montrait jaloux du droit de désigner le maître, et les bourgeois de Provins de la gestion des taxes, droits et privilèges qu'ils avaient concédés. Aussi s'appuyaient-ils sur le roi contre l'archevêque quand celui-ci prétendait nommer maître l'une de ses créatures du palais, de plus en plus attirées par les revenus de la maladrerie.

Les procès s'accumulaient, avec les tentatives de détournement. Les serviteurs de l'archevêque se faisaient nommer maîtres, et empochaient les revenus sans moindrement résider dans la léproserie et ses dépendances. Ils laissaient tomber les maisons en ruine, et affamaient des malades bourgeois qui continuaient de payer cher leur droit d'entrée.

La municipalité devait batailler pour écarter les convoitises du roi, qui voulait récupérer le capital et ses revenus, tandis que les protégés de l'archevêque tiraient un revenu non négligeable des dévotions des fidèles à la relique du lieu, un bras de saint Marc, enfermé dans un étui de bois qu'ils avaient fait enchâsser dans un reliquaire en argent.

Même à la fin du XVe siècle, alors que la lèpre avait pratiquement disparu, les revenus de Close-Barbe continuaient d'être perçus. Et les abbesses cordelières de Provins prétendaient, elles aussi, avoir des droits à leur usage. La recette était de plus de deux mille livres annuelles, pour un hôpital qui n'avait plus de malades.

La fête de Saint-Marc, célébrée sur les lieux tous les ans le 26 avril, n'offrait plus aucun caractère de piété. Les habitants de Provins venaient y festoyer et rentraient pompettes. On y folâtrait sous les frondaisons. Il fallut attendre 1664 pour que Louis XIV s'emparât des biens de la communauté en la fondant avec Notre-Dame du Mont-Carmel.

Ainsi l'épidémie de lèpre avait contraint le corps social, d'abord furieusement répressif, à s'adapter aux situations de fait, à recréer dans l'enfermement les hiérarchies du temps, avec des établissements réservés aux nobles et aux bourgeois. Les donations constituaient un capital qui s'intégrait dans le système privilégial dont l'Église était alors largement bénéficiaire, mais qui était l'objet d'une lutte des pouvoirs : très longtemps après la disparition de la lèpre, le système qu'elle avait généré subsista.

*
* *

Au XIIe siècle, à Toulouse, les habitants s'étaient groupés comme à Provins pour créer des léproseries dirigées par un majoral, qui était lui-même un lépreux. Il était assisté d'une congrégation de frères et de sœurs très particulière, les haitiés, qui n'étaient pas plus malades que les frères de Saint-Lazare de Provins.

Le problème de la promiscuité imposait des règles de

préservation qu'il fallait respecter : les sœurs chargées de faire le lit des lépreux devaient attendre qu'ils fussent sortis des maisons pour accomplir leur besogne quotidienne. Elles prenaient garde que leurs propres vêtements ne fussent pas lavés en même temps que ceux de leurs patients.

Ceux de Toulouse étaient bien soignés. Il en était de même dans la plupart des grandes villes du royaume et dans les bourgs. On relève des menus quotidiens en tous points comparables à ceux de Provins dans les maladreries de Saint-Quentin : pain et vin tous les jours, viande ou poisson plusieurs fois par semaine, usage d'un jardinet, d'un verger, d'un bûchier pour les nuits d'hiver.

Les ladres n'étaient pourtant pas tous des riches : certains étaient admis sur protection d'un ecclésiastique, bénéficiant de la charité. Quand la lèpre fut en régression, à partir du XIVe siècle, beaucoup se faisaient admettre dans les établissements par fraude et sur recommandation d'un puissant seigneur, pour bénéficier sans sortir un écu des bons traitements réservés aux malades.

Pour éviter les abus, et dans le souci de maintenir les hôtes payants dans la vie chrétienne, on les contraignait à travailler comme des moines ayant fait vœu de pauvreté. Ils bêchaient, sarclaient, récoltaient les légumes et les fruits, coupaient le bois de la forêt, moissonnaient et portaient le blé aux moulins des rivières.

À la maladrerie d'Amiens, on leur avait retiré les couteaux pointus pour éviter les bagarres. Les plus valides sortaient pour travailler dans les campagnes, sans contact avec les villageois, pour les coupes de bois et les défrichements. L'évêque du Puy ordonnait au maître de la maladrerie de Brive d'occuper ses ladres et leurs varlets à des travaux quotidiens :

— Nous voulons, lui écrivait-il, que chacun, sain ou

malade, travaille aux besognes de la maison, selon ses forces.

Les maîtres faisaient respecter la règle de chasteté absolue par leurs administrés, car on considérait la lèpre comme un mal héréditaire. Pour Bernard de Gordon, médecin à la Faculté de Montpellier, on pouvait fort bien être lépreux de naissance: «L'homme, écrivait-il, est lépreux *ab utero*, parce qu'il est engendré pendant les menstruations, ou qu'il est fils de lépreux, ou parce qu'un lépreux a connu la femme enceinte, alors l'enfant sera lépreux.»

Il convenait donc d'imposer dans les léproseries une rigoureuse séparation des sexes. Était-elle observée? On cite maints cas où les lépreux parvenaient à sortir, par exemple de Saint-Lazare, la grande maladrerie parisienne établie à une demi-lieue de la ville, pour «aller avec la demoiselle». Mais ceux-là étaient-ils vraiment des lépreux? Les critères médicaux étaient si incertains qu'on enfermait avec les vrais malades des hommes et des femmes qui ne souffraient que de plaies guérissables, de scrofules ou de croûtes pendant un temps plus ou moins long.

L'absence de tout contrôle médical, faute de médecins, dans la plupart des villes et encore plus dans les campagnes abandonnait à la vigilance des maîtres la ségrégation des lépreux, présumés ou authentiques, et les retirait grosso modo de la vie quotidienne. On était parvenu par ces méthodes à cacher la lèpre, mais en aucune manière à la guérir, ni même à la décrire avec une suffisante précision.

*
* *

La maladie avait ses héros, généralement haut placés. On cite en exemple un roi lépreux, qui poursuivit ses activités malgré son mal, à la grande admiration de ses contemporains. Le jeune Baudouin, fils du roi de Jérusalem, ne pleurait pas quand il recevait des coups dans les jeux avec les enfants des chevaliers de son père. Son précepteur, Guillaume de Tyr, s'en émut. Il en avertit les parents. On devait découvrir bientôt que l'enfant royal était lépreux.

Les cas de lèpre étaient alors très fréquents en Orient, d'où l'épidémie s'était répandue dans l'Ouest. Nombreux étaient les enfants touchés par le fléau. Pouvait-on enfermer le jeune Baudouin dans une léproserie, le condamner à attendre toute sa vie le trépas?

Son père Amaury, lointain successeur de Baudouin Ier qui avait participé à la première croisade avec Godefroy de Bouillon et planté sa lance sur la citadelle de la principauté d'Édesse, était dans les plus grandes difficultés. Déjà sa ville d'Édesse était tombée entre les mains de Zenki, qui avait levé la *djihad*. Nur-al-Din avait reconquis la Syrie sur les Francs. Le sultan Salah-al-Din, appelé Saladin par les barons de Jérusalem, menaçait la Ville sainte.

Le roi Amaury avait instamment demandé des secours au pape et aux souverains d'Occident. Les barons s'intéressaient fort peu aux musulmans, mais beaucoup à la succession d'Amaury qui avait une fille, Sybille, et ce fils unique malade, qui ne pourrait régner. Le roi Amaury n'avait qu'une chance de maintenir l'État franc de Jérusalem dans sa maison : prolonger les jours de son fils et l'élever, malgré son infirmité, comme un baron de sang royal.

Le courage du jeune garçon était tel qu'il apprit à monter à cheval, réussit l'épreuve difficile de la quintaine, fut adoubé chevalier et parut à la tête des cavaliers francs dans le désert dans maintes opérations contre les musulmans. Il était aidé par un modeste che-

45

valier venu de Champagne, Milon de Planès, nommé sénéchal et bayle du royaume.

L'héritier du trône n'avait que treize ans. Le soin que Milon prenait de renforcer le courage du jeune Baudouin suscitait l'admiration. Avant de mourir, Amaury avait nommé régent Milon de Planès, en attendant la majorité de l'adolescent. Les intrigues étaient si ténébreuses à la cour de Jérusalem que Milon ne pouvait sortir sans escorte. Il fut pourtant assassiné.

Son père et le régent morts, Baudouin IV allait-il pouvoir régner ? Il fit preuve d'un courage extraordinaire, alors même que la lèpre déformait ses traits, l'obligeait à cacher son visage et à revêtir jour et nuit des gants. Sa dignité royale lui tenait lieu de viatique, ainsi que ses sentiments chrétiens. Il se dévouait à la noble cause de défendre les Lieux saints d'Orient, avec une énergie dont les seigneurs francs de Jérusalem ne faisaient pas toujours preuve.

La réputation du roi lépreux se répandit bientôt dans toute la chrétienté. Héroïque au combat, il avait réussi, malgré son infirmité, à vaincre le redoutable Saladin dans la vallée de la Bekaa, en 1176. Il l'avait rencontré de nouveau l'année suivante près de Ramlah, et Dieu lui avait encore donné la victoire. Le lépreux semblait invulnérable.

Il en avait profité pour conclure avec Saladin en 1180 un accord qui protégeait le royaume de Jérusalem. Le chef de guerre musulman avait été saisi d'admiration pour le courage de son adversaire. Il avait juré de respecter les accords.

La force de Baudouin fascinait tout le monde et le faisait redouter des « infidèles » comme une sorte de protégé de Dieu. On tenait sa résistance pour un miracle. La vue de ses traits déformés, de sa bouche gonflée et des lèvres déchiquetées dont sortaient les paroles avec difficulté imposait le respect religieux.

Mais les forces du roi déclinaient. Sa déchéance physique devenait insurmontable. Il n'osait plus se montrer en public, et n'envisageait pas de prendre femme.
Les seuls rapports qu'il pouvait avoir avec son entourage, il les consacrait à son confesseur. Les barons
tumultueux d'Orient s'agitaient, guignant avec impatience la succession.

Quand il lui fut impossible de monter à cheval pour
combattre Saladin, Baudouin IV demanda à son beau-
frère, Gui de Lusignan, d'assurer la régence. Mais le
beau Lusignan était un incapable. La seule issue, pour
le roi, était d'associer au trône, de son vivant, comme
le faisaient jadis les empereurs de Rome et après eux les
rois mérovingiens, le fils de sa sœur Sybille et du comte
de Jaffa, Guillaume de Montferrat. Roi à trois ans,
Guillaume devenu Baudouin V succéda à son oncle qui
mourut en 1185.

Le sacrifice du roi lépreux avait été inutile : un an
plus tard, Saladin, vainqueur des Francs, faisait son
entrée triomphale dans Jérusalem. Mais la lèpre était
moralement dominée. Il n'était plus possible de tenir
les ladres comme des morts en sursis quand le roi
lépreux avait fait la preuve que le courage pouvait
l'emporter sur la maladie, et permettre au malade de
faire face à ses devoirs de chrétien.

La geste de Baudouin se répandit dans tout l'Occident. Elle valut aux lépreux plus de respect et de
compassion. Elle poussa les puissants à investir dans les
léproseries, à leur donner les moyens de rendre leur
courage aux souffrants, de prolonger leur vie active jusqu'aux limites de leur incapacité. La lèpre n'avait pas
trouvé son médecin, mais elle tenait son héros.

*
* *

47

Le précepteur de l'enfant royal avait raison : la lèpre se manifestait par l'insensibilisation à la douleur de certaines zones du corps et par des troubles de la sensibilité. Parmi les épreuves imposées par l'examen d'entrée en léproserie, l'une consistait à piquer le malade au talon, pour voir s'il réagissait ; on l'obligeait encore à se coucher sur une dalle de marbre pour évaluer sa sensibilité au froid.

Selon Mirko Grmek[1], la description de la maladie, sans doute présente dans les premières civilisations chinoise et indienne, évoquée dans la Bible et dans les textes grecs n'est vraiment précise que sous la plume d'Arétée de Cappadoce, au premier siècle après Jésus-Christ. On voit apparaître alors sous la plume du célèbre médecin grec les « lépromes » (des nodules épais), le « faciès léonin » et les mutilations finales des lépreux.

On sait que la maladie n'a cessé de se répandre dans la *Romania,* et même de déborder les frontières de l'Empire romain, le *limes* des légionnaires, pour toucher aussi les peuples barbares des confins, en Orient surtout.

Que l'Orient ait été frappé d'abord ne doit pas surprendre : dans cette partie de l'Empire se trouvaient les plus fortes concentrations humaines, les villes les plus peuplées, les ports les plus nombreux, sans compter les trajets caravaniers pour le transport des marchandises lointaines. Les foules s'accumulaient et les possibilités de contacts, de transmission de la maladie étaient innombrables dans les ruelles sombres des souks et parmi les clients des caravansérails.

Là comme ailleurs, la lèpre inspirait une « terreur sacrée ». La fuite devant les lépreux, « l'isolement forcé des malades » étaient au début, assure Grmek, « de

---

1. Mirko Grmek, *Les Maladies à l'aube de la civilisation occidentale,* Payot, Paris, 1983.

nature magico-religieuse ». La lèpre était une « punition divine ».

Du moins était-ce la conviction affichée des instances de la religion catholique, car les chambrières croyaient davantage aux dangers bien naturels de la promiscuité. Elles se gardaient de laver leur linge en même temps que celui des malades dans les lazarets. Pourquoi ce luxe de précautions pour signaler la présence des lépreux dans les ruelles, pourquoi le port obligatoire des gants si l'on n'était pas convaincu que le contact du malade était un risque mortel ?

Les médecins occidentaux réfléchissant sur la lèpre étaient à ce point convaincus de la contagion qu'ils envisageaient, outre l'isolement des lépreux, la castration des hommes. On avait en effet constaté chez eux une *satyriasis* permanente, un gonflement du sexe impossible à maîtriser. On croyait aussi, rappelons-le, à la transmission héréditaire de la lèpre. Pourquoi ne pas châtrer les propagateurs pour protéger les filles ? L'Église ne soutenait pas cette thèse « raciste » et considérait sans doute que les lépreux étaient assez humiliés par leur déchéance irrémédiable sans qu'il fût nécessaire de leur imposer une mutilation supplémentaire, qui aurait eu l'air de contrarier ou de corriger la volonté divine.

En revanche le roi de France et les autorités religieuses admettaient fort bien que le lépreux fût, comme le Juif, le bouc émissaire désigné dans les malheurs qui affectaient les communautés chrétiennes : la destruction des récoltes, la sécheresse ou l'inondation étaient autant d'occasions d'assiéger les ladreries pour massacrer les malades. Au XIV⁰ siècle, de semblables expéditions sont mises sur pied dans le sud de la France, avec l'approbation entière des autorités. Les lépreux, ces intouchables du Moyen Âge, sont en état de péché permanent et attirent assurément les foudres du ciel sur les villages ruinés. Comment expliquer autrement les calamités ? Dieu frapperait-il des innocents ?

Du XIe au XIVe siècle, on peut parler d'épidémie en Occident, du fait de la multiplication soudaine des personnes atteintes. La lèpre est toujours une maladie à évolution lente, mais ses victimes sont beaucoup plus nombreuses. On soupçonne le fléau d'être revenu d'Orient avec les croisés, alors qu'il est attesté en Occident au temps de Charlemagne et des Mérovingiens. Mais la reprise du commerce en Méditerranée, le gonflement des villes qui étouffent dans leurs remparts, l'accroissement du trafic dans les ports ont peut-être donné plus de chances à la contagion.

En 1305, Bernard de Gordon, le bon médecin montpelliérain, est en mesure de décrire avec précision la maladie, sans recourir à des condamnations morales. « La lèpre, dit-il, est une affection de tout le corps. » Il n'est plus question de l'âme et du péché quand le mal se répand et frappe aussi bien les fils de rois que les bourgeois les plus versés dans la charité. « La lèpre provoque des pustules et des excroissances, la résorption des muscles, principalement celui entre le pouce et l'index, l'insensibilité des extrémités, des crevasses et affections cutanées. »

Un examen sérieux peut donc parfaitement distinguer, dès cette époque, un lépreux d'un autre malade, mais les professeurs comme Gordon sont rares. Le savant homme est en mesure de décrire l'évolution de la maladie jusqu'à sa phase finale : « Voici, dit-il, les signes annonciateurs de la fin : corrosion du cartilage entre les narines, mutilation des mains et des pieds chez l'un, grosseur des lèvres et nodosités sur tout le corps ; chez l'autre, dyspnée et voix rauque. »

Les spécialistes de la lèpre, qu'ils soient catholiques

ou musulmans d'Espagne, se sont interrogés sur la contagion. Bernard de Gordon n'excluait pas l'hérédité du lépreux, contaminé au moment de la grossesse par un père ou une mère malades. Mais il considérait que la propagation de la maladie tenait peut-être « à un air malin et pestilentiel » ou encore « à la consommation d'aliments mélancoliques », porteurs de germes. Il était enfin possible, et probable, ce qui justifiait l'enfermement, que l'on devînt lépreux « pour avoir trop fréquenté des lépreux ».

Des occasions, plutôt que des causes. Tant que l'on ignorait l'existence des micro-organismes, on ne pouvait que conjecturer. La connaissance précise du germe causal est due au chercheur norvégien Hansen, en 1873. Alors sera isolé le bacille de la lèpre, le *Mycobacterium Leprae*. Le mérite de Bernard de Gordon et des autres médecins du Moyen Âge est néanmoins d'avoir refusé les facultés trompeuses et dangereuses de l'approche morale et religieuse, pour rechercher les origines purement physiques de la maladie, sans plus se préoccuper de la malédiction du Ciel.

*
* *

Contagieuse, mais non héréditaire, la lèpre est restée longtemps endémique, avant de se réveiller à l'aube du deuxième millénaire. Les contemporains avaient parfaitement reconnu son caractère transmissible, puisqu'ils cherchaient à isoler les malades. Ils se trompaient sans doute en la soupçonnant de transmission héréditaire, puisqu'ils s'opposaient avec fermeté aux contacts sexuels.

La maladie n'entraînait pas une mort fulgurante. Seul le grand nombre de cas déclarés, visibles dans la rue, donnait le sentiment d'une épidémie. La lèpre frappait à long terme, à retardement. Les premiers symptômes, tels qu'ils étaient perçus au XIIe siècle, pouvaient sembler bénins : une insensibilité des mains, le visage coloré de rayons, disait-on, au clair de lune, l'œil obstinément terne, le nez qui cherche sa respiration, les cheveux qui tombent, les oreilles qui pointent et se déchirent.

Les symptômes étaient souvent très vagues, et pas toujours concordants. Il fallait l'œil attentif d'un médecin ou d'un autre lépreux pour les distinguer. Au moindre soupçon, on contraignait le malade à pisser dans un bac de fer. On jetait ensuite des cendres de plomb brûlé sur l'urine. Si elles tombaient au fond du vase, c'était une fausse alerte. Si elles flottaient en surface, elles dénonçaient à coup sûr la lèpre. Singulier moyen de repérage, qui prêtait à toutes les contestations. Les procès pour lèpre étaient au XIVe siècle innombrables.

Un malade seulement marqué de ces signes aurait certes pu continuer à vivre dans la communauté s'il n'avait été dénoncé. Que gagnait-il à être enfermé au milieu de lépreux d'un stade plus avancé ? Savait-il comment il avait contracté la lèpre ? On l'ignore encore aujourd'hui. Faut-il un seul contact, et de quelle nature, ou plusieurs ? Le virus circule-t-il par les pores de la peau ou par la respiration, ou encore par le sang ? Certains estiment que la période d'incubation peut être très longue, dix ans, vingt ans...

Le malade pouvait mourir d'une infection des bronches, des poumons, des artères, du cœur. Son état de moindre résistance le rendait fragile, ouvert à beaucoup d'autres germes. Les lépreux passaient plus vite que les autres de vie à trépas, mais, au XIIe siècle, le gros de la population mourait jeune, parfois très jeune. La disparition des lépreux ne frappait donc pas d'épouvante. Mais leur aspect impressionnait : quand la maladie était déclarée, le corps se couvrait de *léprides*, des taches en relief très nombreuses que les peintres devaient représenter sur leurs tableaux édifiants, comme le baron Antoine Gros peignant pour le compte de Napoléon Ier les pestiférés de Jaffa.

D'autres stigmates apparaissaient bientôt, des croûtes variqueuses, comme des ulcères, et surtout le gonflement caractéristique du nez et des lèvres. L'homme affligé d'un « faciès léonin » semblait bestial, lubrique, d'autant que la maladie suractivait l'excitation sexuelle. Il convenait de garder les « demoiselles » hors de portée des lépreux, qui passaient pour des suppôts du diable. Au premier stade de la maladie, ils pouvaient encore séduire, surtout s'ils étaient riches, prospères, bien vêtus et entourés de serviteurs.

Le troisième stade était plus inquiétant, et de nature à justifier l'internement : la lèpre était, à la longue, mutilante. Elle faisait tomber les chairs du nez et les oreilles : le visage du lépreux ressemblait alors à celui des hauts personnages des danses macabres du XVe siècle, réduits à leur squelette quand ils abordaient le seuil de la vie éternelle. On reconnaissait, sur leurs os désincarnés, les ornements d'évêques ou des chapeaux de cardinaux.

Au bout d'un délai variable et au stade ultime de la maladie, le lépreux perdait ses doigts l'un après l'autre : il ne pouvait rien toucher. Il était alors déclaré inapte à certains travaux et, s'il était chevalier, au métier des armes. Impossible de marcher sans entourer les pieds amputés de chiffons et sans s'appuyer sur des béquilles.

Certains malades, mutilés et couverts de plaies, attiraient l'attention des fidèles à la sortie des offices, pour obtenir d'eux des secours. Les lépreux n'étaient pas les seuls disgraciés, à la cour des Miracles autour de Notre-Dame. On les confondait assez volontiers avec les cagots, mendiants habituels des parvis d'églises, aux

jambes torses, rachitiques et variqueux. Les cas de mal-
formation et de nanisme étaient nombreux à la naissance, la sous-nutrition et l'absence d'hygiène faisaient
le reste.

Les princes et les bourgeois avaient naturellement les
moyens de dissimuler leurs mutilations dans des pou-
laines fourrées et des gants de velours. Ils se recou-
vraient le visage de chapeaux à larges bords, voire de
masques. Mais la révélation de leur face décharnée
était aussi terrifiante que la mutation en animal de
Jean Marais, héros de *La Belle et la Bête* de Jean
Cocteau.

Du bestial au démoniaque, la distance était courte.
L'aboutissement inexorable de la maladie était la mort
lente, la déformation par petites étapes, jusqu'à ce que
le corps devienne un magma terrifiant, en décomposition progressive. Dans les représentations de danses
macabres, les corps exposés étaient ceux des pécheurs,
qui se pressaient en farandoles au jugement dernier.

La lèpre convenait parfaitement à l'illustration de la
religion chrétienne puisqu'elle donnait à voir la disparition des formes, la vanité des séductions charnelles, la
contribution du mal – ou du malin – qui découpait en
parcelles putrides les belles statues de chair pour les
conduire inexorablement au stade ultime où seuls restaient au pécheur les os et la peau. Que l'âme survécût
à cette débandade forcenée des humeurs, des muscles et
des nerfs ne mettait-il pas en évidence son immorta-
lité ?

Le lépreux ne sentait plus les parfums, ne voyait plus
le lever du jour, il perdait les cinq sens les uns après les
autres et devenait une créature exclusivement spirituelle : il lui restait seulement les moyens de réfléchir à
la précarité de l'existence et à la honte du péché. S'il
recevait, au dernier moment, la grâce de la «bonne
mort», ce sursaut de conscience, il était sauvé, surtout

s'il avait consacré son mal, comme le roi Baudouin de Jérusalem, à l'édification chrétienne par l'imitation du Christ.

*
* *

Que reste-t-il aujourd'hui de l'un des cauchemars du millénaire ? La lèpre a-t-elle si facilement disparu de la planète, laissé poliment la place à d'autres maladies ? On a découvert, après le développement de la micro-biologie, que la lèpre était due au bacille découvert par le médecin norvégien Armaner Hansen en 1874 dont les caractéristiques étaient proches du bacille de Koch, responsable de la tuberculose. On pouvait l'attaquer en recourant aux antibiotiques. A-t-il pour autant disparu ?

Malgré le luxe des moyens modernes de détection et de traitement, il subsiste dans le monde, selon le recensement de l'Organisation mondiale de la santé, quinze millions de lépreux. Il en reste en Europe, particulièrement autour de la Méditerranée, en Espagne et dans le sud de l'Italie, au Portugal et en Grèce continentale. Des cas sont signalés jusqu'en Scandinavie, des foyers très importants en Inde, en Chine, en Afrique noire, à Madagascar, dans l'Asie du Sud-Est. Il n'y a plus de lépreux en France.

Il faut croire que le mal a conservé ses maléfices, car les lépreux ne sont l'objet d'aucun reportage, ni dans la presse, ni à la télévision. La survivance des maladies n'intéresse plus, toute l'attention des caméras se braque, dans le domaine médical, sur les nouveautés. Qu'il demeure au monde tant de lépreux indispose ou scandalise. Il semble que la lèpre demeure endémique dans les régions tropicales. À quoi bon l'évoquer puisqu'elle fait partie, de manière immuable, des traits de géographie humaine d'une région ?

Son caractère spectaculaire a écarté ses victimes de la vie sociale, plus que le danger de contamination et de mort rapide. Elle est à l'origine de la première tentative de relégation définitive des malades en des espaces clos. Cette répression brutale est cependant limitée à l'Europe. En Inde, où le mal perdure depuis les temps très anciens, les lépreux n'ont pas été plus mis à l'écart que les intouchables. S'ils étaient considérés comme la plus basse classe de l'humanité, ils n'étaient pas symboliquement retranchés du monde des humains.

Dans l'Europe chrétienne, ils ont au contraire fait l'objet d'une mort rituelle, quand ils n'étaient pas persécutés et massacrés comme boucs émissaires des calamités naturelles. Ils sont les premiers exemples d'une volonté du corps social de préserver la santé en retranchant sans pitié les malsains, quitte à ce qu'on assure leur survie par la création d'une institution charitable.

L'âme des lépreux n'a pas cessé d'intéresser l'Église. Car la relégation des corps n'est pas propre aux malades dans les mentalités du Moyen Âge. Les religieux aussi se retranchent volontairement du siècle, et l'érémitisme enseigne comment survivre au désert. Le mal envoyé du Ciel permet au lépreux, contre sa volonté, d'accepter la malédiction pour faire son salut dans l'isolement.

Est-il vraiment seul ? Non, il s'intègre, comme le religieux, dans une communauté de souffrants. Une société lépreuse se constitue, avec son maître, ses valets, ses assistants, ses serviteurs, ses prêtres. Une hiérarchie organise les malades en une sorte de paroisse des disgraciés, disposant de lieux de culte, assistant aux offices, assurés d'un enterrement chrétien avec, pour les plus riches, plaques tombales gravées.

La lenteur du cycle lépreux a permis cet aménagement, cette récupération sociale inspirée par des sentiments chrétiens, nourrie spirituellement de l'exemple héroïque de ces grands lépreux qui, tel le roi Baudouin de Jérusalem, ont réussi à dominer la maladie pour mourir en état de sainteté.

Il n'empêche que la lèpre était, pour les sociétés occidentales du XIe au XIIIe siècle, en pleine expansion économique, une épreuve sévère. Mais elle se trouvait entièrement prise en charge, sinon traitée par l'institution religieuse. À l'aube du XIVe siècle, elle était en nette régression. Au XVe siècle les léproseries se vidaient les unes après les autres. L'Europe était sauvée.

Un danger autrement plus redoutable, totalement imprévisible guettait pourtant les sociétés chrétiennes d'Occident, celui de la peste.

Chapitre 2

La peste voyageuse

Quand la lèpre commence à faiblir, elle est relayée en Occident par un mal plus terrible, sans rémission d'aucune sorte, qui frappe à la vitesse de l'éclair. La peste n'implique pas la déformation des corps, l'apparition sur le visage des stigmates sataniques. Ceux qui sont frappés ont à peine le temps de prier qu'ils sont déjà morts.

On ne peut savoir que son agent de transmission, la puce du rat, voyage en même temps que les hommes et les marchandises. On ne sait à quoi l'attribuer. On la croit transmise par contact direct ou, comme le pensent les médecins du XIVe siècle, par hérédité. La peste était censée frapper comme l'éclair ou le vent.

On avait remarqué ses itinéraires, elles touchait d'abord dans les ports, gagnait ensuite les villes de l'intérieur. La vitesse de propagation d'une ville à l'autre, plus rapide que celle d'un cheval au galop, donnait à penser que le vent véhiculait les germes. On se protégeait donc, en pure perte, des vents.

Pourtant la peste se répandait tout aussi bien par calme absolu. Elle frappait l'été, dans l'accalmie des tempêtes. Elle suivait, avait-on observé, un itinéraire maritime. Mais comment incriminer les navires et leurs équipages, alors qu'ils étaient, pendant la traversée, purifiés par l'air marin ? Aussi soupçonnait-on plutôt les miasmes des quartiers putrides des grands ports méditerranéens. La misère n'était-elle pas le terreau traditionnel de toutes les maladies ?

On avait oublié le fléau depuis la grande peste décrite par Périclès pendant la guerre du Péloponnèse, au Vᵉ siècle avant Jésus-Christ. Elle avait resurgi avec force en 1340 dans les ports hanséatiques de la mer du Nord, en raison des relations maritimes des pays scandinaves avec la Crimée, mais aussi en suivant les fleuves russes et le cours de la Volga, déjà fréquentée au IXᵉ siècle par les Vikings de Norvège et du Danemark. Le port d'attache de la peste noire, qui devait détruire entre le tiers et la moitié des populations d'Europe, était Constantinople. On l'avait signalée pour la première fois dans la capitale des Basileus en 1347.

De là, elle avait gagné la Sicile et les galères génoises la débarquaient à Marseille où elle était inconnue, en 1348. Elle avait progressé rapidement le long du Rhône et de la Durance dans l'arrière-pays, ainsi que sur les côtes. Par le seuil de Naurouze, et le cours de la Garonne, elle avait atteint Bordeaux, où les navires transportant les fûts de vin l'avaient fait passer en Angleterre et en Irlande.

D'autres itinéraires la portaient en mer du Nord et jusqu'à la Baltique. Les villes et les ports de la Russie septentrionale furent concernés à partir de 1452. Ainsi tous les pays d'Europe étaient, selon la chronologie précise établie par Jean-Noël Biraben [1], touchés par la peste noire. Elle circulait aussi sur la rive méridionale

---

1. Jean-Noël Biraben, *Les Hommes et la peste dans les pays européens et méditerranéens*, Paris-La Haye, Mouton, 2 vol., 1975-76.

de la Méditerranée, du Proche-Orient au Maghreb et jusqu'en Espagne. Biraben estime qu'elle avait mis deux semaines pour remonter la vallée du Rhône jusqu'à Lyon, et vingt-cinq jours du Languedoc en Catalogne. Elle allait plus vite que les coursiers à cheval dépêchés d'une ville à l'autre par les municipalités pour annoncer sa venue. La peste était furieusement voyageuse.

Partirait-elle aussitôt qu'arrivée, ayant tué la moitié des habitants des villes, et parfois anéanti des campagnes entières ? Elle insistait, elle persistait. On attendait son retour dans des intervalles mesurables : de 1347 à 1536, tous les onze ou douze ans, de 1536 à 1670, tous les quinze ans, avec un maximum dans les années terribles de 1628 à 1642. Elle réapparaissait pour la dernière fois, alors qu'on l'avait oubliée, dans la région de Marseille en 1720. En finirait-on jamais avec elle ?

Les « poussées » étaient, certes, d'amplitude variable selon les pays, mais il faut penser que, de 1348 à 1720, l'Europe du Nord-Ouest, de la Méditerranée et du Centre s'était habituée à vivre dans ce danger permanent. Comme on connaissait à Marseille le cycle du mistral, qui souffle tous les trois, six ou neuf jours, ainsi s'attendait-on à l'irruption régulière de la peste, avec son cortège de morts.

Les villes surtout étaient frappées. Dans sa remarquable étude sur *La Mort à Paris*, Pierre Chaunu a montré la sinistre partie de cache-cache de la peste au grand siècle dans les quartiers de la capitale. Avec une rotation capricieuse ces quartiers subissaient constamment le fléau, les uns après les autres, et la rémission tenait du miracle. Une année sans peste entraînait de multiples processions d'actions de grâces, avec stations à genoux devant les châsses des saints reconnus comme sauveurs par les paroissiens.

Les itinéraires précis de la propagation n'avaient pas échappé à l'observation des contemporains, qui avaient démasqué la voyageuse. Comment ne pas réaliser que les galères de Gênes rentrant de Crimée avaient provoqué de violentes épidémies dans tous les ports où elles avaient relâché? Marseille les avait accueillies pour ne pas perdre d'argent sur des marchandises lourdement assurées. La peste était entrée.

Elle avait épargné Gênes qui avait imposé la première quarantaine de l'histoire. Suffisait-il de fermer les ports pour conjurer le mal? Les médecins de l'époque n'en étaient pas sûrs. Pourquoi, se demandaient-ils, les marins du bord étaient-ils le plus souvent épargnés, s'ils répandaient la contagion? Les «physiciens» ignorants accusaient donc, comme tant d'autres, plutôt l'air, et le vent. Ce qui permettait de laisser les capitaines décharger impunément, sans que personne n'y trouve à redire, les ballots à niches de virus sur les quais du Vieux Port.

*
* *

Que savaient au juste les premiers médecins de la peste? Ils se référaient aux écrits des Anciens, sans savoir si le mal, au temps de Périclès, était bien le même que celui qui avait débarqué dans le port de Marseille, par un jour sinistre de mars 1348.

L'historien grec Thucydide, auteur de *L'Histoire de la guerre du Péloponnèse* et contemporain de Périclès, souligne que le fléau s'est répandu d'abord au port du Pirée, où de nombreux réfugiés des campagnes environnantes, fuyant la guerre, s'entassaient dans des cabanes insalubres. Les médecins «se trouvaient devant l'inconnu». Ils étaient les premiers à mourir, au contact des malades. Pouvaient-ils incriminer l'air pestilentiel des quartiers du Pirée ? Le mal avait aussitôt gagné les hauteurs d'Athènes. Il «prenait soudainement, en pleine santé». Attaquait-il surtout les pauvres ? Périclès lui-même devait en mourir.

La description de l'épidémie laisse perplexes les médecins d'aujourd'hui. Thucydide raconte que la maladie commençait par atteindre le haut du corps, pour gagner progressivement le bas : «On avait tout d'abord de fortes sensations de chaud à la tête ; les yeux étaient rouges et enflammés; au-dedans, le pharynx et la langue étaient à vif, le souffle sortait irrégulier et fétide. Puis survenaient, à la suite des premiers symptômes, l'éternuement et l'enrouement ; alors, en peu de temps, le mal descendait sur la poitrine, avec accompagnement de forte toux.»

Il gagnait ensuite ce que les Anciens croyaient être le cœur, en réalité le foie. Des «malaises terribles» accompagnaient l'évacuation de la bile. Les gens ressentaient une impression de chaleur et de suffocation, alors que leur corps était à température normale. Ils ne pouvaient dormir que nus, sans couvertures. La maladie les empêchait de trouver le sommeil. Ils se jetaient sur l'eau fraîche; certains, faute de serviteurs, descendaient au fond des puits pour être sûrs de ne pas manquer d'eau.

Les Athéniens mouraient généralement au bout du sixième jour, nous explique Thucydide. Quand par hasard ils échappaient à cette première alerte, la maladie ulcérait l'intestin et provoquait d'interminables diarrhées qui épuisaient l'organisme. Elle gagnait ensuite les parties sexuelles ainsi que «le bout des mains et des pieds».

Découragés, sachant que ni la médecine ni les dieux ne pouvaient rien pour les malades, les habitants d'Athènes refusaient de porter secours à ceux qui n'avaient plus la force de sortir de chez eux et qui périssaient aussi d'inanition. Quand le respect humain les obligeait à enterrer leurs parents, ils les brûlaient anonymement, au mépris des usages, sur des bûchers géants.

Les réfugiés du Pirée étaient les plus frappés. «Les corps gisaient, au moment de mourir, les uns sur les autres; il y en avait qui se roulaient par terre, à demi morts, sur les chemins et vers toutes les fontaines, mus par le désir de l'eau.»

Les mourants ne respectaient plus rien, et les autorités s'avouaient impuissantes. Nombreux étaient ceux qui ne songeaient, avant de mourir eux-mêmes, qu'à piller et à tuer. «En cas d'actes criminels, ajoute Thucydide, personne ne s'attendait à vivre assez pour que le jugement eût lieu, et qu'on eût à subir la peine.»

Les stratèges étaient débordés. La flotte de guerre était atteinte par le mal, et les rameurs s'écroulaient à leur banc, comme des mouches. Les armées n'étaient plus que l'ombre d'elles-mêmes et le combat finit faute de combattants. La cité d'Athènes perdit en quelques jours, assure Thucydide, un tiers de ses habitants. Les plus riches n'avaient dû leur salut qu'à une fuite éperdue dans les montagnes environnantes. Certains avaient pris la mer sans destination précise.

Les médecins d'aujourd'hui ne reconnaissent pas les traits de la peste de 1348 dans le récit de Thucydide qui n'évoque ni ganglions ni bubons. On sait aujourd'hui que la peste a deux variantes principales, la bubonique et la pulmonaire. Dans le premier cas apparaît d'abord un «charbon», une tache noire qui précède le bubon, un gonflement ganglionnaire très repérable qui n'est pourtant pas mentionné dans le texte grec, au demeurant assez précis. La plupart des décès sont enregistrés dans les deux premiers jours de la maladie et non, comme le dit l'historien, dans un délai de six à huit jours. La deuxième peste, dite pulmonaire, est encore plus foudroyante: elle frappe ses victimes en quarante-huit heures.

La peste d'Athènes était-elle une épidémie de typhus, de dengue, cette maladie des soldats des Dardanelles en 1915? De variole? On en dispute. Mais le récit de l'Antiquité a servi de référence à tous les auteurs latins et hellénistiques qui ont décrit la peste. Les médecins de Marseille ne disposaient pas d'un autre corpus. Ils étaient surpris et déconcertés par les formes caractéristiques de «leur» peste noire, à laquelle ils ne trouvaient pas de référence. Comment pouvaient-ils proposer des explications scientifiques, alors qu'ils étaient dans la plus grande ignorance?

*
* *

Pourtant, en octobre 1348, à la faculté de médecine de Paris, de savants docteurs avaient disserté sur la peste, à la demande insistante du roi Philippe VI de Valois qui avait dû signer une trêve avec le roi d'Angleterre Édouard III. Ce dernier, vainqueur à Crécy et maître de Calais, s'apprêtait à envahir la France. Philippe avait levé une nouvelle armée pour la défendre, mais la peste noire avait frappé. Il ne pouvait partir en guerre, faute de soldats et demandait instamment aux astrologues et aux médecins, comme s'ils avaient les moyens de lui répondre, des lumières sur la durée possible de l'épidémie.

Le rapport de la Faculté laisse forcément le roi perplexe: l'analyse des docteurs place en tête des causes de la peste noire la conjonction déplorable des astres: la corruption de l'air, assurent-ils, est responsable de tous les maux. Elle résulte de la rencontre désastreuse de Saturne et de Jupiter. Cette dernière planète, humide et chaude, fait surgir les vapeurs mauvaises de la terre

65

et Mars, chaud et sec, les incendies, engendrant des éclairs, des étincelles, des ouragans.

Circonstance aggravante : le bouillant Mars est depuis le 6 octobre 1347 dans le signe du Lion. Il regarde Jupiter d'un œil hostile, sécrétant un air dangereux et agressif, générant des vents violents du sud, ce qui accroît l'humidité et la chaleur de la terre.

Pourquoi interroger les astronomes ? Ils sont alors comme les statisticiens de l'événement, ils en étudient la fréquence, en fonction de la conjonction ou de la séparation des astres et des planètes, comme s'il y avait corrélation nécessaire entre telle configuration et l'apparition d'une catastrophe. Interrogés, ils répondent, comme les médecins, que la peste provient de l'air pollué, de la corruption de l'eau et des vapeurs putrides exhalées par les corps des mourants. Ils font toutefois la remarque que les épidémies relèvent toujours d'une conjoncture dégradée des saisons. Le dernier hiver (celui de 1347-1348) n'a pas été froid, mais pluvieux, le printemps humide et venté, l'été tardif et extrêmement humide et l'automne pluvieux et brumeux. L'air trop chaud et humide devient pestilentiel. Si ce temps continue, l'année prochaine sera pire. La seule chance d'arrêter la peste est d'espérer le retour d'un hiver froid et sec. Quand le ciel est rouge et jaune, cela veut dire qu'il est chargé de vapeurs mauvaises, et qu'il oppose au soleil une traîne de corruption.

Les conséquences sont accablantes pour tout le règne animal. Les paysans assurent qu'ils ont vu une multitude de grenouilles et de reptiles sortir de la terre entrouverte. Les pêcheurs parlent de bancs entiers de poissons et d'autres animaux qui meurent sur les plages. Tout provient de la corruption de l'air, qui engendre celle des eaux. Seuls survivront les hommes et les femmes secs de corps, purgés des matières humides. Les enfants, les bébés, les hommes gros et gras, tous ceux

66

qui aiment la nourriture et les joies du sexe périront les premiers. Seuls ont des chances de survivre ceux qui adoptent un régime « sévère et approprié ».

Le roi ne peut rien tirer de plus de ses astrologues. Ils assurent que la suite de l'épidémie est dans les mains de Dieu, qu'elle procède de sa volonté, et qu'il est souhaitable que les hommes « s'inclinent humblement devant lui pour le prier d'avoir pitié, car lui seul peut guérir ».

Pour Geoffroi de Meaux, astrologue de la cour, la responsabilité des astres est aussi évidente. Il explique la peste par une longue éclipse de la lune, le 18 mars 1345, dans une mauvaise configuration des planètes. Aux questions angoissées du roi : pourquoi certains pays sont-ils touchés plus que d'autres ? Pourquoi les villes et les cités sont-elles les plus affectées ? Pourquoi telle rue, tel côté de la rue, telle maison fournissent-ils un contingent de morts plus important ? Pourquoi enfin les nobles sont-ils moins affectés que le reste de la population ? Geoffroi répond par des considérations astrologiques. Il n'hésite cependant pas à pronostiquer la durée de l'épidémie, en fonction du temps de l'éclipse : cinq ans et cinq mois, assure-t-il, si Dieu n'intervient pas d'ici là.

Car tout dépend du Ciel. Les maux sont inévitables, puisqu'ils résultent de l'agencement des planètes, lui-même conforme à l'ordre divin. Les individus peuvent s'y adapter plus ou moins bien, en fonction de leur date de naissance, ce qui ouvre un avenir immédiat fructueux aux maîtres de l'astrologie.

D'autres sons de cloche peuvent être entendus dans les diverses capitales de l'Europe « scientifique » du temps : à Montpellier, le « physicien » du pape et du roi, Jean Jacobus, chancelier de l'Université, donne des conseils précis à ses contemporains : la peste, dit-il, est transmise quand les pores du corps sont ouverts, elle vient des germes véhiculés dans l'air. Une vie saine et convenable protège contre la contamination. Il faut éviter les concentrations de foules et rester dans sa chambre pendant la période d'épidémie, en ouvrant seulement les fenêtres exposées au nord, car le vent du sud est corrupteur.

Quand on lui demande de proposer des remèdes, il invoque le prophète Jérémie qui prône la confession des péchés, préférable à toute autre médecine. En outre, il juge bon d'éviter le contact des femmes et la fièvre sexuelle, par exemple en cessant de se rendre dans les étuves, ces bains publics qui sont en réalité des bordels.

Il est recommandé de faire bouillir l'eau, de se méfier de l'air, de laver avec soin les pièces de la maison et d'allumer du feu dans la cheminée. Il n'est pas inutile non plus de répandre des parfums, comme l'aloès ou le genièvre, encore que ces substances soient hors de prix. Il est conseillé de faire fréquemment des fumigations d'herbes médicinales vendues par l'apothicaire. Jacobus donne toutes ces prescriptions précises pour que ses malades, faute de pratiques rassurantes, n'aient recours aux sorcières. Il prend soin de préciser que la seule conduite appropriée pour combattre l'épidémie est assurément de prier et de rester chez soi.

Mais aussi d'utiliser constamment le vinaigre, dont les heureux effets sont connus. C'est un désinfectant efficace, et il faut se laver fréquemment les mains dans de l'eau vinaigrée. On ne sait pas encore que le vinaigre peut éloigner par son odeur les puces du rat. Jean Jacobus avait-il entendu parler des quatre voleurs de Toulouse ? Quand la peste atteignit la ville, le pillage des maisons des morts fut aussi fréquent qu'à Athènes au temps de Périclès. Les gardes étaient débordés, ou frappés par le mal. Un jour pourtant ils prennent sur le fait quatre larrons qu'ils arrêtent et défèrent devant le juge. Ils sont aussitôt condamnés à être pendus.

Mais le juge est perplexe. Quand toute la ville meurt, pourquoi ceux-là jouissent-ils d'une insolente santé ? Avant de les conduire au gibet, on leur donne la question. Ils reconnaissent alors qu'ils disposent d'un secret miraculeux contre la peste : une décoction de lavande et de vinaigre mélangée avec des herbes fortes, dont ils s'enduisent intégralement le corps. Ils n'ont pas à redouter l'épidémie. Voilà donc qu'on cherche partout des tonneaux de vin susceptibles d'être traités dans les caves de Toulouse, pour fabriquer le désormais fameux vinaigre des quatre voleurs.

Même si la recette n'offre pas de garantie absolue, on constate son utilité, sans en connaître la cause. On se perd en conjectures sur les modalités de la contagion foudroyante. Pour certains, l'air pollué n'est pas une explication suffisante.

Un autre médecin de Montpellier, toujours soucieux de recourir aux textes anciens pour y chercher des lumières, réfléchit sur les théories d'Euclide concernant les verres concaves et la concentration des rayons du soleil sur un point. Il en vient à penser que la peste se transmet aussi par le regard, et pas seulement par la respiration ou le contact physique. La belette, explique-t-il, protège ses yeux avec des feuilles de rue avant d'attaquer le serpent.

Aristote ne raconte-t-il pas qu'une esclave, contaminée elle-même par les yeux d'une reine jalouse, avait été envoyée à la cour d'Alexandre pour l'assassiner d'un regard ? Le conquérant n'aurait dû la vie qu'à l'avertissement du philosophe, qui avait fait congédier l'esclave. Celle-ci avait alors rencontré dans la rue un passant qui était mort sur-le-champ. Voilez les yeux des malades, recommandait à ses collègues le médecin de Montpellier, et n'oubliez pas d'appliquer une compresse d'eau vinaigrée sur le nez ! Tels étaient les secours de la médecine contre le plus grand fléau qu'ait connu l'humanité.

*
* *

Si les hommes étaient impuissants, Dieu pouvait-il intervenir? Le premier réflexe du clergé de France et d'Angleterre fut de reprendre en main les foules de croyants désespérés, de leur inspirer la crainte du Seigneur pour éviter les troubles dans les villes, d'être présent à la tête du combat contre la mort pour assumer pleinement le rôle social et spirituel de l'Église.

L'archevêque d'York, William Zouche, est le premier à réagir. Il explique à son clergé que la peste est le résultat des péchés des hommes qui, «se réjouissant des bonnes choses, oublient qu'elles sont les dons du plus puissant des donneurs». Il ordonne de rassembler, en toute hâte, des processions le mardi et le vendredi dans l'église cathédrale, les églises collégiales ou de couvents, et jusqu'aux églises de paroisses, pour que le peuple de Dieu chante des litanies et implore la clémence du Ciel. Des prières spéciales contre la peste doivent être ajoutées aux messes, chaque jour, et qu'on n'oublie pas de citer le roi et de prier «pour le bon état de l'Église»! Si les fidèles ne se montrent pas assez zélés, on leur promettra des jours de paradis, sous forme d'indulgences.

On peut suivre dans les *Manchester Medieval Sources Series*, transcrites et éditées par Rosemary Horrox, les ordres en cascade donnés à l'occasion de la grande peste à tous les responsables de l'Église d'Angleterre. Il est partout recommandé de «prier dévotement et incessamment», de faire confession de ses péchés, de contraindre tous ceux qui refusent le repentir à s'agenouiller pour prier comme les autres. Les chrétiens

doivent sentir au plus profond d'eux-mêmes la nécessité de se mettre en état de grâce pour aborder l'heure
de la mort qui frappe dans toute l'Angleterre.

Les évêques dénoncent les mœurs dissolues des
Anglais, leur emportement dans les plaisirs, la mauvaise vie des marchands, la floraison des péchés capi-
taux, particulièrement de l'adultère. Le roi Édouard III
lui-même écrit aux évêques en septembre 1349, après
la première offensive de la peste, pour les assurer de sa
conviction que la prière peut triompher de tous les
maux. Le roi parle haut et clair. Il entend que l'on prie.

Outre le Dieu tout-puissant et la Vierge Marie, dont
la miséricorde est sollicitée avec ardeur par les évêques
anglais, on a recours à saint Sébastien, «citoyen de
Milan», selon la prière de Westminster, qui a guéri Zoé
et son mari Nicostratus. En France, saint Roch est le
plus fréquemment invoqué. Le pouvoir intercesseur de
ces saints est encore considéré par le peuple comme
efficace, surtout si l'on peut sortir en procession des
églises leurs reliques aux pouvoirs miraculeux éprouvés
déjà par les fidèles.

Les mauvais prêtres sont remis en question dans des
pamphlets anonymes qui les chargent de tous les
péchés et exigent qu'ils montrent la voie de la mortification et de la confession publique. Qu'ils portent des
fourrures à l'office pour ménager leur santé, qu'ils abandonnent leurs devoirs de charité, qu'ils vendent au
détail leur charge en commettant le péché de simonie
est insupportable.

Les pauvres souffrent de la dépravation des riches. Ils
sont injustement punis par la peste, alors que les
membres du haut clergé donnent l'exemple de la turpi-
tude et attirent la foudre du Ciel sur le peuple tout
entier, même s'ils sont, comme les autres, victimes de
l'épidémie. Un dominicain de Westphalie, Heinrich
von Herford, se répand en attaques contre le clergé

glouton, cupide et intrigant, qui discrédite la religion et offense Dieu.

D'autres dénoncent les modes indécentes que non seulement les membres du clergé tolèrent, mais suivent en portant des robes courtes et des pourpoints lacés, quand ils ne chaussent pas, comme les esquires, ces *crakowes* aux pointes longues d'un pouce, montés sur les talons du diable. La partie critique de la pensée religieuse de ce XIVe siècle impute la peste aux fautes du clergé et plus encore à celles des responsables de l'ordre, incapables même de contrôler les enfants, devenus avides et voleurs, irrespectueux des lois comme de leurs parents.

La distance prise par certains groupes exaltés de croyants par rapport au clergé s'exprime dans le mouvement spontané des flagellants. Il apparaît dans toutes les villes d'Allemagne, des Flandres, d'Italie, de France et d'Angleterre, et se répand comme la peste, le long des grands chemins.

Les flagellants veulent attirer l'attention de Dieu en se mortifiant eux-mêmes d'une manière spectaculaire. Méprisant les manifestations traditionnelles de la hiérarchie catholique, ils tournent en dérision les processions habituelles, hiérarchisées, ordonnées par les archevêques. Ils courent en foule, nus et hurlants, sans aucune distinction sociale apparente.

Les évêques les traitent de fous, d'illuminés, d'ignorants. Les flagellants s'identifient eux-mêmes par une croix marquée sur leurs vêtements. Ils portent des fouets à mèches de cuir agrémentées de morceaux de fer. Quand ils frappent leur chair nue, le sang gicle jusque sur les façades des maisons. Le fer les pénètre profondément, déchire leur peau, les transforme en animaux sanglants. Ils traversent ainsi les villes, ayant longtemps arpenté les routes. Ils chantent des hymnes et entrent de force dans les églises où ils se couchent à terre pour mendier le pardon de Dieu. Ils se relèvent l'un après l'autre, dans un mouvement bien réglé, et flagellent leur voisin proche, toujours chantant et implorant la rémission des péchés. Ils croient revivre la passion du Christ.

L'Église s'inquiète de ces mouvements anarchiques. Certains flagellants n'osent-ils pas gravir, le dos ensanglanté, les marches de la chaire pour prêcher, invectiver les tièdes, conspuer les prêtres qui veulent leur faire évacuer le lieu saint? On leur envoie des moines dominicains pour les raisonner. Le pape a interdit ces usurpateurs qui se croient le droit de sermonner les fidèles sans avoir été «envoyés».

– Qui vous envoie? demandent les dominicains. Quand Dieu choisit Moïse pour guider les Hébreux, il lui donne un signe de sa volonté. Où est votre signe?

Les flagellants répondent par des cris, se précipitent vers les moines qui sont bientôt lapidés, abandonnés sanglants sur un tas de pierres.

Ceux qui envahissent l'Angleterre viennent de Zélande et de Hollande. Une centaine de manifestants hirsutes et sales marchent pieds nus dans les rues de Londres, après la grande peste. Ils ont le visage dissimulé par des capuchons où ils ont peint, devant et derrière, une croix rouge. Ils tiennent en main le fouet de la pénitence, du pardon. Leurs corps sont dénudés et sanglants. Ils chantent des litanies et engagent le public à les imiter. Les Anglais à leur tour entrent dans la ronde infernale des flagellants, qui ont en France de nombreux adeptes. L'impuissance des messes et des processions ordinaires a suscité ces mouvements délirants. La peste tue et rend fou.

*
* *

Seul Gui de Chauliac, le célèbre médecin du pape Clément VI, porte un regard lucide sur ces manifestations. Il réussit à convaincre le pontife que les processions sont surtout dangereuses, parce qu'elles favorisent la contagion. Il faut isoler les malades, les empêcher de sortir. Les rues doivent être vides, les marchés interdits. Le pape consent enfin à prendre des mesures prophylactiques et Jean le Bon, roi de France, promulgue un édit obligeant à nettoyer les rues. Mais ces réactions sont d'arrière-garde : il est trop tard, la peste noire a déjà frappé.

Elle est passée comme une tornade, à partir du mois de mars 1348, probablement chassée des steppes lointaines de l'Asie centrale par les inondations, la famine, les tremblements de terre ou quelques calamités naturelles qui poussaient les hordes de rats, véritable réservoir de peste, toujours plus vers l'ouest.

Les Génois l'avaient contractée quand ils étaient assiégés dans leur comptoir de Caffa (aujourd'hui Feodosiya) sur la péninsule de Crimée, par une horde de Tatars. La peste avait frappé les assiégeants les premiers. Les Génois, avec surprise, voyaient les Tartares enterrer leurs morts et décamper. Mais leur chef eut l'idée de catapulter des cadavres dans le port génois, et la peste changea de camp.

Il y avait quelques cas de pestiférés sur les navires qui rentraient en Europe. Ceux-là, Génois et Vénitiens, avaient été les messagers de la peste noire. On apprenait bientôt qu'elle touchait en quarante-huit heures les Marseillais, les Hambourgeois ou les Anglais sous sa forme pulmonaire, qu'elle laissait quelque infime chance de salut dans sa version bubonique qui attaquait un peu moins vite les centres vitaux. Il est vrai, on le sait aujourd'hui depuis la découverte du bacille par le Français Alexandre Yersin en 1894, qu'elle se transmettait par la piqûre de la puce, mais aussi, pour la pneumonique, par la respiration des gouttes de moisissure échappées des lèvres des malades. Un hiver doux et humide favorisait la prolifération des puces qui restaient ainsi actives toute l'année.

Il semble qu'en 1348 les animaux aussi étaient atteints, et que chiens et chats mouraient avec leurs maîtres, ainsi que les oiseaux.

Les Anglais, les Hollandais avaient eu tout le temps de se préparer à l'épidémie qui leur avait été annoncée par leurs correspondants dans les ports de Méditerranée. Ils ne pouvaient cependant rien faire pour se protéger, que prier. La peste n'était même pas une surprise, elle était souvent attendue. Mais personne ne pouvait réaliser à quel point elle laissait peu de chances de survie aux hommes désemparés par l'ampleur du fléau.

Les riches, avisés, avaient eu tout le temps de gagner les montagnes quand elle aborda l'Italie. Mais la maladie les rattrapait: Gabriele de Mussis, un avocat de Plaisance, raconte que les Génois avaient franchi les cols autour du port pour trouver refuge à Plaisance, ville aérée et de bonne réputation bourgeoise: la peste était déjà dans les remparts. Un des voyageurs génois avait voulu faire son testament. Le notaire qui l'avait reçu, le prêtre qui l'avait confessé et les témoins de l'acte étaient tous morts avec lui, et se trouvaient enterrés ensemble dans une fosse commune.

Il fallait creuser des puits sur les places, entre les colonnades, pour ensevelir en vrac les morts qui se succédaient. Au début les prêtres les accompagnaient avec la croix et le cortège. Ils furent bientôt eux-mêmes victimes du mal, absents par défaut, et l'on eut recours à des condamnés de droit commun ou à des mendiants pour l'ensevelissement. Les religieux de Plaisance avaient été frappés les premiers: dominicains, franciscains, augustiniens et carmélites avaient disparu, avec plus de soixante prêtres et évêques.

Les médecins refusaient de visiter les malades et les prêtres restés en vie expédiaient en tremblant les sacrements des nobles seigneurs qu'ils ne pouvaient pas refuser de dépêcher dans l'autre monde. Les enfants pleuraient, cherchant leur mère. Nul ne s'en souciait. Dans les maisons, les malades encore geignants mouraient de faim et de soif autant que de la maladie. Les femmes enfermaient elles-mêmes leurs maris dans le cercueil pour être sûres qu'il eût une sépulture décente. Aucune prière publique, aucune trompette ne résonnait, sinon celle du jugement dernier que tous les agonisants entendaient en imagination.

La population croyait aussi aux prodiges. On lui racontait qu'en Asie les serpents sortaient par milliers de terre pour envahir les villes, que des pluies serrées de crapauds diaboliques tombaient du ciel. Un prêtre de retour d'un long voyage assurait qu'aux Indes les lézards et les scorpions s'étaient répandus par millions dans les campagnes et que les paysans avaient été frappés par le feu du Ciel en grand nombre. La colère divine avait, à coup sûr, envoyé la peste sur terre pour châtier les hommes de leurs péchés, comme au temps du déluge de Noé.

Rares seraient les survivants. Les débauchés, les jaloux, les agressifs, les voleurs succomberaient-ils les premiers ? Rien de moins sûr ! Mais ils disparaissaient comme les autres et recevaient les anathèmes des rescapés qui entonnaient le chant de la danse macabre : les prélats injustes, les tyrans abusifs seraient frappés et les femmes, réduites à leurs squelettes, devraient abandonner leurs colliers de perles et leurs bracelets d'or pour prendre la cordée des maudits.

Le XIVe siècle découvrait son imaginaire de mort, en forçant la note égalitaire pour évoquer la vulnérabilité des pécheurs devant la colère de Dieu. À quoi bon les hiérarchies, la puissance, la richesse, si elles ne pouvaient en rien protéger les troupeaux de mortels ? En refusant de tenir les maîtres de la cité pour des justes, Dieu suggérait la mise en place d'une nouvelle échelle des valeurs, avec des hommes nouveaux, capables de sacrifice, de responsabilité, de sainteté. La peste noire était grande niveleuse.

*
* *

Le récit de Boccace sur la peste à Florence montre une défaillance complète des autorités, comme si tous les banquiers de la ville avaient disparu en même temps. Pas le moindre tribunal pour juger les voleurs, aucune instance de police pour faire procéder à l'enlèvement des morts. Les citadins s'organisent eux-mêmes, faisant circuler des chariots conduits par des condamnés de droit de commun pour ensevelir les corps dans des fosses communes.

L'auteur du *Décaméron* est frappé par la rapidité de propagation du mal. Il suffit de toucher un objet ou un vêtement appartenant à un pestiféré pour être aussitôt atteint. Le poète assure qu'il a vu des porcs dans la ruelle, devant sa maison, se disputer les hardes d'un pesteux. Ils ont bientôt roulé couchés sur le dos, sans vie, dans le ruisseau pestilentiel.

Les réactions des citoyens de Florence sont étranges et variées : certains s'isolent dans de vastes palais avec des invités ou des serviteurs qui n'ont pas été contaminés, fermant soigneusement les portes. Pas question d'ouvrir même une fenêtre. On attend la fin du sinistre, muré dans son égoïsme.

D'autres se répandent de tavernes en lupanars, le verre toujours à la main, buvant jour et nuit avec excès. Ceux-là ont ouvert leur maison aux étrangers de passage, qui s'y installent comme s'ils étaient chez eux. On peut voir des épouses de notables se donner sans vergogne à leurs serviteurs, des rangées d'épices maintenues en colliers autour de leur cou et ornant leur nombril.

Ceux qui ont fui dans les campagnes, croyant y trouver l'air pur, y découvrent les ravages de la peste. Les paysans sont morts dans leurs fermes ou aux champs, sans avoir rentré les récoltes. On rencontre leurs corps pourris sur les chemins. Nul ne les a ensevelis. Leurs troupeaux errent sur les terres de culture, et dévastent les emblavures. Les moutons n'ont plus de bergers et personne ne trait plus les vaches.

Les cadavres ne sont plus évacués de la ville aux portes condamnées. Les domestiques, même à prix d'or, refusent d'assister leurs maîtres malades, ils s'enfuient en emportant leurs biens, errant dans la cité sans chefs, sans police, sans justice. Plus de consécration pour les mourants, plus de pompe religieuse. Les chiens eux-mêmes refusent de ronger les cadavres dont l'odeur est pestilentielle. La plus belle cité d'Italie semble rayée de l'Histoire, condamnée comme Sodome et Gomorrhe à être une simple référence dans les récits de la peste écrits par les survivants des clercs du Duomo.

Il n'y a plus de podestat à Florence. Celui de Sienne, Guerra Sambonifacio, est mort, comme Andréa Morosini, de Padoue, disparu en même temps que son fils qui devait lui succéder. Le patriarche de Catane périt bientôt, ainsi que le duc Jean de Sicile qui a pourtant erré sans trêve de tours isolées en ermitages perdus pour tenter d'échapper par la solitude au sort commun.

Les Siciliens ne se fient qu'aux reliques des saints pour se protéger du mal. Ceux de Messine envoient des représentants à Catane pour solliciter du patriarche une visite de la statue de la Sainte Vierge Agatha dans leur ville désertée, où les mourants sont plus nombreux que les vivants. La chronique raconte que le voyage de la statue est ponctué d'épisodes surnaturels. Le sol s'entrouvre et le cheval refuse d'avancer, tant que les Messiniens n'ont pas fait pénitence et affirmé leur désir de plaire à Dieu. Quand la Vierge arrive enfin dans la cité, les femmes lui abandonnent leurs plus beaux bijoux d'or et de pierres : en pure perte, la peste redouble d'intensité. Elle gagne Syracuse, Trapani et Agrigente.

*
* *

En Provence, elle se répand vers l'intérieur à partir de Marseille, menace Avignon où réside alors le pape Clément VI. Soixante-deux mille cadavres sont, dit-on, enterrés en vrac dans la ville, et l'on accuse le pontife d'avoir attiré la foudre du Ciel en autorisant la reine Jeanne de Naples à résider dans ses États. Cette jeune souveraine était accusée de complicité dans l'assassinat de son époux, le roi Andreas de Hongrie. Le pape avait consenti à l'absoudre : pis encore, il avait autorisé son second mariage avec Louis de Tarente.

À l'intérieur des remparts de la capitale pontificale, plus de sept mille maisons étaient fermées, faute d'habitants. Tous étaient morts. Les faubourgs étaient déserts, les campagnes meurtries. Onze mille corps avaient été enfouis dans un terrain situé près de Notre-Dame-des-Miracles, les autres dans les cimetières de l'hôpital de Saint-Antoine. Des êtres frustes, à moitié nus, descendus des montagnes de Provence étaient gagés, avec des rufians des prisons papales, pour enterrer les cadavres. Ils mouraient eux-mêmes par grappes et tombaient dans la fosse qu'ils avaient creusée.

Le pape avait fini par quitter la ville et avait trouvé refuge dans le petit ermitage qu'il s'était fait construire, au lieu-dit Le Groseau, non loin de Malaucène, sur les flancs du mont Ventoux. L'administration papale avait fondu au soleil noir de la peste : plus d'auditeurs, d'avocats ni de procurateurs. Ceux qui ne s'étaient pas enfuis étaient déjà morts.

La démission des autorités était ressentie par les flagellants d'Avignon comme une trahison. En Sicile, en Italie, à Rome, les prêtres, les juges, les notaires refusaient de visiter les malades. Les moines des ordres mendiants avaient fait preuve d'héroïsme. Ils étaient les seuls à faire leur devoir dans les villes empestées. Mais les franciscains et les dominicains, dévoués au Christ jusqu'à la mort, avaient été frappés en si grand nombre qu'il ne restait personne dans leurs prieurés.

Tous ceux qui s'étaient dévoués aux mourants étaient morts eux-mêmes, comme si la miséricorde de Dieu n'était plus accordée à quiconque. Les religieux n'en avaient cure, heureux de mourir nombreux dans le service du Christ et dans les plus injustes souffrances.

*
* *

Dans le Nord, les ports en relation avec l'Italie avaient aussi répandu le mal sinistre. Gilles li Muisis, abbé de Saint-Gilles de Tournai, raconte qu'après les premières hécatombes, les juifs furent rendus responsables des calamités.

Les astronomes avaient prédit « la fin de la secte ». Les juifs menaçaient les chrétiens, empoisonnaient, disait-on, les rivières et les puits. En 1349, les autorités de Tournai ayant retrouvé leur sang-froid et gagé de nouveaux serviteurs, envoyèrent ceux-ci dans les maisons des juifs pour les arrêter, les charger de chaînes, et les juger pour complot.

Les juifs étaient rares en France depuis les persécutions dont ils avaient été victimes de la part de Saint Louis et leur expulsion sous Philippe le Bel en 1306, mais nombreux dans les Flandres, en Hollande, en Allemagne et en Italie. Ils furent condamnés au bûcher, à la décapitation, ou tués, dit l'abbé, «par quelque autre moyen». Gilles li Muisis assure qu'en Lotharingie, c'est-à-dire dans les Flandres, en Bourgogne, dans le Lyonnais, en Provence et en Italie, aucun de ceux qui furent arrêtés n'échappa au châtiment.

La chronique de Jean de Venette, un carmélite français, donne des détails complémentaires sur la persécution des juifs. Leurs communautés avaient été incendiées, et leurs membres sauvagement massacrés. Les veuves des hommes condamnés au bûcher montraient une «étonnante constance», demandant à être elles-mêmes brûlées vives, avec leurs enfants, plutôt que de renoncer à leur foi. Jean de Venette reconnaissait volontiers que l'empoisonnement des sources et des rivières n'était pas un motif sérieux pour expliquer la mort de tant de chrétiens, mais il ne regrettait en rien le massacre, qu'il estimait pourtant injuste, des juifs.

Une autre chronique, celle des persécutions des juifs allemands, est tenue par un ancien chapelain du pape Jean XXII, qui affiche ses sentiments antisémites et note avec complaisance tous les pogroms mis en œuvre entre Cologne et l'Autriche, malgré la protection que le duc Albrecht d'Autriche accorde à ses juifs. Ils sont immolés par le feu à Stuttgart, soumis au supplice de la roue. On leur extorque des aveux par la torture, on passe à la question leurs femmes. À Ravensburg, à Bâle, à Ulm, à Zurich, et dans les cités de la vallée du Rhin, on les arrête et on les condamne au bûcher.

En Savoie, on leur fait un monstrueux procès d'empoisonnement, sans qu'ils soient vraiment protégés par le comte. Les excès sont tels que les conseillers de justice de Cologne écrivent à Conrad von Winterthur, burgmeister de Strasbourg, pour lui rappeler que les juifs sont innocents de la peste, due aux péchés des chrétiens et à la main de Dieu. Ils en sont eux-mêmes victimes, beaucoup d'entre eux étant morts, comme les autres, de l'épidémie. Il n'y a aucune raison de laisser le peuple les massacrer comme boucs émissaires, alors que leur commerce assure la prospérité des cités rhénanes. Le pape Clément VI intervient en personne, le 5 juillet 1348, pour notifier aux prélats et aux curés qu'il faut faire cesser la persécution. Mais, selon les villes, les mises en garde du pape, des princes et des rois ne peuvent pas toujours empêcher le déferlement des passions inhumaines.

Pourtant l'Église se devait de reprendre en main la société civile, qui pouvait douter de l'efficacité de la hiérarchie chrétienne dans la lutte contre l'épidémie. Si les juifs n'étaient pas coupables de complot, alors l'ensemble de la communauté chrétienne avait attiré par ses péchés la colère de Dieu. Elle devait en être convaincue. Une redoutable vague de moralité s'abattit aussitôt sur les cités : on pourchassait à Tournai les concubins, les patrons de tripots, les proxénètes et les femmes infidèles. Plus de vingt-cinq personnes étaient mortes de la peste noire. On entendait épurer la cité pour qu'elle échappe désormais à la colère de Dieu. Une prophylaxie sociale sans merci fut mise en œuvre par l'autorité ecclésiastique.

On engageait les fidèles à se joindre aux processions, voire à partir en pèlerinage. Si les habitants de Tournai manquaient de zèle, la colère de Dieu serait à redouter.

Aussi se rendaient-ils en troupes au monastère de Saint-Pierre-de-Hennegau pour adorer la châsse de saint Sébastien. De même les sujets du roi de France se pressaient-ils sur la tombe du saint guérisseur, à Saint-Médard de Soissons. La peste passée, le clergé reprenait son emprise sur les fidèles, et le vieux rituel des saints mobilisait de nouveau les foules.

L'Église insistait sur le fait qu'on ne pouvait échapper à la colère de Dieu. *Les Grandes Chroniques de France* racontent que dans la capitale, en pleine épidémie, les hommes mouraient au rythme de huit cents par jour. Aux faubourgs, le mal avait pris sa source à Roissy, près de Gonesse, à trois lieues de Saint-Denis. Deux moines envoyés par l'abbé de Saint-Denis parcouraient la région, à la recherche d'informations sur la propagation de l'épidémie. Ils avaient été surpris, traversant un village, de voir la population danser au son des tambours et des cornemuses. Elle fêtait simplement sa survie. Dieu l'avait oubliée dans sa colère, alors qu'il avait frappé tous les villages environnants. Deux jours plus tard, les moines avaient parcouru à cheval le même village, devenu presque désert. Les quelques habitants rencontrés leur avaient raconté qu'une terrible averse de grêle avait tué, ou tué de peur, tous les paysans du lieu. Ils s'étaient réjouis trop vite : la colère de Dieu n'épargnait personne.

La reprise en main de la chrétienté imposait ainsi aux moines prédicateurs le thème de la vengeance du Ciel contre les péchés des hommes. Le pape et les évêques entendaient bien reconstruire l'Europe selon les préceptes de l'Église.

*
* *

Comment reconstruire durablement, en face d'un fléau qui frappe tous les dix ans avec la même virulence pendant deux siècles (jusqu'en 1534 en France) puis par poussées sporadiques et imprévisibles pendant encore cent cinquante ans ? Les Européens doivent s'habituer à penser que la peste n'est pas une catastrophe unique envoyée par Dieu, comme le déluge à Noé. Elle a des retours périodiques et fait partie de la Création, puisqu'elle est annoncée par la configuration des planètes. Il faut s'habituer à l'intégrer dans les calculs humains, comme une composante de fond, et non comme un accident.

La description des origines de la peste noire dans les témoignages publiés par les séries de Manchester donnait pourtant à penser que le mal était unique, peut-être apocalyptique. L'hécatombe est si spectaculaire qu'on ne lui attribue pas d'avenir. Elle est d'abord vécue comme une catastrophe sans précédent, dont on évoque les causes criminelles : ces navigateurs génois qui contaminent, l'un après l'autre, tous les ports d'Occident. Il n'est pas certain que l'humanité puisse survivre, sauf à titre de spécimens, pour remodeler le monde habité selon les désirs de Dieu.

Témoin de la peste de 1546 à Aix-en-Provence, Nostradamus, le médecin-astronome, poète et mage, n'est pas de cet avis. Il est déjà fort habitué au retour périodique des pestes. Il décrit, comme Thucydide Athènes, comme Boccace Florence, sa propre cité victime d'une calamité bien pire qu'un tremblement de terre. Il énumère les taches noires, les bubons et les charbons. Il ne peut s'empêcher d'être surpris, atterré par la soudaineté de ce mal implacable.

– Une femme, écrit-il, m'appela par la fenêtre. Je vis qu'elle-même, toute seule, se cousait le linceul sur sa personne (en) commençant aux pieds. Je vis venir les alarbres (comme nous appelons, en notre langue provençale, ceux qui ensevelissent les pestiférés). Je voulus entrer dans la maison de cette femme. Je la trouvai

84

morte, couchée au milieu de la maison, avec son suaire demi-cousu.

Rapidité de l'agression, que les médecins exagèrent, comme pour expliquer leur impuissance. Que l'on meure en deux jours ou en deux heures importe peu, dès lors que l'on ne sait pas guérir. Nostradamus se borne à faire préparer des potions pour assainir l'air, écarter les pestilences, six onces d'iris de Florence et des roses rouges incarnées : pas de quoi tuer les germes.

Pourquoi chercher à guérir, quand la peste, par son cycle plus ou moins régulier, fait partie des lois de nature ? Une hiérarchie de privilèges se reconstitue, quand les puissants et les riches prennent conscience que le retour de la peste, annoncé par des signaux précis, permet de s'échapper en gagnant des régions où l'air n'est pas empesté. Des migrations périodiques s'organisent, vers les sites aménagés en montagne ou sur les collines protégées.

Elles n'offrent pas de sécurité absolue, puisque l'épidémie peut rattraper les fugitifs, mais elles entrent dans le mode de vie des grands : qui est plus mobile que le roi de France au XVIe siècle ? On ne voit pas que Chambord ou Fontainebleau aient été jamais assiégés par la peste. Elle ne frappe bien que les pauvres, dans les ports ou les quartiers populeux des villes, les armées en marche ou les flottes au repos, les chantiers de travaux publics ou les paysans aux moissons. Elle aime attaquer par surprise les plus fortes concentrations d'humains.

Les armateurs de Marseille se sont tapis, pour lui échapper dans les rochers calcaires du Roucas Blanc ou dans les montagnes du voisinage, n'y laissant pénétrer que leurs serviteurs. Il ne reste au Vieux Port que les galériens de la flotte d'Orient en congé d'hiver, les pêcheurs, les débardeurs et, dans les hôtels de pierre de taille, des bourgeois convaincus que leur présence peut empêcher le sac de leur maison, comme s'ils étaient invulnérables.

Pourquoi la peste leur ferait-elle quartier ? Même retranchés dans leurs immeubles en pierre de taille, ils n'ont aucun moyen d'échapper. La peste frappe au premier contact. Sans doute n'épargne-t-elle que les suppôts du diable. Ceux qui survivent deviennent suspects. Les quatre voleurs de Toulouse apparaissent d'abord comme des miraculés, avant d'être tenus pour des sorciers. Lucifer a ses acolytes, envoyés en mission sur les lieux pour accroître le trouble et le tumulte parmi les chrétiens. Le diable cherche à désorganiser la société de l'Église, à faire perdre la tête aux fidèles. Le pape lui-même a vu, sous les murailles ocrées de son palais féodal d'Avignon, passer les flagellants au torse ensanglanté. Il sait que la peste peut pousser à des extrémités, jusqu'à lapider les frères prêcheurs s'ils font obstacle aux prédicants improvisés, ceux que l'on redoute le plus, car ils peuvent susciter l'hérésie et engendrer le désordre. Plus tard, ils seront excommuniés.

Vingt-cinq millions de victimes en Europe et autant en Asie, tel est le bilan possible, sur plusieurs années, de la peste noire dans ses pérégrinations méditerranéennes prolongées vers l'ouest et le nord de l'Europe. La peste voyageuse n'a omis aucun rivage, elle a frappé aussi bien l'Afrique du Nord et l'Espagne, la Sicile et l'Irlande et jusqu'aux ports de la mer du Nord et de la Baltique.

L'ubiquité du fléau et sa simultanéité permettaient sa récupération religieuse : Dieu avait frappé également croyants et infidèles, sous toutes les latitudes. Seule une main divine avait les moyens, assurément, d'une aussi terrifiante efficacité. On voyait dans la multiplication des morts l'intention de faire périr l'ensemble du genre humain. La peste était diabolique, mais sa brièveté et sa puissance de frappe la rendait également apocalyptique.

*
* *

Pour prendre en compte les lépreux, les rois héroïques comme Saint Louis et les religieux rejoignaient les malades, partageaient leur vie, les poussaient à la rédemption par l'acceptation quotidienne de la souffrance. Impossible d'approcher d'un pesteux sans mourir aussitôt : tout évangélisme est exclu, sauf à faire preuve d'un héroïsme suicidaire comme les dominicains et les franciscains de France ou d'Angleterre.

Pourtant, en général, les témoignages sur la peste noire relèvent plutôt l'abandon honteux des malades, morts comme des animaux, entassés en vrac, dépêchés par des criminels. Les scènes de la peste à Florence décrites par Boccace font tache dans la chrétienté. D'où, sans doute, la réforme qui intervient au XVIe siècle. Elle remet certes en question le pouvoir de l'Église pour mettre au premier rang, plus que jamais, le devoir de charité singulièrement, scandaleusement oublié dans les drames vécus par les citadins. Ce devoir de charité permet à l'institution catholique d'assistance de trouver sa justification politique et sociale, à condition qu'aucun fléau, si mortel soit-il, n'échappe au zèle des moines et des sœurs spécialisés dans les soins hospitaliers.

On ne cesse de dire, au sein des plus hautes instances de l'Église, combien il est urgent de changer profondément les mœurs du clergé. Le Concile de Trente (1545-1563), qui lance le mouvement de la Contre-Réforme, entend que son Église reprenne la tradition évangélique, qu'elle marche résolument vers les pauvres et aussi vers les pesteux, donnant l'exemple du sacrifice et même de l'héroïsme, indispensable à l'efficacité de l'apologétique et de la reconquête des cœurs dangereusement troublés par les guerres de religion. Plus tard Vincent de Paul, isolé dans sa paroisse des Dombes, volera à la maison du malade qu'aucun pasteur protestant n'ose approcher. Voici revenu, dans la concurrence des religions, le temps de l'héroïsme.

Chapitre 3

Le Grand Siècle de la peste

Elle court ses chemins d'Europe, la peste, jusqu'au début du XVIIIe siècle. Elle frappe surtout les villes, pour les deux tiers des décès. Elle tue entre deux et trois millions de Français de 1600 à 1670. La grande période du massacre est comprise entre 1628 et 1632, avec un million de morts et plus. La moitié de la mortalité urbaine lui appartient de plein droit.

Lyon, pendant cette période critique, enterre trente-cinq mille cadavres, soit un Lyonnais sur deux. Des dix-neuf moulins à eau installés sur les deux fleuves, la Saône et le Rhône, pour broyer le grain de la ville, dix sont devenus inutiles. Les meuniers sont à plaindre: quand ils ne sont pas terrassés par la peste, ils ne trouvent plus de blé à moudre, parce que les campagnes dépeuplées n'en fournissent plus pour les survivants faméliques de la population lyonnaise.

La peste, écrit Chaunu, « joue à cache-cache d'un quartier à l'autre », mais à Paris l'administration municipale connaît désormais, au XVIIe siècle, les règles de l'isolement, du cloisonnement des quartiers à risque, dès qu'une épidémie est signalée. L'armée royale peut intervenir pour imposer des quarantaines, isoler des blocs entiers d'habitations, fermer les portes sur l'enceinte continue des remparts. Les pouvoirs publics sont sensibilisés au danger mortel. Paris est relativement privilégie : la peste y décroît après 1632, alors qu'elle ne faiblit pas sur le reste du territoire.

Pourtant l'engagement des autorités civiles et religieuses est partout assuré, dans la mesure où la régularité du fléau, son annuité pendant certaines périodes, a obligé les responsables à s'outiller de mesures administratives et policières plus efficaces, et à arrêter la panique la plus redoutable, celle des notables chargés de l'ordre et de l'approvisionnement des provinces, toujours prêts à s'enfuir à la première alerte. La constitution d'un État fort autour de la personne du roi, sensible dès le règne d'Henri IV et manifeste sous Louis XIV, donne aux officiers royaux, puis aux intendants, les moyens d'affronter le fléau en châtiant les irresponsables, en contraignant les élites à faire leur devoir.

À lire François Lebrun[1], on mesure le chemin parcouru dans la province de l'Anjou depuis la peste noire. D'abord, le plus ignorant des curés est capable, au XVIIᵉ siècle, de reconnaître la peste à ses débuts, et de la distinguer d'une épidémie également mortelle, la dysenterie. Plus d'un siècle après Gutenberg, les ouvrages de médecine circulent, les praticiens sont devenus plus nombreux. L'outillage nosologique, le répertoire raisonné des maladies connues, ne permet que la reconnaissance des principales affections dont souffrent les sociétés humaines, mais il est devenu plus précis. Un chirurgien, René Gendry, publie à Angers en 1631 un

---

1. François Lebrun, *Les Hommes et la mort en Anjou aux XVIIᵉ et XVIIIᵉ siècles*, « Sciences », Flammarion, 1975.

Traicté de peste qui devient la bible des hommes de l'art. Le charbon, les bubons, carboucles et autres *exantesmes* n'ont plus de secrets pour les praticiens, qui ne se dérobent pas à la tâche et publient, quand ils survivent, le résultat de leur campagne pesteuse.

Une certaine catégorie de praticiens est née des épreuves de la terrible maladie : les chirurgiens qui montent au créneau du combat contre la peste. Les Gendry sont une dynastie angevine, qui soigne ce mal de père en fils. Julien, le père de René, a traité les malades de l'épidémie de 1583, et René lui-même a pu survivre à celle de 1626. Avec son collègue François Giffard, Julien Gendry a naguère exigé de la municipalité « de bons gages » pour faire son office, car le médecin de l'hôpital, Julien Boisineust, docteur régent de la Faculté, avait hardiment quitté la ville à l'approche du fléau, ainsi que les autres docteurs. On avait surpayé un courageux médecin pour qu'il reste aux côtés des chirurgiens. Messieurs les diplômés de Paris ou de Montpellier ne faisaient pas de zèle. Les pestiférés n'avaient pour recours que les chirurgiens, dépourvus du moindre diplôme officiel, mais rompus à l'observation des maladies par la pratique de leur art.

Ils mouraient souvent à leur poste. Les aides les remplaçaient. Lors de la grande peste de 1626 en Anjou, René Lagarde avait été emporté, ainsi que son successeur Antoine Poignard. Jean Renou, qui leur avait succédé à son tour, n'avait pu obtenir le concours d'un médecin, il avait demandé à être relevé de sa charge, mais poursuivait les visites des pesteux restés à leur domicile, faute de place dans les hôpitaux.

Certes les campagnes étaient encore dépourvues d'assistance et les paysans mouraient par familles entières sans autres secours que ceux des curés, quand ceux-ci avaient le courage de les assister. Mais dans les villes, à Angers, Saumur, Château-Gontier, les municipalités avaient su trouver des hommes, bien rémunérés, qui n'hésitaient pas à affronter la maladie, pour tenter de maîtriser le fléau. Ils étaient hélas trop peu nombreux pour faire face aux hécatombes et mouraient souvent à la tâche.

Ils avaient pourtant sans doute l'espoir d'arracher certains malades à la mort puisqu'ils pratiquaient des soins précis : purification de l'air dans les lazarets, sudations, ramollissement des bubons par compresses chaudes et excisions à la lancette. Bravement, les chirurgiens attaquaient aussi les charbons. Ils opéraient masqués, gantés et sanglés dans des robes longues, pour éviter la contagion, répandant d'abondantes aspersions de vinaigre et brûlant des parfums sur les lieux d'exercice.

La peste restait mortelle, mais elle avait trouvé des hommes capables de lutter contre elle, avec les maigres moyens dont ils disposaient, et leur immense courage. Ils avaient en outre le souci de décrire minutieusement le résultat de leurs interventions, pour faire progresser les pratiques de chirurgie pesteuse.

*
* *

Comme par le passé, la fuite devant la peste était devenue la règle pour les notables parisiens et pour ceux des provinces. Au premier cas signalé, l'exode était irrépressible.

– Trois choses sont considérables, écrivait Gendry en toute simplicité, fuir tôt, bien loin et s'en revenir tard[1].

Lors de la peste de 1583, tous ceux qui pouvaient fuir les villes, n'y possédant ni commerce ni office contraignant, s'en allaient à la campagne, voire dans d'autres

---

1. François Lebrun, *op. cit.*, p. 213.

provinces pour éviter la contagion. Ils devaient plier bagages à la première alerte, avant que les portes de la cité ne fussent closes, et partaient avec leur famille et leur domesticité, ne laissant sur place que des gardiens armés, pour éviter le pillage. En 1598, même scénario, et le même encore pour la peste de l'année 1600. Ces exodes précipités étaient fort dangereux car, parmi les fuyards, nous savons aujourd'hui que certains portaient sur eux le bacille, qui infestait les villages.

Plus grave encore était le départ des responsables civils et religieux qui ressemblait fort à une désertion. Les rares édiles restés sur place protestaient, tempê-taient, obtenaient des autorités des condamnations et des mesures de contrainte. En 1583 le maire d'Angers avait été surpris et indigné de recevoir une demande des moines augustins de l'hôpital Saint-Jean : terrorisés par la progression fulgurante de la peste, ils sollicitaient l'autorisation de partir. Le maire avait écrit à l'évêque, pour qu'ils fussent obligés de rester et de faire leur devoir.

Il avait aussi menacé de révocation les magistrats de la prévôté qui refusaient d'exercer leur charge de jus-tice et de police et faisaient leurs malles. Le maire esti-mait que les officiers devaient demeurer auprès de leurs administrés, quel que fût le péril, pour faire respecter les règlements prophylactiques et éviter le pillage. Il finit par être entendu.

Pourtant, quinze ans plus tard, en 1598, une nouvelle peste provoquait le départ de ces « messieurs de justice ». Les notables prenaient la fuite devant une épidémie beaucoup plus grave que les précédentes, sans que la municipalité pût moindrement s'y opposer. Cet abandon était considéré comme une trahison par la population hagarde, terrorisée par le mal, et désap-prouvé par les officiers royaux de la province, du moins par les plus braves d'entre eux, ceux qui pensaient avant tout au bien public.

Il semble qu'une évolution se soit dessinée au début du XVIIe siècle, et que les responsables de l'administration aient désormais considéré comme un devoir impérieux de faire face. L'épidémie d'avril 1631 à Angers trouva les édiles à leur poste. Les magistrats du présidial et de la mairie assumèrent leurs devoirs de police et Lebrun ne signale pas de défaillances parmi les membres du clergé. Il semble que les curés soient restés dans leurs paroisses, puisqu'ils ont établi jour après jour la liste des décès, famille par famille.

Le prieur de La Papillaie avait à plusieurs reprises dans le passé refusé de prêter ses locaux à la municipalité pour y recevoir les pesteux hors des murs, suscitant l'indignation générale de la population. Le maire avait été contraint d'acheter une ferme à quelque distance de la ville, où les malades étaient transportés par péniches sur un canal creusé à cet effet. En 1626, le prieur de La Papillaie, devant l'extension incroyable de l'épidémie qui submergeait tous les quartiers, consentit enfin à ouvrir ses immeubles, preuve de l'évolution des mentalités chez les notables du clergé régulier traditionnel, autrefois exagérément soucieux de son confort et de ses profits.

À Saumur, où ce clergé s'était montré défaillant, on avait envoyé les capucins, ces moines prêcheurs de la Contre-Réforme dont l'ordre avait été créé par le pape au XVIe siècle, et qui acceptaient toutes les besognes. Ils étaient six mille en 1587, et dix-sept mille en 1625 à promener leurs longs capuces, leurs barbes et leurs sandales dans les lieux les plus éprouvés. Ils se signalèrent par leur bravoure et leur inlassable dévouement à Rouen, Toulouse, Agen, Montpellier, en Savoie et en Belgique. Ils étaient, pour cette raison, adorés du petit peuple.

Les récollets du père Joseph, également créés au XVIᵉ siècle dans la famille franciscaine, bravaient la mort au service des pesteux qu'ils dépêchaient selon les rites nouveaux, plus expéditifs, établis par l'Église, et soignaient de leur mieux, à l'admiration de la communauté catholique. Plus de quatre-vingts d'entre eux trouvèrent la mort dans l'épidémie de 1637 en Franche-Comté, et seize encore à Bruxelles en 1667. Le père Joseph avait installé l'ordre dans le fief protestant de Saumur, au grand scandale de Duplessis-Mornay, le descendant du compagnon d'Henri IV. Il devait faire la preuve que les gens d'Église, plus que les huguenots, se souciaient du bien du peuple et donnaient l'exemple du sacrifice.

Dans les paroisses rurales, nul besoin des secours des frères mineurs : les curés assuraient l'ordre, fermaient l'accès des terroirs, enterraient eux-mêmes les morts et faisaient observer les règles d'hygiène. Ces curés n'étaient pas, la plupart du temps, les titulaires de la paroisse, bénéficiaires logeant en ville, mais de simples desservants proches des ruraux dont ils partageaient l'existence, travaillant la terre, élevant vaches, cochons et chèvres. Ils mouraient avec leurs ouailles et ne songeaient pas à déserter le sort commun.

En outre, pour approcher des pestiférés, les municipalités faisaient désormais appel à un personnel spécialisé, doté de bons gages, celui des « corbeaux », et des « prévôts de santé ». Ces aides soignants devaient être clairement repérables par la population. Ils portaient une casaque à croix blanche qui les faisait reconnaître de loin. Une houssine également blanche, sorte de tapette en houx servant ordinairement à battre les vêtements ou les tapis, leur permettait de manier les corps des pesteux morts sans les approcher de trop près, et de les charrier sur les voitures à cheval qui les conduisaient dans les fosses communes. À l'église, ils se tenaient soigneusement à part du public pour ne pas le contaminer, et portaient des masques et des gants.

Ils répondaient présents à la sonnette du prévôt qui signalait les décès en ville et dans les faubourgs. Ils avaient l'ordre d'inhumer immédiatement les corps, quand les épidémies étaient trop pressantes, sans plus les porter à l'église. Ils étaient également chargés du transport des malades dans les hôpitaux, dont les villes étaient dorénavant bien dotées. À Paris, aux XVIIe et XVIIIe siècles, vingt établissements nouveaux avaient été ouverts après 1656, et l'on en comptait au total quarante-huit qui n'étaient d'ailleurs pas tous consa-crés aux soins des malades, certains étant réservés à l'hébergement des pauvres.

Les « corbeaux », chargeaient adroitement les pes-teux dans des chaises de grande taille et les charriaient en les secouant le moins possible jusqu'aux paillasses des hôpitaux, où d'autres aides soignants, également protégés par des tenues spéciales, les accueillaient en permanence.

Faute de pouvoir les traiter, ils devaient la plupart du temps se contenter de les laver et de les nourrir. Beaucoup de religieuses dans ce personnel, toujours bénévoles, recrutées à la campagne et dévouées jusqu'à la mort. Les municipalités n'hésitaient pas à maintenir les « corbeaux » et les aides soignants en service plu-sieurs semaines après les périodes d'épidémie, pour assurer la sécurité de la population.

*
* *

Des progrès sensibles dans la façon d'aborder la peste urbaine avaient donc permis d'organiser matérielle-ment, avec une certaine efficacité, la lutte contre le fléau, sans se borner à des messes et des processions d'actions de grâces. On se méfiait au contraire des rassemblements de foules. Ils n'étaient autorisés qu'au moment du reflux, quand tout danger était écarté. Les maires rendaient obligatoires la déclaration par les médecins et chirurgiens des cas de maladie et le transport des malades en des lieux gardés par la troupe ou par des employés en armes. Les maisons de pesteux étaient aussitôt marquées de croix blanches. Les malades qui échappaient à la mort étaient relâchés et pouvaient rentrer chez eux, mais ils devaient porter une baguette blanche à la main pour qu'on s'éloigne d'eux afin d'éviter tout risque de contagion. Après la fin des épidémies, on louait encore des locaux en dehors des villes pour les y enfermer pendant quarante jours.

Rien n'était négligé pour limiter la propagation du fléau. Les maisons des malades étaient aspergées d'eau vinaigrée, les cheminées brûlaient des genêts, le sol était nettoyé plusieurs fois par jour. Les portes des habitations marquées de la croix étaient solidement cadenassées, ainsi que les boutiques. On nourrissait les malades restés chez eux par les fenêtres, au moyen de paniers tirés par des ficelles. Les portes de la ville gardées en permanence se fermaient aux voyageurs dès qu'un cas était signalé.

Des aides appelés « chasse-gueux » étaient chargés spécialement de la police des sans-logis que les maires essayaient, sans y parvenir toujours, de faire expulser. Dans les périodes de peste, la disette s'installait d'abord dans les campagnes, provoquant l'exode des villageois sans ressources vers les villes. En fait, les survivants préféraient tout abandonner pour échapper au fléau qui avait décimé leur famille, laissant parfois pourrir leurs récoltes sur pied.

Les bourgeois citadins voulaient les proscrire de leurs enceintes, après leur avoir fait l'aumône. Ceux qui mendiaient ordinairement dans la ville ne pouvaient plus circuler dans les rues. Il leur était interdit de tendre la sébile à la porte des églises. On pourvoyait à leur nourriture dans les locaux où ils étaient relégués.

Les habitants des villes voisines étaient impitoyablement repoussés. Quand ils avaient réussi à franchir les barrages, il était souvent manifeste qu'ils avaient apporté avec eux la peste. Un curé se plaignait d'avoir été joué par deux femmes d'une closerie qui avaient partagé les hardes d'un pesteux décédé. Un marchand de sel venu de l'extérieur avait infecté une paroisse entière. Les chasse-gueux avaient les ordres les plus stricts pour surveiller sans faiblesse les portes des villes jour et nuit.

D'autres aides nettoyaient quotidiennement les rues, obligeaient sous peine de prison et d'amendes les propriétaires et locataires à balayer devant leur porte et à brûler les immondices. Les règles d'hygiène étaient devenues très sévères. Les chiens et les porcs devaient disparaître des voies publiques sous peine d'être aussitôt abattus. On allumait des brasiers gigantesques sur les places, on arrosait la moindre ruelle, on contraignait les fripiers à fermer leur échoppe, de crainte que les vêtements d'occasion qu'ils vendaient ne gardent dans leurs plis ou leurs poches des germes mortels. À l'intérieur des enceintes urbaines, les marchés étaient interdits aux forains.

La nouveauté résidait dans le traitement des pesteux, non pas à domicile, mais dans des endroits situés hors les murs, fermés, gardés, dont on ne pouvait sortir que mort ou guéri. On s'ingéniait à ouvrir sans cesse des nouveaux lieux d'accueil, en fonction des besoins. Quand la peste était très sévère, il fallait improviser des hôpitaux, les salles ordinaires étant très vite submergées de malades. Les «corbeaux» devaient alors faire diligence pour évacuer immédiatement les milliers de cadavres et brûler leurs vêtements.

Les résultats de ces mesures rigoureuses étaient-ils encourageants ? Les pestes d'Angers et surtout de Paris montrent une amélioration sensible des moyens de lutte. Les chirurgiens ne se refusaient plus à opérer, les apothicaires à brûler les feuilles aromatiques pour purifier l'air, les médecins eux-mêmes admettaient généralement qu'ils devaient braver la mort pour assurer le service public. Un retournement de l'opinion s'était produit au cours des siècles, et l'on considérait désormais la peste, non comme l'Apocalypse, mais comme un mal naturel, impossible à prévenir et à soigner, certes, que l'on devait cependant tenter de maîtriser.

Les maires des villes organisaient désormais des secours, comme ils prenaient grand soin des disettes, car la peste et la famine répandaient la misère et la sous-production dans des régions entières. Les municipalités exsangues ne trouvaient plus les moyens de payer chirurgiens et « corbeaux », devant la pénurie fiscale. Elles ne pouvaient assurer très longtemps la survie d'une population qui n'avait plus les moyens de travailler et de gagner de l'argent.

Les ressources de l'État en étaient fâcheusement affectées. Un Colbert ne pouvait admettre que les intendants de justice, police et finances ne fissent pas entreprendre dans l'étendue de leurs juridictions un combat énergique contre les fléaux qui affectaient le peuple laborieux. La lutte contre la peste était devenue un objectif du pouvoir. Celui-ci comptait être aidé puissamment par les ecclésiastiques, dont le devoir d'assistance était inscrit dans la coutume du royaume. L'institution charitable mise en place par le clergé en France depuis le XIe siècle n'avait plus le droit de défaillir. Aussi les manquements des gens d'Église étaient-ils aussitôt signalés et punis par les évêques. Il était inadmissible qu'un ordre privilégié se refusât à ses devoirs.

*
* *

Le mouvement de la Contre-Réforme engagé à la fin du XVIe siècle avait puissamment incité le clergé à prendre la tête de la lutte contre la peste. Son objectif n'était pas seulement la sécurité des populations, mais d'abord la prise en compte de l'âme des malades, et la reprise en charge de leurs ouailles. Nommé curé de Châtillon dans les Dombes, Vincent de Paul héritait d'une paroisse abandonnée de son clergé, les prêtres indignes ayant discrédité la petite église dans l'esprit de la communauté, au profit des régents huguenots. La place, au XVIIe siècle, était à reconquérir.

Vincent sut frapper l'imagination des villageois en partant seul pour donner des secours à une famille confinée dans une maison écartée, distante d'un quart de lieue seulement, où tout le monde était atteint. Personne ne l'accompagnait, par crainte de la contagion. Sans élever la voix, par son simple exemple, il donna des remords à ses paroissiens. Il eut bientôt derrière lui tout le village, conquis par son abnégation et son courage tranquille.

Il était convaincu que l'assistance habituelle, distribuée dans le cadre de l'institution charitable, ne suffisait plus pour faire face à l'ampleur des besoins, famine, passages d'armées, épidémies, pestes meurtrières. Dans son village des Dombes, il avait eu l'idée de créer une «charité», avec les volontaires de la paroisse, des femmes surtout, qui se mobilisaient volontiers pour nourrir et soigner les malades. Donner l'exemple de la charité active était alors pour le clergé le seul moyen de reconquérir les régions perdues à la religion catholique.

Quand il devint par la suite aumônier des bagnes et des galériens de Marseille, Vincent de Paul estima que le front pionnier de la charité passait par les positions les plus dangereuses : au premier rang, la lutte contre la peste. Outre ses charités de village, il prévoyait une confrérie spéciale, celle des pestiférés qui avait la tâche ingrate de secourir les curés de campagne débordés en période d'épidémie, ou déjà morts à la tâche. Cette confrérie intervenait aussi dans telle province menacée du royaume, à la demande de l'évêque.

La guerre d'Italie lancée par le roi Louis XIII en 1629 avait eu pour conséquence l'envoi de troupes au-delà des Alpes. Celles du marquis d'Huxelles, venues de Bourgogne, entrèrent à Lyon, apportant la peste. La maladie fit rapidement des ravages, gagna toute la province, s'étendit au Dauphiné. Les soldats, rendus furieux par les pertes quotidiennes qui éclaircissaient leurs rangs, se conduisirent en soudards, pillèrent et tuèrent sans merci. Le devoir des charités était alors d'aider à la reconstitution des villages après ces passages désastreux d'armées, en fournissant des vivres aux survivants et aux malades.

Créateur de la Société des prêtres de la Mission de Saint-Lazare, Vincent de Paul est constamment sollicité pour envoyer des missionnaires dans les provinces ravagées par la guerre et la peste. Écrivant en 1631 à sa Mission de Rome où l'épidémie bat son plein, il dit l'impatience où il se trouve de porter secours aux gens des campagnes qui meurent partout de la terrible maladie sans recevoir aucune consolation religieuse. De nouveau les appels lui viennent de Bourgogne en 1637 : la peste apportée par les armées venues d'Allemagne infeste Auxonne et Dijon. La province de Picardie est entièrement dévastée par les reîtres, également porteurs des germes pestilentiels. Amiens est une ville morte : on sort des *creutes*, ces vastes cavernes creusées sous les plateaux de l'Aisne, des cadavres de paysans et de bestiaux. La Normandie, la Provence sont également touchées et implorent des secours.

Dans toutes les villes se créent des antennes de la Compagnie laïque du Saint-Sacrement, secondée et encouragée par les jésuites. Cette société d'hommes pieux se propose de constituer dans le royaume un puissant mouvement de charité et d'entraide pour soulager la misère des pauvres et la souffrance des malades. Elle recrute des officiers, directeurs, conseillers et secrétaires, dont le rôle est d'abord de s'informer sur les zones de misère, d'épidémie, de révolte. Les frères s'avertissent les uns les autres de la propagation de la peste, et certains correspondants sont installés dans les pays étrangers. Ils envoient aux autorités de la Compagnie de précieuses indications permettant de prévoir l'arrivée des germes mortels dans les ports ou le long des routes, dans les fourgons des armées d'invasion.

Le rôle de cette confrérie nouvelle est également de pousser à la création d'hôpitaux urbains en plus grand nombre, et de prendre la tête de l'action municipale dans les périodes de peste, en empêchant la fuite des élites et la démission des notables. Un encadrement social plus efficace résulte ainsi d'une initiative de paroissiens fortunés et puissants, fortement motivés par l'idéal de reconquête des années de la Contre-Réforme, qui tissent dans le royaume une toile d'araignée, ayant pour cœur l'administration royale et municipale, seule capable d'agir avec efficacité. De nombreux médecins, chirurgiens et apothicaires sont recrutés dans l'organisation.

Vincent de Paul n'est pas en reste. Il a lancé, on l'a vu, l'institution des Filles de la Charité, avec Louise de Marillac qui porte la première la célèbre cornette blanche, pour aider aux soins dans les hôpitaux. Il précise qu'il n'est pas du devoir des filles d'approcher les pesteux qui meurent par milliers à l'Hôtel-Dieu, à Saint-Louis, à Saint-Marcel. Mais elles quêtent pour les pestiférés et pourvoient à leur nourriture, même si elles ne les soignent pas. Vincent de Paul recommande d'apporter des vivres « en quelque endroit, de telle distance du lieu où ces pauvres gens se sont retirés qu'elles ne sont pas en danger de prendre le mal ». Il ne veut pas qu'elles soient décimées par la peste.

Si les filles sont ainsi tenues à courte distance, d'autres gens d'Église doivent se montrer sur les lieux où l'on relègue les malades et tenter de leur donner les secours de la religion. Le maître de Saint-Lazare a rendu en personne visite à l'ancien prieur du lieu, atteint de la peste :

– Je sentis son haleine, et néanmoins ni moi, ni nos gens qui l'assistèrent jusqu'à l'extrémité n'en avons point eu de mal.

Miracle de la Providence ? La pauvre Marguerite Nazeau, sœur de la Charité, n'a pas hésité à secourir les pestiférés de Saint-Nicolas, dans Paris, alors que personne ne l'y obligeait. Elle en est morte, comme la « pauvre vachère sans instruction » venue de Suresnes, qui a fait coucher, par charité chrétienne, une pestiférée dans son lit, à l'hôpital Saint-Louis. La contagion est mortelle. Il faut en garder les sœurs même si ces filles de la campagne vêtues de serge grise ne répugnent à aucune besogne et sont prêtes à affronter tous les dangers des hôpitaux de Paris.

Mais l'Église est impuissante dans le désordre des campagnes ravagées par la peste, et abandonnées au seul clergé rural. Dans la Lorraine envahie par les Impériaux, les pauvres, écrivent les prêtres de la Mission, sont « si défigurés qu'ils ressemblent moins à des hommes qu'à des squelettes faiblement animés ». Ils sont une proie désignée pour la peste. Les missionnaires sont trop peu nombreux pour être efficaces, quand le mal frappe une province entière. À Bar-le-Duc, le prêtre de la Mission, Montevit, «est toujours parmi les pauvres et ne respire pas d'autre air que leur puanteur». Il contracte la peste et meurt. À son enterrement, six cents à sept cents malheureux suivent le convoi, des cierges à la main, comme si les devoirs rendus au martyr pouvaient leur épargner miraculeusement la mort pesteuse.

Cet hommage du peuple aux héroïques religieux qui risquent leur vie au service des pestiférés frappe Vincent de Paul. Il évoque dans sa correspondance, chaque fois qu'il en a l'occasion, la geste des nouveaux martyrs. Ceux-ci ne sont pas persécutés pour leur foi comme les premiers chrétiens : ils acceptent simplement un mal envoyé par le Ciel et se rendent solidaires des souffrances des hommes et de celles du Christ.

Les Marseillais refusent de laisser les quatre missionnaires de Vincent présents dans la ville prendre la mer pour assister les galériens chrétiens des bagnes d'Alger et de Tunis. Ils suivent avec ferveur le convoi du chevalier de La Coste et du prêtre Brunet, quand ils meurent de la peste en 1649. Ils se précipitent, au mépris du risque de contagion, au domicile d'un saint missionnaire, Louis Robiche.

– Il est bon que je sois en cet état, disait celui-ci avant de mourir. C'est le meilleur pour moi, puisque Dieu le veut.

– Oh! la belle âme! oh! le béat! criait l'assistance.

Les témoins voulaient recueillir les gouttes du sang du martyr. On raclait son fauteuil pour en faire des reliques, on récupérait la cire qui tombait des cierges dans la chambre où il se mourait, chacun voulait toucher le saint homme, oubliait le danger pour épier dans son regard les ultimes traces de la miséricorde. La mort était si présente dans les rues de Marseille qu'elle ne faisait plus peur. Seule comptait, au contact d'un saint homme, la rédemption. L'Église venait de faire la reconquête des cœurs.

*
* *

La peste de 1649 avait fait huit mille morts dans Marseille, autant à Gênes, à Alger, à Tunis. Les villes entourant la Méditerranée étaient de nouveau frappées de plein fouet, et particulièrement les ports. Les mesures de quarantaine n'avaient pas été respectées, et la maladie avait multiplié ses victimes.

Le courage des maires et des employés des municipalités ne pouvait permettre aux municipalités de se substituer dans les entreprises d'assistance publique à l'institution religieuse, à qui revenaient d'abord les soins des malades et le devoir de charité. La bonne volonté manifeste des prêtres de la Mission de Saint-Lazare, venus en renfort inespéré, était connue des paroissiens de Marseille en cette année terrible de 1649.

La mort du bon prêtre Brunet ne fut pas moins édifiante que celle de Robiche. On avait demandé à ce missionnaire de Vincent d'aller confesser un pêcheur malade. Brunet ignorait sans doute que cet homme avait récupéré en mer un matelas provenant d'une barque en quarantaine, venue d'Alger, et dont les marins étaient tous morts à bord au cours de la période imposée de mouillage. Brunet avait entendu la confession du pêcheur et il avait dîné avec le sieur de La Coste, qui portait lui aussi secours aux pesteux. Membre de la Compagnie du Saint-Sacrement, celui-ci organisait les lieux d'accueil pour les malades dans la ville. Le prêtre et le chevalier devaient trépasser l'un et l'autre dans un délai de trois jours. La foule marseillaise suivit leur convoi, en dépit des consignes de prudence données par la municipalité, dans un grand élan de gratitude.

Dans le retour régulier des pestes, la position de Vincent de Paul s'était peu à peu précisée, comme s'il en venait à considérer que l'affrontement du danger par ses prêtres faisait partie de l'édification, particulièrement dans les diocèses menacés par la concurrence, toujours active, de la religion réformée.

Il avait entendu dire que, dans les arènes de Nîmes, les ministres calvinistes s'enfermaient pour secourir les pestiférés. Les curés se joindraient-ils à eux dans un œcuménisme du désespoir ? Dans cette ville de tradition protestante, deux partis s'étaient formés, qui s'affrontaient au moindre prétexte. Les catholiques pouvaient-ils laisser leurs ennemis s'emparer seuls du devoir de charité ? Les moines n'avaient pas hésité, capucins en tête. On ne pouvait concéder le martyre aux hérétiques. Les catholiques devaient en revendiquer la palme, même s'ils devaient, pour cela, descendre dans l'arène en donnant l'image d'une cohabitation des religions, employées l'une et l'autre au soulagement de la misère, sans plus chercher à s'affronter. La peste semblait réconcilier les frères ennemis qui s'étaient livré une guerre inexpiable sur le territoire français pendant plus de quarante ans.

Vincent de Paul pensait qu'on ne pouvait obtenir le triomphe de l'Église en imposant des conversions forcées aux huguenots. C'est par l'exemple qu'il fallait espérer le retour à la vraie foi. Que les prêtres, comme les moines, prennent la direction du combat contre la misère était presque normal. Qu'ils se risquent à paraître au premier rang des volontaires de la peste était désormais une exigence de l'apologétique. Il était essentiel d'aller dire aux malades menacés de mort imminente dans les hôpitaux que le Christ les avait distingués pour leur capacité à souffrir, qu'ils souffraient comme il avait souffert sa Passion et qu'ils devaient l'avoir en eux comme compagnon pour affronter le trépas.

Il n'existait pas de moyen plus sûr, pensait Vincent, de rallier les consciences, que cet exemple édifiant donné aux heures les plus meurtrières des épidémies. Que la mission d'Alger, et celle de Tunis eussent été presque entièrement détruites par le fléau restituait à l'Église des références d'héroïsme sacré, et renouait avec la tradition de la croisade.

On n'offrait plus sa vie pour combattre l'infidèle, comme jadis les croisés à Jérusalem, mais pour faire la preuve que l'on savait mourir pour le Christ, à son imitation. Il était essentiel que la plus grande publicité fût faite au martyre des dignitaires ou missionnaires catholiques frappés par la peste. Chaque âme montée au ciel illuminait la communauté.

En ce sens, Vincent de Paul écrivait à son ami, l'évêque de Cahors, Alain de Solminihac : un prélat doit le premier « exposer sa vie » pour montrer la voie à suivre. Ses curés doivent visiter les quartiers atteints par la peste, recruter des volontaires pour approcher les malades, organiser des colonnes de secours pour les pesteux abandonnés dans les villages.

Solminihac avait pris la tête de la lutte contre la peste dans son diocèse. Les curés respectaient à la lettre leur devoir d'assistance et les moines avaient été ameutés par le prélat pour constituer à la hâte des équipes de soins improvisées. Quelle apologétique pouvait être plus efficace ?

— Quand vous ne diriez un mot, écrivait Vincent à ses prêtres, si vous êtes bien occupés de Dieu, vous toucherez les cœurs par votre seule présence.

*
* *

Ainsi la peste avait enfin, après tant de siècles, sécrété des héros officiels, reconnus et encensés par l'Église, qui se dévouaient à la pointe du combat. On espérait en faire des saints, dont le culte fût reconnu et pratiqué, et les reliques adorées. On intégrait les combattants de la peste au martyrologe chrétien. La violente épidémie de 1720 à Marseille devait illustrer, après tant d'autres exemples de sacrifices glorieux, cette évolution des mentalités.

Le port français avait été si souvent victime du fléau que l'accès des navires y était strictement organisé: le capitaine d'un voilier se présentant dans la rade devait gagner sans délai un bâtiment situé à l'entrée du port et appelé la *Consigne*. Sous serment, il reconstituait minutieusement son itinéraire et signalait les moindres incidents survenus à bord pendant la traversée aux officiers du bureau de santé permanent de la ville.

Les bateaux en provenance du Levant ou des ports barbaresques faisaient l'objet d'une vigilance particulière en raison de la fréquence des pestes dans ces régions. Ils devaient subir une quarantaine dans l'île du Frioul. Les passagers et les marchandises étaient débarqués au lazaret. Les autorités du port d'origine délivraient une patente de santé qui devait être visée à chaque escale, avec indication de la moindre maladie. Les intendants de santé, les officiers des infirmeries et leur personnel spécialisé de gardes et de portefaix assuraient le respect du règlement. Les infirmeries et la *Consigne* étaient ceintes de remparts doubles aux portes cloutées, gardées jour et nuit. Ainsi la municipalité de Marseille se croyait-elle en sécurité.

Pourtant, le 25 mai 1720 un voilier connu des autorités du port et des armateurs, le *Grand Saint-Antoine* était signalé dans la rade, venant de Tripoli. Il était parti de Marseille le 22 juillet 1719 pour un long périple dans le Levant, avec escales à Smyrne, Sour,

Tripoli et Chypre, où il avait bourré sa cale de marchandises précieuses.

Cinq cas de peste s'étaient déclarés au retour. Un passager turc chargé à Tripoli et les deux matelots qui avaient lancé son corps à la mer étaient morts en trois jours, puis deux autres encore, tous jetés par-dessus bord. À Cagliari, en Sicile, le vice-roi de Sardaigne avait menacé de faire tirer le canon sur le *Grand Saint-Antoine*, s'il osait approcher du port. Il avait rêvé la nuit précédente que sa ville était emportée par le fléau. À l'escale de Livourne, le capitaine avait affirmé aux autorités, sans réussir à les convaincre, que ses hommes étaient morts de «fièvres pernicieuses». Il n'avait pas reçu l'autorisation d'accoster.

Un nouveau marin était tombé malade, et même le chirurgien du navire en approchant de Marseille. Le capitaine Chataud s'était légèrement dérouté à l'arrivée, mettant le cap sur le petit port du Brusc, près de Toulon. Il avait rencontré les représentants des armateurs pour leur demander des instructions : sa cargaison représentait une valeur de 400 000 livres et les balles de coton, les belles étoffes syriennes devaient être vendues sous peu à la foire de Beaucaire. Il n'y avait pas de temps à perdre. On décida d'abréger la quarantaine d'usage pour toute arrivée en provenance du Levant. Le navire resta le minimum de temps au mouillage devant l'île Pomègues, pour être en règle avec le bureau de santé. Dès le 3 juin, il est autorisé à entrer dans la rade.

À Marseille, c'est la fête : les cent mille habitants sont descendus sur le port. La flotte des galères royales est à quai. Le chevalier d'Orléans, fils naturel du régent Philippe est là, avec sa suite chamarrée. Un spectacle dont les Marseillais sont friands.

Suivant le règlement, le navire décharge ses marchandises et ses marins dans les bâtiments des infirmeries le 14 juin. Un garde de la santé est alors touché par le mal. On décide aussitôt d'interdire tout accès à la ville, et de renvoyer le *Grand Saint-Antoine* en quarantaine dans l'île de Jarre, très isolée. Mais il est trop tard : les ballots de coton et les coupons de soie ont déjà pénétré dans les entrepôts en contrebande, introduisant les bacilles, dont on ignorait naturellement l'existence, au sein de la population marseillaise. Le capitaine Chataud porte seul la responsabilité de la faute : il est arrêté, jugé, puni de deux ans de réclusion au château d'If.

La peste se déchaîne à partir des quartiers de la mer, arsenal et halle surtout. Elle n'a rien perdu de sa virulence : une femme, Marie Dauplan, meurt la première dans le quartier du Vieux Port le 20 juin. Son visage est noir, elle présente tous les stigmates de la peste. Pourtant la maladie n'est toujours pas déclarée par les autorités. On veut encore croire à des cas isolés, on évite de propager la panique. Mais d'autres victimes succombent, jour après jour.

Le 9 juillet, deux médecins viennent signaler les cas avérés à la municipalité. Ils demandent des mesures d'urgence. On s'obstine à ne pas les entendre. Plusieurs navires sont attendus sur les quais avant l'ouverture de la grande foire. Les industries du textile et du savon, les huileries et fabriques de parfums attendent leurs matières premières. Les armateurs et les négociants de la chambre de commerce veulent maintenir le plus longtemps possible le secret. Il faut éviter que les représentants commerciaux de l'étranger ne soient officiellement informés, ainsi que les autorités judiciaires du parlement d'Aix qui ont le pouvoir de faire boucler la ville. On déclare que les cas signalés par les médecins ne sont que des accidents isolés. Reconnaître le mal serait ruiner le port.

Pourtant la rumeur de peste s'est répandue en ville comme traînée de poudre. Le chevalier d'Orléans apprend la nouvelle lors d'un brillant déjeuner chez l'intendant de Vaucresson. Il part sans attendre le café. Sauve qui peut! En quelques heures, la grande flotte des galères royales décorée de pourpre et d'or a doublé le château d'If pour se perdre, à grands renforts de rames et de voiles, direction plein sud.

*
* *

Cette peste est aussi sévère que la première, elle touche un Marseillais sur deux. La ville donne un spectacle de désolation. En juillet 1620, le Parlement d'Aix rend enfin un arrêt interdisant aux habitants de sortir de la ville. Peine perdue : ceux qui ont les moyens de partir ont fermé depuis longtemps leurs hôtels. On cite les noms des magistrats et des consuls qui ont disparu.

Les premiers secours s'organisent. La rue de l'Échelle, où les cas sont d'abord les plus nombreux, est bouclée par la troupe qui ferme également toutes les portes de la cité et organise des rondes le long des remparts. La ville de Marseille se trouve en état de siège et la propagation de l'épidémie est extrêmement rapide, comme aux temps oubliés de la peste noire : on comptait cinquante morts par jour au début d'août, ils sont mille à la fin du mois.

L'appareil habituel des « corbeaux » parcourt les rues, avec les charrettes funèbres où l'on entasse les corps. Les médecins trop rares qui soignent dans les hôpitaux, avec les chirurgiens de fortune, se coiffent d'une sorte de casque en forme de crâne d'oiseau avec, au bout du bec, un brûle-parfum. Charles Delorme, médecin de Louis XIII, avait inventé cette tenue pendant la peste parisienne de 1619 pour résister aux « miasmes ». Le masque avait des yeux de cristal, le vêtement était de cuir. Ainsi caparaçonnés, les chirurgiens de la bande de Pierre Chirac étaient à l'épreuve des miasmes et des germes.

Les médecins de Marseille, débordés, ont en effet demandé aide et conseils au spécialiste reconnu de la maladie, le professeur d'université Pierre Chirac, de Montpellier, qui s'est signalé par son dévouement lors de la peste de Rochefort en 1692. L'équipe de Chirac vient prêter main-forte, se fait aussitôt gager par les bureaux de santé et ses aides apportent avec eux un matériel d'intervention déjà sophistiqué.

Les chirurgiens utilisaient largement le vinaigre des quatre voleurs comme désinfectant et le mercure comme préservatif. Ceux de l'école des «miasmatiques» croyaient à l'infection par l'air et s'efforçaient de purifier la ville en faisant allumer de gigantesques brasiers. Les autres, les «contagionnistes», jugeaient ces mesures inutiles, dérisoires, et ne croyaient qu'en l'isolement des malades, par quartiers entiers. On laissait ainsi mourir, faute de vivres, tous ceux qui n'étaient pas malades, mais qui, une fois murés avec les autres, ne pouvaient échapper à la contagion.

Les pestiférés étaient rassemblés dans des lazarets inaccessibles, dont ils ne pouvaient sortir que guéris. On plaçait sur leurs bubons des emplâtres à base d'oignon, de thériaque et de savon blanc, pour les faire mûrir et éclater. Des cordiaux augmentaient la chaleur des corps défaillants, des antidotes étaient censés protéger le cœur, des bouillons rendaient des forces à ceux qui perdaient le souffle. Ces soins étaient évidemment impuissants à guérir, mais les chirurgiens ouvraient sans relâche les plaies à la lancette, brûlaient les charbons et certains cas de rémission encourageaient les praticiens.

Ils étaient rarissimes, ceux qui pouvaient se flatter d'avoir échappé à la peste. La ville était un immense bûcher, embrasé sur l'ordre des «miasmatiques». On brûlait du soufre dans toutes les maisons et l'atmosphère devenait irrespirable dans les rues très étroites du quartier du Vieux Port. Les hôpitaux, les annexes étaient débordés. Les cadavres s'entassaient, abandonnés dans la rue, sans sépulture.

On ne pouvait entrer ni sortir de la ville et moins encore du port. Quand les vivres vinrent à manquer, on chercha partout des réserves de grains. Les caves des moines de Saint-Victor regorgeaient de bon froment. Elles auraient pu servir de centres d'accueil pour les malades, une fois débarrassées de leurs coffres de grains et de leurs tonneaux de vins. Mais les moines n'ouvraient pas leurs portes. Retranchés dans leur forteresse, ils n'en sortirent que pour parader à la procession d'actions de grâces, où ils furent hués par le peuple.

Les maisons désertes étaient pillées, les mourants achevés par les voleurs à coups de bâton. Des bandits forçaient les portes des boutiques marquées d'une croix blanche pour trouver à toute force des vivres et des boissons. Les prix des denrées augmentaient dangereusement. La municipalité offrait de belles sommes pour nettoyer les rues encombrées de cadavres, mais les ouvriers refusaient de s'engager dans les équipes de «corbeaux», craignant pour leur vie.

Ceux qui avaient accepté de porter la terrible casaque grise à croix blanche tombaient dans la fosse commune avec les corps qu'ils transportaient. La cagoule sur la tête, les mains gantées de noir, ils agitaient dans les rues de la ville des clochettes de cuivre, brandissaient la nuit des torches. La charrette des corps grinçait sur les pavés, quelquefois escortée par des pénitents noirs, ces notables d'une des fraternités pieuses de la ville, des frères du Saint-Sacrement, chantant le

Miserere. Les corps tombaient en vrac dans la charrette du haut des fenêtres. Beaucoup étaient nus. Leurs membres traînaient à terre.

Les cimetières étaient pleins, les hôpitaux débordés. Aux Chartreux, à Saint-Charles, à Saint-Michel, plus une place de libre. On creusait les fosses communes dans les terrains vagues, sans prendre le temps de sortir des remparts, ce qui aurait allongé le parcours. Au début de septembre, la municipalité n'avait plus les moyens de faire évacuer et enterrer mille corps par jour. Les médecins et les chirurgiens avaient souvent été victimes de la maladie, ainsi que les religieux des ordres mineurs qui s'étaient transformés en infirmiers ou en fossoyeurs.

On déposait les corps des victimes en un charnier gigantesque sur l'esplanade de La Tourette où le soleil de l'été les faisait pourrir rapidement. Parmi eux, des agonisants dont on entendait les plaintes sourdes, et que personne ne songeait à secourir. Des essaims de mouches noires et des armées de rats entouraient les cadavres, multipliant à l'infini les dangers de contamination. Ainsi périrent, dans l'abandon, la moitié des habitants de la ville.

*
* *

La détresse de Marseille était telle qu'elle émut les autorités, et l'intendant de Vaucresson ne cessait de demander des secours. On lui envoyait des soldats en renfort, pour boucler la ville et empêcher la contagion de gagner la Provence. L'horreur de l'épidémie effrayait tout le royaume. On s'était habitué à l'idée que la peste avait disparu des États civilisés de l'Europe. Qu'elle resurgît soudain avec fracas provoquait la panique.

Sur place, deux hommes prirent la tête de la résistance : l'évêque de Belsunce, qui n'avait pas abandonné son poste, et le chevalier Roze, qui négocia avec la direction des galères de Toulon et de Marseille pour utiliser les bagnards comme fossoyeurs. Le chevalier avait connu la peste en Orient et savait comment allumer des contre-feux, en isolant les quartiers restés sains de ceux où l'on ne pouvait qu'entasser les corps.

La première urgence était de dégager l'esplanade. Donnant lui-même l'exemple, Roze prit la tête de la troupe des forçats et fit charger les corps sur des charrettes tirées par des mulets. Ils étaient conduits dans les deux bastions de La Joliette, enfouis dans les caves profondes et brûlés aussitôt dans la chaux vive. Les forçats devaient mourir à la tâche, mais les deux mille cadavres pestilentiels avaient enfin disparu.

L'évêque stimula le zèle des membres du clergé sous ses ordres qui aidaient au ravitaillement des habitants des quartiers emmurés, à l'évacuation des malades et même aux soins dans les hôpitaux. Il autorisa ses prêtres à présenter l'hostie au bout d'un bâton à ceux qui avaient la force de communier avant de mourir. Il enterra lui-même ses religieux morts au combat. Infatigable dans les secours, il consacra toute sa fortune personnelle à l'achat de vivres pour les pesteux. Il vendit à l'encan jusqu'aux vases précieux de sa cathédrale.

Il ne cessait de parcourir les rues les plus dangereuses en faisant déposer au pied des maisons les secours matériels, en confessant ceux qui, par geste, en faisaient la demande. Les Marseillais savaient que leur évêque ne les avait pas abandonnés. Sa présence redonnait du courage aux médecins survivants, aux aides-chirurgiens que l'on engageait sans trop mesurer leur capacité, aux volontaires des corporations de la ville, des associations religieuses, aux pères du Saint-

Sacrement qui avaient eu le courage de s'impliquer de toutes leurs forces.

Le nom du chevalier Roze était désormais connu et vénéré comme celui d'un saint dans tout le royaume. Cet ancien négociant marseillais, longtemps directeur d'un comptoir commercial à Alicante en Espagne, avait été blessé au siège de la ville par les Impériaux et anobli par Louis XIV qui l'avait nommé consul à Modon, la Méthone des Grecs du sud-ouest du Péloponnèse, ville tantôt turque et tantôt vénitienne, constamment occupée à faire la guerre. Il avait été incroyablement épargné par la peste, ainsi que l'évêque de Belsunce, bien qu'on l'ait vu sans cesse au milieu des forçats dans les difficiles et dangereuses opérations de transport des corps.

Émus par ces concours quasi miraculeux, les pouvoirs publics ne tardèrent pas à venir au-devant de la victoire. Les échevins restés en place avaient décidé de faire eux-mêmes un exemple, pour attirer sur la municipalité la bienveillance du Ciel et faire oublier certaines défaillances. Ces hommes fortunés, enrichis par le grand commerce, titulaires de fonctions consulaires avaient promis le 8 septembre 1720 de verser une rente annuelle de deux cents livres en faveur des femmes les plus démunies et s'y étaient engagés solennellement par un vœu prononcé à l'église, devant le peuple rassemblé. C'est le moins qu'ils pouvaient faire.

L'intendant de Vaucresson avait enfin obtenu des secours. Le chef de l'escadre des galères, le commandeur de Langeron, avait reçu des ordres du secrétaire d'État à la Marine pour exercer tous les pouvoirs civils et militaires dans la cité de Marseille, à partir du 5 septembre.

Il désigna aussitôt des responsables de quartiers parmi les notables qui avaient dirigé les fronts de peste. Il fit entrer la troupe dans la ville, pour arrêter les voleurs et les vagabonds qui pillaient encore les maisons des morts. Il dirigea les équipes de désinfection, fit laver à grande eau les chaussées, tuer les rats et autres rongeurs, éloigner les insectes par des feux de places.

Le couvre-feu fut instauré, les tripots et les bains publics fermés. On recruta à grands frais des gardes malades et des infirmiers, tout en acceptant les bénévoles avec reconnaissance. On dressa des tentes aux portes de la ville pour accueillir les malades. Une armée de charrettes parcourut en noria les rues des quartiers condamnés, pour enlever les derniers cadavres et les inhumer aussitôt. La décrue de l'épidémie fut annoncée aux Marseillais à partir du 15 octobre, à la montée des brumes et des frimas. Le mistral semblait avoir, par ses violentes bourrasques d'automne, dégagé les miasmes.

Le 22 octobre les médecins déclarèrent officiellement la fin de l'épidémie. L'évêque de Belsunce célébra la consécration de la ville au Sacré-Cœur de Jésus, comme l'avaient souhaité et promis les membres de l'active Compagnie du Saint-Sacrement. La cloche tinta joyeusement au clocher des Accoules, au-dessus du Vieux Port. Bien peu de Marseillais avaient pourtant le cœur à s'en réjouir : cinquante mille des leurs étaient morts, sans qu'ils pussent leur rendre les devoirs dus aux chrétiens. Leurs corps avaient disparu dans la chaux vive de La Joliette.

*
* *

Sans doute la dernière peste d'Occident avait-elle montré les lacunes du système défensif et les faiblesses humaines. Marseille avait été de nouveau le théâtre de la lâcheté et de l'égoïsme, des édiles fuyards aux moines de Saint-Victor, des consuls douteux qui avaient permis le déchargement du navire jusqu'au personnel des bureaux de santé trop peu sourcilleux. Le capitaine du *Grand Saint-Antoine* avait montré lui-même peu de scrupules, en consentant, dans un but de lucre, à la supercherie.

Mais l'épreuve avait suscité deux figures héroïques, longtemps citées en exemple, et permis au clergé d'oublier les faiblesses des moines pour célébrer la conduite de l'évêque. L'honneur était sauf.

L'administration des galères avait donné les moyens d'assurer les premiers secours, au moment décisif où tous les survivants risquaient d'être contaminés par la prolifération des animaux porteurs de germes, en sacrifiant les bagnards, avant d'engager le gros des troupes dans le rétablissement de l'ordre. Les moines mendiants, les associations religieuses avaient participé, aux côtés d'édiles restés en place, à la lutte contre le fléau. Marseille martyre avait donné au monde un modèle de courage.

La peste s'était retirée comme la marée, sans qu'on pût expliquer son départ. Les médecins de Montpellier, les plus avancés dans l'étude de la maladie, avaient fait peu de progrès même si les chirurgiens étaient morts à la tâche en incisant les bubons. Deux siècles de patience seraient nécessaires, avant que les lumières décisives sur les origines des épidémies ne viennent d'Extrême-Orient.

À la fin du XIXe siècle, la Chine et l'Indochine étaient en effet contaminées, quand un jeune pasteurien, le Vaudois naturalisé français Yersin, assistant à Paris du docteur Roux, fut engagé par les Britanniques pour étudier la peste de Hong-Kong.

Il avait découvert la présence du bacille, en 1894, sur des bubons de malades. Il pouvait présenter aux observateurs du monde scientifique international les micro-organismes, sortes de bâtonnets aux bouts arrondis

118

constituant entre eux de véritables chaînes. Il avait également découvert le rôle des rats comme diffuseurs, et fourni les premiers vaccins obtenus à partir du sang des chevaux de laboratoire qui fabriquaient, une fois agressés par les bacilles, des anticorps. Mais on ne comprenait toujours pas comment le rat pouvait infecter l'homme sans morsure. Yersin suggérait que la maladie s'attrapait en marchand pieds nus dans les rues polluées des villes.

Une dernière découverte, celle du médecin de la marine Paul-Louis Simon, sorti de l'École de santé navale de Bordeaux, devait clore la chaîne de la peste en 1898. En plaçant côte à côte, dans des cages grillagées, un rat malade et un rat sain qui ne pouvaient pas avoir de contacts entre eux, Simon établit que la puce était le véritable vecteur de la peste.

En écrasant les puces des deux rats, il mit en évidence la transmission du bacille, d'un rat à l'autre, par l'intermédiaire de l'insecte. Le sang était bien le milieu du transfert. La puce piquait et piquait encore jusqu'à en mourir, ne pouvant elle-même s'alimenter du sang de ses victimes trop enrichi par les bacilles.

La victoire sur la peste fut alors décisive. Tout le cycle de la contagion était enfin reconnu et balisé. La fabrication des sérums et l'usage généralisé des insecticides après 1945 n'empêchent pourtant pas aujourd'hui l'Organisation mondiale de la santé de dresser la carte des rares foyers pesteux qui restent à détruire sur la planète, et de guetter avec vigilance l'apparition de nouveaux germes.

Quand une épidémie disparaît, hélas une autre n'est pas loin de naître. Le XVIIe siècle avait été celui de la peste, et les contemporains avaient subi le mal qui frappait avec une régularité stupéfiante tous les dix ans, tous les quinze ans dans ses passages en Europe. Le fléau s'était manifesté brutalement pour la dernière fois au début du XVIIIe siècle en massacrant un Marseillais sur deux. L'hécatombe était telle qu'on pouvait attendre un retour de cycles. Rien de tel. La peste avait, semble-t-il quitté les rivages du continent sans plus donner de ses nouvelles, sans que son secret ait été pénétré. Les Français respiraient, se croyant désormais à l'abri de la colère divine. Mais la grande peste de Marseille était à peine oubliée que l'Europe se trouvait au cœur d'un fléau impossible à maîtriser, la variole.

Chapitre 4

Grande et petite véroles

La petite vérole des Grands

Le Grand Dauphin avait la vérole, non pas la grande, mais la petite, la plus meurtrière, celle qui frappe à coup sûr. Et le petit dauphin, son fils, devait l'avoir à son tour, de sorte que le roi Louis XV, l'héritier lointain, était non pas le fils, mais l'arrière-petit-fils de Louis le Grand. Deux générations de varioleux étaient mortes au front de santé en un rien de temps, et Louis XIV les avait vus disparaître sous ses yeux.

Une maladie facile à repérer en raison des rougeurs et des croûtes qui suivent les grandes fièvres, mais difficile à distinguer de la rougeole, de la rubéole, de la varicelle et de toutes ces affections rubescentes d'une très inégale toxicité, qui se transmettent directement d'homme à homme: ce virus n'a nul besoin d'un vecteur, d'un insecte par exemple comme dans le cas de la peste, pour passer d'un sang à l'autre.

Pourtant, dès le Xe siècle, le médecin persan Rhazès savait identifier la variole et la différencier de la simple rougeole. On reconnaissait sa présence aux petites taches rouges qui parsemaient aussitôt la peau, comme des myriades de piqûres de puces ou de moustiques, et qui bientôt étaient percées de pus, puis recouvertes d'une croûte appelée par les médecins « vésicule ».

Si le varioleux survit, les croûtes tombent, laissant sur le visage une surface éruptive du plus fâcheux effet. D'où les laideurs célèbres, comme celle du comte de Mirabeau, rescapé d'une épidémie. Une forte concentration d'humains, comme le palais de Versailles, est favorable à son développement. Toute la noblesse française, si elle ne part pas aussitôt aux champs pour fuir la contagion, risque d'avoir le visage aussi grêlé que celui de la reine Élisabeth Ire d'Angleterre, qui a eu la chance de survivre, mais qui décourage ses amants par sa laideur.

Mais comment quitter le palais sans honte, quand le mal frappe les enfants royaux ? Les nobles tombent à la guerre, comme Turenne, et leurs épouses n'abandonnent pas leur poste quand elles sont les gouvernantes des fils du monarque, même si les chers petits meurent dans leurs bras.

On sait aujourd'hui que les individus du groupe sanguin A résistent mieux que les autres à la variole. Les antigènes de ce groupe ont sans doute permis au vieux roi Louis XIV, déjà atteint de gangrène sénile, d'échapper au mal qui frappait brutalement son entourage et d'assister impuissant à l'élimination de sa descendance, fulgurante comme un châtiment du ciel.

En 1707 le peintre Largillière avait représenté sur une toile, autour du souverain, les trois générations d'héritiers. Mgr le Grand dauphin, époux de Marianne de Bavière, était debout derrière son père, accoudé au dossier du trône. À la gauche du roi, le fils aîné du dauphin, duc de Bourgogne. Tenu par sa gouvernante, le fils de ce Bourgogne, déjà paré, malgré son tout jeune âge, du titre de duc de Bretagne. L'avenir des Capétiens semblait assuré dans la branche des Bourbons. Pourtant, en moins d'un an, du printemps de 1711 au début de mars 1712, tous devaient succomber à la variole. La terrible maladie décima la famille royale plus sûrement qu'une guerre de religion.

Cette succession de malheurs était si incroyable que le mauvais ange de la cour, Saint-Simon, suggérait que les victimes royales avaient été empoisonnées. Comment la plus puissante famille d'Europe pouvait-elle être à la merci d'un virus ? Saint-Simon ignorait les virus. Il préférait se rassurer lui-même et croire au complot. Ce qui accréditait la thèse de l'empoisonnement, c'était la rapidité d'évolution de la maladie. La première victime, Mgr le Grand Dauphin, fils aîné de Louis XIV s'était plaint de malaises à son lever, le 9 avril 1711, au château de Meudon. Les médecins de la cour l'avaient aussitôt saigné, la purgation du sang étant alors considérée comme une thérapeutique universelle. Le roi Louis XIV s'était fait conduire en carrosse au château de Meudon et avait interdit à ses petits-fils Berry et Bourgogne de le suivre, par crainte de la contagion. À l'évidence, le dauphin avait la variole, dont les Parisiens mouraient alors comme des mouches.

La maladie se déclara en effet deux jours plus tard, et deux jours encore le patient royal survécut, couvert de boutons purulents. Le mardi 14 avril, les médecins ne pouvaient que constater les progrès fulgurants du mal : Louis de France, le Grand Dauphin rendit l'âme dans la nuit. Trois jours plus tard mourait à Vienne l'empereur Joseph Ier de Habsbourg. Un mois plus tard, dans leur admirable palais de Lunéville, le duc et la duchesse de Lorraine perdaient d'un seul coup trois de leurs enfants.

Voila Bourgogne dauphin de France, en pleine force, à vingt-neuf ans. Sa femme Marie-Adélaïde, fille aînée du duc de Savoie, parée de toutes les grâces, idolâtrée par Louis XIV, mariée à douze ans à un prince qui en avait quatorze, avait accouché d'un garçon sept ans plus tard, mort en bas âge, puis d'un second fils, le duc de Bretagne, né trois ans plus tard, soit trois ans avant son cadet le duc d'Anjou. La cour était folle d'angoisse : la variole frappait de préférence les tout jeunes enfants. La famille royale serait-elle épargnée ?

La dauphine fut touchée la première, dans la soirée du 5 février 1712. Elle souffrait de fièvre, et de maux de tête. Au bout de quarante-huit heures, suivant le calendrier inexorable de la petite vérole, les premiers symptômes faisaient leur apparition. Les médecins se hâtaient de purger, de saigner, d'administrer de l'opium et du tabac, de soigner les « humeurs ». Rien ne faisait tomber la fièvre. Le 9, quatre jours plus tard, elle sombrait dans une torpeur profonde due sans doute à l'épuisement qu'elle ressentait à la suite d'un traitement absurde. Les boutons couvraient tout son corps. Le 10, la fièvre redoublait. Le lendemain la princesse recevait l'extrême-onction et le saint viatique devant toute la cour réunie.

Nul ne pouvait se dérober à l'infection. Nul ne pouvait, sous peine de déroger, quitter le palais en de telles circonstances. Le rituel imposait le rassemblement des nobles et des princes du sang autour de la mourante, même s'ils devaient être tous frappés du même mal. Le vendredi 12 février 1712, sept jours après les premiers symptômes, la dauphine mourait.

Aussitôt la cour prit le large, en vertu d'un usage qui interdisait de résider dans un palais abritant un cadavre. On songeait enfin à la contagion. Trop tard :

124

le dauphin restait à Versailles, affligé par la mort de son épouse, mais surtout épuisé, fiévreux, déjà malade. Il demeurait seul dans ses appartements, pendant que le roi et la cour gagnaient Marly en carrosse.

Le 16 février, les médecins relevèrent sur son corps de nombreuses plaques rouges qu'ils prirent d'abord pour la rougeole.

– C'est la pourpre! se disaient-ils en latin.

Le prince demanda dans la plus grande hâte les derniers sacrements et fut emporté en deux jours, rendant l'âme le 18 février. Il n'avait pas survécu longtemps à Marie-Adélaïde. Les deux dépouilles furent exposées ensemble dans une chapelle ardente de Versailles, avant d'être conduites en cortège à Saint-Denis, dans un char funéraire salué au passage par la foule en larmes.

Louis XIV fit aussitôt appeler le petit duc de Bretagne, âgé de cinq ans, Monsieur le Dauphin. Le 7 mars, les médecins l'examinèrent. Ils reconnurent les symptômes de la variole sur le corps de l'enfant. Après l'avoir saigné dans les règles de l'art, lui enlevant ainsi ses forces, ils l'accablèrent d'émétique, un puissant vomitif. Vingt-quatre heures plus tard, le malheureux dauphin avait rendu son dernier souffle.

On avait oublié son cadet, le petit duc d'Anjou. Celui-ci fut sauvé par sa gouvernante, Mme de Ventadour, qui lui donna du vin chaud et des biscuits, à l'annonce de sa maladie. Ainsi, par miracle, un des enfants de France avait été épargné. Le seul héritier de la couronne était un garçon de deux ans.

Sa gouvernante reçut alors l'effroyable responsabilité de veiller sur la santé d'un enfant qui représentait le seul espoir de son bisaïeul, Louis XIV. Vivrait-il? Sa santé semblait fragile. On craignait qu'il ne devînt bossu comme son père Bourgogne. La Ventadour était attentive au moindre courant d'air. Les médecins ne pariaient pas sur son avenir, le considérant comme un mort en sursis. La moindre fièvre leur semblait mortelle.

Pourtant l'enfant devait sortir, remplir les devoirs de sa charge, affronter des milieux remplis de miasmes et de germes. Il lui revenait par exemple de laver les pieds de treize pauvres selon l'usage et de se prêter aux cérémonies de cour. Louis XIV avait exigé qu'après sa mort l'enfant fût conduit à Vincennes, où l'air était plus sain. Les neuf médecins en avaient délibéré. Fallait-il arracher l'héritier à « l'air natal » de Versailles ?

On décida de tenter l'expérience et le petit roi s'en sortit à merveille. Même angoisse quand le régent Philippe d'Orléans décida d'installer la cour aux Tuileries. Les cas de petite vérole étaient nombreux dans la capitale. Fallait-il risquer la vie du jeune roi ? Maman Ventadour obtint qu'il ne sortirait pas l'été par fortes chaleurs, et qu'on ne s'installerait pas sur les bords de la Seine avant les premières gelées.

Toute sa vie, Louis XV fut surveillé par les médecins qui l'avaient condamné quand il était âgé de deux ans. On redoutait toujours la revanche de la variole. Beaucoup plus tard, partant aux armées, il fut arrêté à Metz par une forte fièvre, pendant l'été de 1744. Les médecins saigneurs de la cour accoururent, les La Peyronie, Chicoyneau, Marcot, Dumoulin, venus exprès de Paris. Le roi eut un malaise, à force d'être saigné. Il demanda à se confesser, puis à communier. Les médecins lui donnaient deux jours de délai. Il fut sauvé par un vieux médecin-major des armées, qui lui donna du lait de poule et du vin chaud sucré. Le quinquina fit merveille. Le roi quitta la chambre, sauta bientôt à cheval. Il n'avait pas eu la variole.

Elle devait néanmoins le rejoindre à la fin de sa vie, et l'emporter. Le roi se croyait immunisé contre la petite vérole à cause d'une attaque qu'il avait surmontée en 1728. Quelques petits boutons sur la peau avaient suffi pour que les médecins diagnostiquent alors le terrible mal. Il s'était remis. Il avait dédaigné de se soumettre par la suite à l'inoculation, une sorte de mithridatisation déjà pratiquée à la cour d'Angleterre. À cette époque, les médecins prétendaient qu'une première attaque de la petite vérole suffisait à protéger pour la vie et le roi se croyait hors d'atteinte.

Le 26 avril 1774, Louis XV entra au Petit Trianon de retour de la chasse. À soixante-quatorze ans, il avait gardé toute sa vigueur. Mais ce jour-là il se sentait las, courbaturé, fiévreux. Lemonnier, son médecin ordinaire lui conseilla de garder la chambre tandis que La Martinière, son premier chirurgien, lui trouva mauvaise mine, et lui suggéra de se faire transporter au château. Comment mourir en effet au Trianon, dans un lieu de retraite et de plaisir ?

– Sire, lui dit-il, c'est à Versailles qu'il faut être malade !

Le 29 avril, trois jours plus tard, le roi subit la première saignée, car la fièvre persistait. Après quelques heures, on jugea bon de laisser les chirurgiens faire une seconde saignée, très abondante et exténuante. On voulait en éviter une troisième, qui aurait semé la panique dans la cour. Dans la soirée, les médecins constatèrent l'apparition des premières rougeurs, sans rien oser en dire au roi. Ils furent alors convaincus qu'il avait la variole.

Le dauphin et la dauphine, qui n'étaient pas inoculés et n'avaient jamais connu la maladie, reçurent l'ordre de ne plus entrer dans la chambre de Louis le quinzième. Les grands, ayant tenu conseil, virent les inconvénients de la discrétion des médecins : le roi ne se croyait pas contagieux et pouvait s'inquiéter de la soudaine absence de ses proches. Fallait-il l'avertir ? Ils décidèrent de garder le silence, une émotion forte emporterait à coup sûr le souverain. Les six médecins, les cinq chirurgiens, les trois apothicaires resteraient en permanence à son chevet, interdisant sa porte à la cour.

Le 30 avril, au lever ordinaire, le roi examinait avec terreur son visage dans la glace : il était couvert de boutons.

— Si je n'avais pas eu la petite vérole à dix-huit ans, dit-il, je croirais l'avoir !

Sa fille Adélaïde frottait les boutons de ses mains, la Du Barry lui essuyait le front. Il les laissait faire, se croyant hors d'atteinte.

Il songea pourtant à faire partir la Du Barry et à se rapprocher de Dieu. Jusqu'au 5 mai, il garda toute sa conscience, recevant les soins assidus et inutiles des médecins.

Son visage noircissait, du fait des croûtes sèches. Ils se grattait le nez et la gorge. Au huitième jour de la maladie, il fit mettre les troupes en armes et demanda son confesseur. Il promit, s'il survivait, de faire pénitence et de soutenir la religion. On fit imprimer dans Paris des bulletins de santé expliquant au peuple que le roi allait mieux, pour organiser une riposte contre les bruits odieux et les libelles répandus sous le manteau par les ennemis de la cour.

Le 8 mai était un dimanche. Le roi était alité depuis neuf jours. Ses médecins refusèrent les services de Sutton, un inoculateur anglais fort apprécié à Paris : sa poudre blanche ne serait plus d'aucun secours. La gorge du souverain était obstruée, il ne pouvait plus avaler. Ses yeux étaient bouchés par les humeurs des pustules, son visage ressemblait à un masque de bronze ou de cuivre. La septicémie n'était pas loin, et la pleurésie aussi. Le roi respirait mal, râlait comme un soufflet de forge. Il eut encore la force, avant de mourir, de dire à son confesseur qu'il souffrait beaucoup. Le 10 mai, vers 15 heures, il avait rendu l'âme.

*
* *

À cause des décès de la famille royale, les signes, les effets, les traitements de la variole nous sont connus dans le détail. La relation exemplaire de la fin de Louis XV par Michel Antoine [1] permet de suivre presque pas à pas, jour après jour, les progrès du mal. Les médecins espéraient qu'à force de saignées ils le feraient « rentrer ». Ils surveillaient l'assèchement des croûtes. La suppuration était de bon augure, les accès fiévreux mauvais signe.

La mort du roi avait créé une panique dans son entourage. Le dauphin et ses frères avaient été inoculés aussitôt. Quelques années plus tard, Quand Marie-Antoinette contracta la rougeole, aucun médecin ne redoutait plus la petite vérole. La reine avait pris de la « poudre blanche ». Ses enfants furent tous soumis à ce traitement mystérieux qui passait pour miraculeux.

Il venait, disait-on, d'Orient. Lady Worthley Montagu, l'épouse de l'ambassadeur de Sa Majesté en poste à Constantinople autour des années 1720, avait été attentive aux propos d'un médecin turc au sujet d'une pratique alors fort répandue au harem du sultan : on inoculait les croûtes d'une pustule choisie sur un malade atteint d'une forme bénigne de petite vérole. Lady Montagu avait fait inoculer son propre fils. « Il faut être fou, disaient les médecins, pour introduire la maladie dans l'organisme. »

Les accidents n'étaient pas rares. On en comptait deux sur cent. Mais la petite vérole tuait alors le

---

1. Michel Antoine, *Louis XV*, Fayard, 1989.

dixième de la population. Pouvait-on prendre le risque ? En 1716, la maladie avait frappé à mort quatorze mille Parisiens, en 1723, vingt-trois mille. Toutes les familles, pauvres et riches, étaient atteintes.

Les médecins avaient observé que les malades ayant échappé à la mort n'étaient plus jamais touchés. L'inoculation était possible, et les grands donnaient l'exemple. Ils avaient bien trop peur de mourir sans descendance. Puisque la petite vérole était la maladie des cours, il convenait de s'en protéger, même en affrontant le pire. Dès 1722, les enfants royaux d'Angleterre avaient reçu une injection préventive. En 1756, le duc d'Orléans avait osé recourir au médecin genevois Théodore Tronchin pour faire vacciner ses héritiers. Louis XVI devait suivre son exemple, mais lui-même, quand son père mourut en 1774, n'avait pas été vacciné, les médecins français de Versailles n'osant lui faire courir le moindre danger.

La vaccination était ignorée du grand public, qui n'avait aucun moyen de se préserver contre une maladie dont les victimes dans le monde, en douze siècles, sont estimées à un milliard. Elle avait fait son apparition dans l'Inde et la Chine mille ans avant l'ère chrétienne. Ignorée des Grecs et des Romains, elle s'était introduite en Asie Mineure au VIe siècle, venue d'Extrême-Orient ou du centre de l'Afrique. Les rois mérovingiens, Dagobert le premier, en auraient été atteints. Les Maures l'avaient, disait-on, apportée en Gaule. On aimait à souligner que la propagation de la maladie était l'œuvre de l'Infidèle.

Après qu'elle eut ravagé l'Europe, les conquistadores l'exportèrent en Amérique latine, à partir d'Hispanolia en 1518. Les Indiens tombaient alors par dizaines de milliers, sans rémission. Une esclave noire, propriété d'un capitaine de Cortès avait introduit le fléau au Mexique. L'armée du roi Montezuma avait été décimée par l'épidémie, rendue incapable de repousser les Espagnols. Du Mexique, qui avait perdu les deux tiers de sa population (réduite de trois millions à un million d'âmes environ), elle avait touché les Incas des hauts plateaux du Pérou. Le Grand Inca lui-même en était mort, ainsi que sa famille.

L'Europe occidentale avait payé un lourd tribut à la maladie, au cours des siècles. La variole revenait périodiquement, causant des milliers de victimes, puis elle s'atténuait avant de disparaître. Pendant le XVIIIᵉ siècle, cinquante mille Français devaient y succomber. « Sur cent personnes, écrivait Voltaire, soixante au moins ont la petite vérole, dans ces soixante, dix en meurent et dix en conservent toujours le fâcheux souvenir. » Ils avaient en effet le visage tavelé par les cicatrices des pustules.

Les sujets inoculés étaient en trop faible quantité pour que le mal pût régresser. Il fallait imaginer un traitement social pour une affection dont on ignorait la cause. Mais où se procurer la précieuse poudre blanche, dans des conditions de sécurité acceptables ?

*
* *

Un médecin de campagne anglais à l'esprit curieux, Edward Jenner, avait réussi plusieurs inoculations et cherchait les moyens de réunir de grandes quantités de vaccin. Il avait observé qu'en période d'épidémie les paysans rentraient de la traite des vaches les mains couvertes de pustules. Elles provenaient des tétines des animaux atteints par la vaccine, forme bénigne de la variole. Il suffisait de recueillir cette vaccine et de l'inoculer chez l'homme pour le prémunir contre la maladie. En effet, le virus *cow pox* recueilli chez la vache ne transmettait pas la maladie à l'homme.

131

Jenner en avait la preuve puisque aucun des paysans n'était atteint de variole mais seulement de sa forme bénigne, la vaccine.

Pendant vingt ans, Jenner étudia tous les aspects du phénomène. En 1796, sûr de ses conclusions, il osa pour la première fois prélever une goutte de pus sur une des pustules d'une jeune vachère, au retour de la traite des vaches, et injecter le liquide à un garçon de huit ans, aussitôt atteint de vaccine : en quelques jours il était rétabli. Deux mois plus tard, Jenner lui inocula la variole elle-même. L'organisme du garçon résista. Deux mois encore, nouvelle expérience concluante. Jenner venait de prouver l'efficacité du vaccin antivariolique.

*
* *

Des lois imposèrent alors progressivement dans chacun des pays la vaccination universelle.

L'Angleterre commença, avec le traitement de cent mille personnes au début du XIXᵉ siècle. Un progrès décisif fut ainsi réalisé contre les épidémies. On ne connaissait toujours pas la nature du mal, mais on pouvait enfin le prévenir. Le médecin Buchan expliquait : « Le sentiment que j'expose ici n'est pas le résultat de la théorie, mais uniquement de l'observation. » Jenner avait fait le rapprochement entre la simple inoculation, dont les résultats étaient incertains, avec l'injection de la vaccine. Pasteur appellerait plus tard le procédé vaccination, en l'appliquant à d'autres maladies, et d'abord à la rage du chien communiquée à l'homme.

Seule la découverte des micro-organismes aurait pu expliquer l'action de la vaccination mais l'étude de la propagation de la maladie avait déjà permis d'imaginer des méthodes originales de prévention. Il faudra attendre la fin du XIXᵉ siècle avant que soit démontrée l'existence de virus filtrants responsables de plusieurs maladies, les grippes, l'herpès, la rage, les encéphalites et méningites, la fièvre jaune, la poliomyélite, la dengue, les oreillons, la rougeole… et la variole.

Le propre de ces virus filtrants était que leur nature mobile les empêchait d'être repérés au microscope, comme les bactéries ordinaires. Ces micro-organismes étaient assez petits pour traverser les filtres à bactéries. Les premiers, Löffler et Frosch avaient mis en évidence l'existence des virus filtrants en étudiant la fièvre aphteuse en 1898. Seuls l'ultracentrifugation et les microscopes électroniques permettront de préciser les propriétés des virus. Ils étaient constitués en général de nucléoprotéines de masse moléculaire élevée. La maladie perdait son mystère, on en connaissait enfin la cause.

Quand il luttait contre la rage en s'inspirant des travaux de Jenner, Louis Pasteur ignorait encore l'existence du virus filtrant de la variole et la nature exacte de la rage. Seuls les bacilles (dont celui de la lèpre et de la tuberculose), le gonocoque, le staphylocoque, pouvaient être isolés par des microscopes courants de laboratoires. Pasteur appliquait la théorie de Jenner pour multiplier les vaccinations en utilisant les observations faites sur le microbe du choléra des poules. Il avait réussi à préparer une culture capable de « vacciner ». Il prévenait de la même manière une maladie des moutons, le charbon. Il avait remarqué dans son laboratoire qu'en chauffant les bactéries à plus de 42 °C, elles perdaient aussitôt sensiblement de leur virulence.

En 1885, il décida de tenter sur l'homme un vaccin contre la rage selon le principe même de Jenner. La rage du chien et du loup tuait le sujet contaminé après cinq à six semaines d'incubation, presque à coup sûr. Louis Pasteur, natif de Dole, avait vu lui-même mourir un Jurassien mordu par un loup. Il avait observé au cours de ses expériences que la rage induisait des germes, des virus dans le cerveau. Il était possible d'en atténuer les effets en traitant des organes de chiens ou de lapins contaminés. Il songea à faire l'essai du vaccin sur des condamnés à mort. Il prit la responsabilité de soigner un enfant mordu, qu'il réussit à guérir. Plus tard, en 1888, Roux bâtira la théorie des antitoxines sécrétées par l'organisme contre les toxines diffusées par les bactéries. On put alors imaginer la préparation d'une série de sérums, dont l'antidiphtérique d'Emil von Behring.

Jenner avait le premier risqué l'expérimentation des vaccins sur l'homme. Il avait ouvert une voie. Le traitement de la variole avait donné naissance à l'industrie des préparations de sérums, aux vaccinations obligatoires dans les pays industrialisés du monde. Le taux de contamination devint insignifiant au XXe siècle en Europe d'abord, puis sur les autres continents. Pendant les premières années du siècle, on vaccinait encore tous les enfants des écoles en leur injectant le vaccin sans piqûre, par une simple scarification de la peau au moyen d'une plume d'acier imprégnée de vaccine.

La maladie a-t-elle complètement disparu ? À Nantes, en 1955, on a constaté un brusque regain atteignant 76 personnes dont 16 ont trouvé la mort. Depuis lors, les seuls cas connus de l'Organisation mondiale de la santé sont ceux de la Somalie en 1977. Les médecins restent vigilants. Ceux qui dénoncent l'apparition d'un début d'épidémie sont récompensés par de fortes primes. Il n'existe pratiquement plus de cas dans le monde. Les vaccinations ont disparu des écoles publiques, elles ne sont plus nécessaires. Seuls sont encore vaccinés les salariés des vingt-trois laboratoires maintenus en activité pour produire le vaccin. La variole est une maladie morte.

Jenner n'aurait sans doute pas réussi à répandre son procédé de vaccination si la maladie n'avait touché l'élite avec des effets foudroyants et spectaculaires. Que la reine d'Angleterre, l'empereur d'Autriche et les dauphins de France, avec bien d'autres, fussent atteints, que les médecins du roi Louis XV eussent redouté à tout moment pendant son règne le mal qui devait l'emporter, que les grands personnages du XVIIIe siècle eussent accepté l'inoculation, puis la vaccination, eut une valeur d'exemplarité qui permit de répandre le vaccin sur tous les continents et de vacciner par millions. Jenner avait réussi à prévenir une épidémie par une méthode simple, reproductible à des millions d'exemplaires. Il avait donné aux chefs d'État le devoir de l'appliquer, pour éviter les catastrophes. Il avait fait admettre la prévention des épidémies appliquée de manière systématique à toutes les zones menacées du globe. Il avait ainsi rendu possible et nécessaire une organisation mondiale de la santé. Qu'il eût éliminé la petite vérole par un vaccin et non par un remède était une lumineuse innovation.

La grande vérole

Chacun pouvait attraper la petite vérole par simple et fugace contact avec les pustules d'un malade. Tous ceux qui approchaient Louis XV dans sa chambre de Versailles auraient pu mourir à leur tour, en dépit des précautions prises, en particulier ses deux filles. Mourir de la variole pouvait être un châtiment du Ciel qui imposait au roi débauché l'ardente obligation d'expier ses péchés, mais le mal en lui-même n'était pas dénonciateur des crimes commis. La grande vérole, à l'inverse, supposait des rapports coupables. Elle n'était pas seulement un châtiment, mais une révélation.

Un roi, François Ier, était censé l'avoir rapportée d'Italie. Les médecins d'aujourd'hui sont sceptiques, ils pensent que le vainqueur de Marignan est mort d'un abcès du périnée, probablement consécutif à une blennorragie très antérieure, et non à la vérole. Contrairement à la petite vérole ou variole, la grande vérole n'a pas de malades illustres à ses débuts, elle n'est pas attribuée aux rois et semble absente des familles royales, comme si ces dynasties étaient miraculeusement préservées.

En fait la nature du mal, qui commence par une induration des organes sexuels, recommande la discrétion : on ne peut avouer la vérole. Seuls des clercs obscurs peuvent se permettre d'écrire sans être beaucoup lus pour dénoncer le mal dont ils sont eux-mêmes victimes, comme cet ecclésiastique d'Augsburg, Joseph Grumpeck, qui publie en latin le premier traité sur le mal que chacun appelle, chez lui comme en Italie, le « mal français », alors que les Anglais évoquent « le mal de Bordeaux » pendant que les compagnons de Charles VIII dénoncent « le mal de Naples », rapporté d'Italie par les chevaliers et soldats mercenaires recrutés dans toute l'Europe par le roi de France.

La maladie est alors décrite en latin, dans des traités savants, par des clercs qui jettent dans le désert des cris d'alarme. Il est vrai qu'en ce temps de décadence des mœurs du clergé, les chanoines sont souvent propriétaires, comme à Tarascon sur le Rhône, des « étuves », ces bordels du Moyen Âge, et qu'ils en sont plus souvent encore, en toute discrétion, des usagers.

Ils sont donc les premiers intéressés à la lutte contre la maladie qui se transmet surtout par les grands ports mais aussi en suivant la route des armées en campagne où les filles accompagnent les soldats.

La mise au ban des prostituées est immédiate. On les rend responsables de la diffusion de l'épidémie. Les premières mesures leur interdisent l'entrée des villes. Les étrangers sont menacés de pendaison s'ils ne quittent pas immédiatement les lieux. Il ne s'agit pas de pauvres ou de mendiants, mais de ceux qui ont les moyens de payer les filles, des soldats errants, des compagnons voyageurs, venus d'Italie ou d'Allemagne dans les ateliers itinérants. On n'envisage pas de soigner ces porteurs de chancres punis par Dieu à l'Hôtel-Dieu de Paris : qu'ils aillent au diable !

La description du mal est assez précise : le pustule, gros comme « un grain de mil », apparaît d'abord sur le prépuce ou les lèvres du vagin, puis gagne le visage et tout le corps. Du membre glorieux des chevaliers vainqueurs coule la sanie purulente pendant quatre mois. Pour cette société virile de guerriers, quelle humiliation ! Des douleurs aux jambes, aux pieds, aux bras, des ganglions infectés sur tout le corps. On assure que les malades, comme les lépreux, perdent successivement le nez, les yeux, les mains et les pieds. Leurs os suppurent. Ils subissent chaque jour le martyre, particulièrement à l'approche de la nuit.

À la fin du XVᵉ siècle, l'Europe entière est touchée. On signale des cas en Allemagne, en Angleterre en Pologne et jusqu'en Russie. Les Maghrébins, les Hollandais marins, les Portugais et les Espagnols, les Allemands et les Suisses, tous sont atteints. La vérole ignore les frontières et les bannières, elle frappe dans tous les milieux, d'abord les hommes et femmes jeunes, en état de faire l'amour.

Elle pénètre les milieux en apparence les mieux protégés. Mais les nourrices complaisantes peuvent être infectées, et contaminer à leur tour les enfants des princes. Le virus peut se transmettre par des objets, des gants de toilette, des brosses, au contact des croûtes infectées. Les tétins ne sont pas à l'abri des morsures et la bouche des nourrissons se couvre de pustules.

Pas de pitié pour les femmes atteintes, le mal répand l'opprobre et chacun s'efforce de le cacher. Car les privilégiés, les gens d'Ordres, seigneurs civils ou ecclésiastiques, sont aussi touchés. Comment expliquer au peuple que les serviteurs de l'Église portent les stigmates du vice ? On cherche à tromper le public en expliquant que l'air peut répandre le mal, pour rendre compte, par exemple, de la contamination des religieux.

On absout encore François Ier de la vérole. On n'ose l'en dire atteint. Comment admettre qu'un roi de France ait risqué sa vie dans un lit ? « À *batallas de amor, campos de pluma* », écrira le délicat poète Gongora au siècle d'or en Espagne. Les batailles livrées par le roi et les princes dans les lits de Naples sont en effet les plus meurtrières, les plus cruelles du temps. Combien en reviennent défigurés ? Les vainqueurs de Marignan qui ont risqué cent fois de passer les armes à la main de vie à trépas tombent sans gloire et sans combat dans la couche parfumée d'une courtisane.

*
* *

On songe d'abord à isoler les malades, à les marquer dans des espaces déserts, comme les lépreux. On loue des granges en dehors des villes, où les véroleux sont des prisonniers sur parole. Les Anglais envisagent de marquer les malades sur la joue au fer rouge, pour les identifier. Beaucoup plus tard, en Amérique latine, on tondra le pubis des prostituées, pour signaler leur maladie. À Paris, on veut pendre ou jeter dans la Seine tous ceux qui refusent de sortir des murailles. On consulte les astrologues, car les médecins sont impuissants. Ils annoncent un cycle de sept ans de l'épidémie. Un seul vrai remède : l'abstinence.

Quelques traitements apparaissent au XVIᵉ siècle. Claude Quétel, dans son étude savante sur la maladie, évoque les partisans du gaïac, une plante des Caraïbes utilisée en copeaux et pris en décoctions et le mercure qui entraîne la chute des dents et la paralysie [1]. Premières médications forcément inefficaces, et dangereuses pour l'organisme. On peut survivre de la vérole, comme de la lèpre, jusqu'à un âge avancé, mais on en meurt très souvent, fou ou défiguré.

D'où vient-elle au juste ? La thèse de l'origine indienne a été avancée et combattue au cours des âges. Pour Montesquieu, pour Voltaire, elle n'est pas douteuse : Christophe Colomb a rapporté le mal d'Amérique. Les Indiens, écrit-il, « étaient attaqués de ce mal immémorial, comme la lèpre régnait chez les Arabes et chez les Juifs, et la peste chez les Égyptiens. Le premier fruit que les Espagnols recueillirent de cette conquête du Nouveau Monde fut la vérole, elle se répandit plus promptement que l'argent du Mexique ».

Des Allemands besogneux ont exhumé les squelettes jusqu'au néolithique, pour tenter de prouver que la vérole existait dès ces époques reculées en Europe, et qu'il ne faut point en accuser les Indiens. Certains auteurs affirment que cette affection bénigne en Amérique n'est devenue virulente qu'en Europe. Peut-être les Indiens ont-ils reçu eux-mêmes, au temps lointain du néolithique, le *siporochète*, le tréponème de la syphilis, par le détroit de Behring, de populations venant d'Eurasie. Il est cependant clair qu'au XVᵉ siècle, la vérole était inconnue en Europe, et tous les témoins

---

1. Claude Quétel, *Le Mal de Naples, Histoire de la syphilis*, Seghers, Paris, 1986, p. 40.

sont d'accord pour affirmer que ce mal est nouveau, inconnu, inguérissable.

Il semble être passé de Barcelone à Naples, et de là en Europe, sans qu'on ait aucune certitude sur les itinéraires. Il touchait les populations migrantes, marins et soldats, mais aussi les marchands, les pèlerins, les équipes de maçons, de peintres, de constructeurs d'églises et de palais. De la sorte, la maladie concernait très vite des masses de populations et s'infiltrait parmi les résidants, soit en ville, soit dans les villages soumis aux passages d'armées, trop fréquents et ravageurs dans certaines régions.

L'infanterie espagnole empruntait constamment la route de Franche-Comté pour se rendre d'Italie dans les Flandres, et les descentes des chevaliers français, des reîtres puis des lansquenets allemands vers l'Italie étaient continuelles. Les guerres permanentes du XVIe siècle avaient facilité la propagation d'une maladie qui touchait d'abord les hommes en marche, à chacune des étapes.

Ce mal, il fallait bien le nommer, au moins dans les traités savants, en évitant toute polémique sur ses origines. En 1530 le grand Frascator, né à Vérone, ancien étudiant de l'université de médecine de Padoue à la fin du XVe siècle imagine un nom poétique, la syphilis. Il écrit en vers latins l'histoire du berger Syphilus, puni par l'Olympe pour avoir osé élever des autels à son roi Alcithoüs, dédaignant et renversant ceux de Zeus.

Ainsi la syphilis serait une vengeance du Ciel. Frascator était trop fin pour se satisfaire d'explications mythologiques, astronomiques ou simplement morales. Il avançait déjà que de «petites choses vivantes et invisibles» pourraient bien répandre le mal dans l'organisme, par exemple dans la circulation du sang, bientôt mise en évidence par le Français Ambroise Paré. Mais ces médecins n'avaient pas l'ombre d'une preuve.

À peine pouvaient-ils distinguer la vérole de la blennorragie et d'autres affections vénériennes. Ils dénonçaient les menstrues dans le coït pour la cause de l'infection et recommandaient l'hygiène des parties sexuelles, et même le port de préservatifs enduit de substances purificatrices, mais après et non avant l'acte... Les considérations sur le « venin » qui infectait le corps rejoignaient celles des théoriciens des humeurs malignes. Pendant trois siècles, du XVIe au XIXe, les médecins tâtonnèrent.

Le mal dont on augurait la disparition progressait sournoisement dans les villes et les campagnes, sans qu'on pût le dénicher, car les malades, pendant les périodes de rémission, étaient des plus discrets, surtout s'ils étaient d'un bon milieu, mariés, et tenant pignon sur rue. Pas de maison spéciale pour traiter la vérole, comme la lèpre, pas d'isolement obligatoire. La maladie était trop compromettante pour qu'on pût soumettre ses patients à une identification par les soins qui revenait à une dénonciation morale.

La mère de Fouquet, surintendant des Finances de Louis XIV au début du règne, allait plus loin : elle proposait de refuser les secours de la médecine à des malades aussi méprisables qui devaient expier jusqu'à leur mort le « châtiment temporel », en attendant l'autre. On ne devait soigner que les « victimes innocentes », par exemple les épouses contaminées par les maris bordeliers ou amateurs de gitons. Seuls les pauvres étaient relégués dans les hospices, comme pauvres, et non pour cause de vérole. Les riches couchaient dans leurs lits.

*
* *

« Allez, chevalier, reconduisez Madame, et n'allez pas la foutre en chemin, songez qu'elle est cousue et qu'elle a la vérole ! » écrit superbement le marquis de Sade dans *Justine ou les Malheurs de la vertu*. La vérole est alors banalisée, instrumentalisée. Elle n'est pas un châtiment du ciel, mais un des moyens que les hommes utilisent pour s'infliger la souffrance, complément du plaisir. Juliette et Justine sont sœurs. La vérole est un des traitements sadiques infligés par le vice divin à la vertu, elle doit être réservée aux innocents, à celles que le marquis contraint à forniquer sur l'autel du pape à Rome. Elle fait partie d'un attirail de provocation humaniste.

La rationalisation du mal n'implique pas sa domestication. C'est à peine si les médecins du siècle distinguent les vers prétendument porteurs de la maladie des humeurs ou des poisons, venins ou parasites. À peine si l'on sépare la vérole de la blennorragie. Il faut du temps pour parvenir à des observations cliniques sérieuses, avec distinction des différentes phases : la disparition spontanée du chancre est longtemps attribuée aux thérapeutiques mercurielles, et les médecins sont impuissants contre les conséquences sanguines de la deuxième période, encore plus devant les maux étranges de la phase tertiaire, qui touche les os, l'aorte, le cœur et le cerveau. On commence pourtant à distinguer ces phases, ainsi que l'existence de germes infiniment petits qui transmettent la maladie, et à soupçonner l'hérédité du mal, sa transmission par le sang à la descendance.

Le mercure est l'unique moyen de combattre la vérole, mais les bains, les lavements, les inhalations sont des soins voyants, qui ne permettent pas de dissimuler socialement l'affection. Le XVIIIᵉ siècle rationaliste imagine des voies plus discrètes d'administration du mercure, depuis les caleçons antivénériens jusqu'aux liqueurs que l'on peut enfermer dans un placard.

Ainsi les apparences sont sauves, et le malade insoupçonnable. Le chocolat aphrodisiaque de Le Fébure permet de maintenir la concorde dans les ménages, puisque l'épouse d'un mari volage se soigne, sans le savoir, en mangeant une friandise. Purger la vérole n'est pas incompatible avec le plaisir gourmand. Elle est un mal parmi d'autres, qui doit recevoir, chez les gens installés, des soins discrets, indiscernables. Les tartuffes du siècle de Sade ne demandent plus aux femmes de cacher leurs seins sous leurs dentelles, mais bien leur vérole. Il ne saurait en être question entre gens de bonne compagnie. L'exhiber est affaire de rustres, de croquants.

Un adroit charlatan, Keyser, se fait une spécialité de soigner les pauvres, dans les prisons, les hôpitaux militaires, les réserves de mendiants. Le roi lui donne un monopole pour ses dragées de mercure dissoutes dans du vinaigre qui sont le seul traitement reconnu, avec celui, très comparable du « rob » de Laffecteur, « fournisseur attitré de la marine », explique Quétel. Il s'agit d'une mixture de plantes médicinales noyées dans du miel, parfaitement inoffensives mais incapables d'attaquer le tréponème. Les escrocs s'en donnent à cœur joie, et vendent sur le Pont-Neuf des sachets de drogues miraculeuses, achetés à la sauvette. Qui oserait venir se plaindre de l'absence totale de résultats ?

Car ceux-ci sont très incertains, et la maladie évolue aussi inexorablement dans les hôpitaux de galériens qu'au palais de Versailles, où le glorieux maréchal de Vendôme, fils naturel de Louis XIV, « revient à la cour, dit Saint-Simon, avec la moitié de son nez ordinaire ». Casanova, vingt fois vérolé, probablement atteint de blennorragie, multiplie les cures de six semaines et ne trouve le salut que dans l'achat des nouveaux préserva-

143

tifs, les *condoms* de fines peaux de caecum de mouton, fabriqués à Londres, et pour cette raison appelés « redingotes d'Angleterre ».

Les temps ont changé, les mœurs se sont libérées et la facilité des rapports sexuels ainsi que la multiplication des bordels favorisent le développement de la maladie au point qu'elle devient un fléau social. Voltaire décrit en Pangloss le vérolé misérable, « tout couvert de pustules, les yeux morts, le bout du nez rongé, la bouche de travers, les dents noires et parlant de la gorge, tourmenté d'une toux violente, et crachant une dent à chaque effort ». Le mal vient surtout des armées et « l'on peut assurer que, quand trente mille combattants combattent en bataille rangée contre des troupes en égal nombre, il y a environ vingt mille vérolés de chaque côté ».

Comment exiger des efforts de soldats malades ? Les officiers sont les premiers à réclamer des mesures de prophylaxie. Restif de La Bretonne, dans *Le Pornographe*, propose d'institutionnaliser la prostitution, pour contrôler les filles et éviter la propagation de la vérole. Elles doivent être soumises à des visites incessantes, marquées, fichées, écartées des bordels aux premiers symptômes, traitées dans des maisons spécialisées, des hôpitaux fermés aux autres malades, pour éviter la contagion.

Il faut du temps avant que les lieutenants de police et intendants de province fassent admettre aux autorités des hôpitaux que les vérolés doivent être aussi soignés. On place enfin les hommes à Bicêtre, et les femmes à la Salpêtrière. Ils y sont fort mal soignés, accueillis avec parcimonie, entassés dans des dortoirs insalubres. Ils subissent pêle-mêle les fumigations de mercure et sont relâchés à la fin de la cure. Les soldats traités plus de trois fois doivent être retenus aux armées plus longtemps que ne le prévoit leur engagement, pour les punir d'avoir eu la vérole.

On ne soigne avec égards que les petits enfants contaminés par les nourrices dans l'hospice de Vaugirard, à la fin du XVIIIᵉ siècle. Ils boivent du lait imprégné de mercure. On prétend en sauver un tiers. Les médecins savent distinguer entre les syphilitiques héréditaires, ceux qui ont contracté la maladie au moment de la naissance, et les victimes des nourrices indélicates. Le grand nombre des enfants ainsi touchés provoque une interrogation sur l'avenir de la race chez les médecins désormais conscients des ravages sociaux de la maladie. Ils n'ont encore aucun moyen de la prévenir, et de faibles armes pour la guérir.

*
* *

Le « stupide XIXᵉ siècle » ne modifie qu'à peine le front de la vérole. Les grands écrivains et peintres s'en glorifient presque, comme d'une blessure de guerre. Flaubert, Maupassant y font des allusions lyriques. Balzac l'évoquait dans *La Cousine Bette*. Si Zola l'ignorait, Huysmans la vénérait. Théophile Gautier, Charles Baudelaire exhibaient une sorte de romantisme de la vérole, la pure vérole « américaine », splendide, baroque, capable de transformer un homme banal, un bourgeois, en œuvre d'art en lui ajoutant des excroissances roséolées, des appendices mercuriens. Que la vérole entre dans Rome avec l'armée française pour défendre le pape en 1849 arrache à Baudelaire des cris d'extase. Enfin une victoire contre le convenable et le convenu ! Qu'elle prît d'assaut l'École polytechnique le comblerait d'aise. Pût-elle emporter son beau-père, le détestable général Aupique !

Les bourgeois en mourront, les républicains aussi.

«Nous sommes tous démocratisés et syphilisés», dit le poète en 1848. La société est incapable d'organiser sa défense. Aucun gouvernement n'ose légiférer pour imposer au corps social la détection de la maladie et l'isolement des malades. Les médecins demandent en vain des mesures obligatoires de «police médicale». L'Église continue de tenir les vérolés comme des ostracisés, qu'il convient de ne pas accueillir dans les hôpitaux. Le pape frémit d'horreur quand certains médecins recommandent le préservatif, fort capable d'empêcher la propagation du mal, mais aussi de stériliser les accouplements familiaux. Paris, en 1870, dans la luxuriance sociale du Second Empire ne compte qu'un millier de lits d'hôpitaux recevant des syphilitiques.

Pourquoi accueillir les malades, quand on ne sait pas comment les soigner? On pense à exciser les chancres, ce qui n'esquive pas les troubles secondaires et tertiaires. On vend encore en 1878 des pilules à mercure. Des médecins scandalisent l'académie en essayant la mithridatisation, qui n'obtient aucun résultat. La «syphilisation» tentée sur des bagnards est un échec cuisant, presque scandaleux. Le professeur de médecine et chef de service hospitalier, Ricord, n'espère plus un vaccin.

Les praticiens des hôpitaux parisiens ne peuvent qu'accumuler les précisions cliniques, sans pouvoir guérir, ils sont impuissants devant le mal. La mortalité infantile reste forte, les hérédosyphilitiques, comme on disait, croyant que la maladie se transmettait invariablement de façon héréditaire, les «hérédos» se découvrent dans les meilleures familles, les prostituées ne sont plus à prendre avec des pincettes. Les homosexuels sont accusés d'être des porteurs de germes et d'imiter la Vénus Anadyomène de Rimbaud «belle, hideusement, d'un ulcère à l'anus».

Tout ce qui rend la bourgeoisie monstrueuse est

encensé par les poètes et les peintres, heureux d'étaler les tares, rubescentes comme des Légions d'honneur sur les redingotes noires du conformisme. La maladie est du dernier chic littéraire, une sorte de providence, puisqu'elle frappe au-dedans de la citadelle, sans souci de l'honorabilité, et qu'elle oblige les plus honorables à cacher leur disgrâce, dans un luxe ridicule de précautions. Qui songerait à faire soigner les pauvres, quand nul n'a le courage de consulter un médecin ? La conspiration du silence est universelle. Seuls les médecins demandent aux députés, sans être suivis, le vote de lois répressives. Réprimer serait faire ressortir la déchéance, l'avouer, mieux, l'exhiber.

Pourquoi imposer des recensements, organiser des barrages, poursuivre les malades comme des coupables alors qu'on ne sait pas soigner ? Pour mieux protéger les autres ? Qui se soucie des prostituées, des militaires qui ne sont pas de conscription, des miséreux de toutes sortes, gibiers d'asiles d'indigents ?

Pour l'Église, les tortures des syphilitiques sont salutaires, annoncent leur rédemption dans la souffrance, comme jadis les lépreux. Les déformations du corps indiquent la noirceur de l'âme, il est bon qu'elles éclatent, et que le vice soit puni. Prétend-on soumettre au contrôle, à la statistique et à l'internement les tarés des belles familles ? Qu'elles cachent leurs misères, pour ne pas donner le mauvais exemple. Les seules plaies qu'il convient d'exhiber dans un but d'édification sont celles des milieux populaires, où poussent les « fleurs du mal » : là se recrutent les criminels. Au fond, les mentalités n'ont pas bougé depuis le XVIIe siècle.

*
* *

La découverte du tréponème pâle en 1905 par les Allemands Schaudinn et Hoffmann bouleverse la carte sociale de la maladie contagieuse, alors répandue dans tous les milieux en raison de l'instauration, dans toutes les nations d'Europe, du service militaire obligatoire qui déplace dans les villes de garnisons des centaines de milliers de conscrits, proies désignées pour les maladies sexuelles.

On n'ignore plus rien du processus de dégradation des organismes. Alfred Fournier, le grand médecin français de la vérole, a bien décrit les différents stades de la maladie et songé déjà à organiser la lutte prophylactique à l'échelle européenne. Il fait de l'hôpital Saint-Louis à Paris le centre de recherches le plus important au monde.

Fournier décape, démystifie, désillusionne. Il n'est pas vrai que la maladie atteigne les milieux du vice : les femmes mariées la reçoivent de leur époux. Sans doute les jeunes prostituées sont-elles les vecteurs les plus fréquents, mais les jeunes bourgeois se marient sans contrôle et fondent des familles d'handicapés, sans rien avouer à leur future épouse. Une prophylaxie familiale s'impose, malgré le terrible secret médical.

Que conseiller au futur époux, atteint de la maladie ? D'ajourner le mariage ? Une cure au mercure, à l'iodure de potassium suffit-elle à rendre au public la confiance dans l'avenir ? Sombres drames de conscience où s'abîment les cyniques *Morticoles* de Léon Daudet, plus heureux de dénoncer l'hypocrisie coupable des bourgeois que de se pencher sur les drames de l'amour vrai. Comment condamner un couple ?

Il faudrait pouvoir soigner. Connaître le mal et l'agent de propagation ne suffit pas. Neisser isole, dès 1879, le gonocoque, sans pouvoir encore traiter efficacement les chaudes-pisses. Schaudinn et Hoffmann conduisent Bordet et Wassermann au sérodiagnostic qui permet de développer une prophylaxie enfin efficace. Se soumettre au test, c'est enfin savoir si l'on est ou non porteur du mal.

Mais peut-on guérir ? La découverte des vertus thérapeutiques du bismuth en 1921 ouvre un nouvel espoir, vite évanoui. La vérole est une maladie qui sommeille, elle attend son heure pour tuer, comme la lèpre. La dénoncer, la repérer n'est pas la guérir. Malgré les découvreurs du microscope, elle reste un fléau social.

Du moins est-il possible de prendre d'assaut les casernes, les mairies, les écoles, les fêtes foraines, à l'aide d'un appareil de propagande qui dénonce les aspects repoussants du mal, ses couleurs dégradantes. Un immense effort d'information est consenti dans toute l'Europe dès 1900, comme une sorte de croisade. Nul ne peut ignorer les méfaits angoissants de la vérole, les déformations d'organe, les dangers pour la descendance. La vue des bébés aux visages de « petits vieux » est destinée à provoquer un choc de conscience, à répandre la peur, à culpabiliser. Les romans populaires, le théâtre lui-même, quand ses pièces ne sont pas censurées, étalent les tares et posent les drames de conscience. Mais rien de systématique n'est mis en œuvre par l'État. Les députés et les sénateurs considèrent l'alcoolisme comme un fléau plus grave.

La vérole, contrairement à la tuberculose, n'est pas un bon véhicule de propagande électorale. On peut faire des discours sur la suppression des taudis et de la misère, causes de la tuberculose, des campagnes pour l'hygiène et les distributions de lait gratuites. On peut lutter contre l'alcoolisme qui conduit à la folie et au crime.

Mais la vérole est un mauvais support : qui peut avoir avantage à imposer la dénonciation de ce que tous cherchent à cacher ? Chacun peut, par l'abstinence et la vertu, échapper au mal aisément. À quoi bon faire des lois pour contraindre les individus au respect de la morale ? Ne sont-ils pas censés trouver en eux-mêmes les moyens d'échapper au mal, avec les secours de l'école qui informe, de l'armée qui repère les malades et les soigne, de la religion qui montre la voie radieuse, éclatante, de la santé et du salut ? Les médecins seuls se soucient de prophylaxie, les pouvoirs publics ne s'en mêlent pas.

On sait pourtant que la vérole conduit à la paralysie et au délire, plus sûrement que l'alcoolisme, et Alfred Lumbroso a commenté la folie syphilitique de Maupassant et ses obsessions morbides. Fournier a décrit tous les types d'affections des enfants hérédosyphilitiques avec beaucoup de précision. De la sorte, on pénalise les anormaux, on jette le soupçon sur toutes les formes de délire, on répond d'un mot aux angoisses sociales, on fait le lit du racisme en accusant les juifs et les travailleurs immigrés de répandre le mal.

Si l'on attribue au tréponème filtrant qui saute d'une génération à l'autre des prédispositions à engendrer le génie, on en fait aussi un facteur de dégénérescence raciale, qui ne peut être évacué sans une réorganisation brutale, drastique et prétendument salvatrice de la société corrompue. Les régimes qui encadrent l'individu en le soumettant étroitement à la pression de l'État ne peuvent tolérer la moindre réserve dans l'amputation de l'anormal, du malade, du pathologique. On tranche, on écarte, on condamne, on exclut sur simple présomption. La vérole peut aller loin.

Dans les démocraties occidentales, la propagande arrachée aux pouvoirs publics par les médecins accrédite le mythe que la syphilis est partout, qu'elle conduit à la mort de 140 000 Français par an, l'équivalent des pertes de la bataille de la Marne. Pour frapper le public, on la décrit sous de tels aspects qu'elle est censée menacer l'espèce. Ceux que la guerre a épargnés vont tomber sur un autre front, celui des baisers vénéneux transmis par des femmes fatales.

Les hommes sont surtout la cible des Ligues constituées à l'initiative des médecins, de la Croix-Rouge, des offices d'hygiène. Les dames patronnesses ne reculent pas devant les manifestations d'information, à Nancy, à Lyon, à Bruxelles. Les Belges et les Anglais sont particulièrement actifs, mais aussi les Américains. En 1917, le général Pershing exigeait de Foch qu'il boucle les accès au port de Saint-Nazaire et qu'il interdise aux *doughboys* (ainsi appelait-on les GI) l'accès des bordels et des tripots. Et cependant la vérole était la maladie la plus répandue dans un corps expéditionnaire de plus de deux millions d'hommes.

Les articles de presse, les conférences de radio et même les films étaient utilisés dans les années trente pour alerter le public. Cette propagande diffusait l'image d'un cauchemar dont tous pouvaient être frappés, par un simple contact. Pendant les jours d'incubation, le malade pouvait communiquer le virus, sans savoir qu'il était lui-même touché.

On multipliait les examens dans la population à risque : les soldats, les employés du chemin de fer, les marins, les travailleurs immigrés et surtout les prostituées, désormais soumises à des visites. L'idée du barrage social destiné à « protéger les mères et les enfants » était lancée, qui considérait le malade conscient et informé comme un assassin en puissance, s'il infectait des partenaires par de nouveaux rapports. Des médecins demandaient en France l'inscription au code d'un « délit de contagion ». Le vérolé était devenu la cible majeure des politiques d'exclusion.

*
* *

151

Même sous le régime de Vichy, ce délit de contamination ne fera pas l'objet d'une législation en France, la protection du « secret médical » faisant barrage. Il est pourtant institué dans les pays totalitaires, l'Allemagne nazie et l'URSS, mais aussi dans les États puritains du Nord : Suède et Danemark. La Belgique se contente de frapper les proxénètes. Les pays latins, même fascistes, sont tous catholiques, et n'ont pas utilisé l'appareil judiciaire contre la vérole, comme si la vieille idée de punition du péché par la souffrance et de protection par le seul retour à la vertu avait toujours cours.

On est frappé du reste par l'absence du recours aux préservatifs dans les propagandes orchestrées contre la vérole par les différents offices des démocraties libérales de l'Ouest. On ne veut en aucun cas porter atteinte à la natalité.

Pour lutter contre la recrudescence de la maladie, redevenue épidémique pendant les deux guerres mondiales, on agite toujours le spectre de la paralysie générale, devenu le traumatisme d'une génération. Les plus grands écrivains de l'époque, Gide, Martin du Gard, Julien Green se font l'écho de cette panique.

On redoute la contamination en dehors des rapports sexuels. On suspecte les couverts de restaurant, les sièges de W-C, les tondeuses des coiffeurs, les roulettes des dentistes. Le moindre bouton sur les lèvres, la plus petite poussée d'adénite deviennent des signaux mortels qui répandent la panique, provoquent des consultations anonymes dans les nouveaux dispensaires gratuits partout installés, suscitent par centaines de milliers les cures discrètes au bismuth et surtout aux arsénobenzènes, considérés comme plus efficaces.

Les médecins, qui ont orchestré dans un but louable cette peur sociale, s'efforcent d'en atténuer les effets pour inciter les malades à se soigner, en présentant la maladie comme guérissable après quatre ans de « blanchiment ». Ils se gardent bien de dire que leurs moyens de repérage (le test de Bordet-Wassermann) sont imparfaits et que leur thérapeutique est impuissante. Ils ne veulent pas désespérer le public, ils veulent l'inciter à suivre jusqu'au bout une cure dont ils savent qu'elle est aléatoire. Ils redoutent plus que tout les « déserteurs de dispensaires », ceux qui, se croyant guéris et blanchis à peu de frais, ne reviennent jamais.

Les études portant sur la population française des contaminés sont encore imprécises et sans doute excessives au début du XXe siècle, mais elles avancent le chiffre énorme de quatre millions d'individus touchés en 1926. On assure que la syphilis a tué un million et demi de Français en dix ans, sans compter les colonies. Les ports, les régions industrielles, les conurbations sont les plus touchés, et l'on commence à accuser de propagation et de non-dépistage la population étrangère ou « indigène », les Africains, les Polonais, les Italiens, attirés en France par des contrats de travail conclus par des sociétés d'immigration.

Le très grand nombre d'affections déclarées indique sans doute une nouvelle attitude sociale des malades qui osent se démasquer pour se faire soigner, convaincus par la propagande officielle que le mal peut disparaître – alors qu'il n'en est rien.

Les prostituées sont naturellement la cible principale de la prophylaxie obligatoire : la législation s'est en effet renforcée depuis le décret-loi Daladier du 29 novembre 1939, qui oblige le médecin à prévenir l'autorité sanitaire, chaque fois qu'un malade se refuse à se soigner. Le traitement est alors obligatoire et l'autorité sanitaire doit délivrer un certificat médical de non-contagiosité dans les cas dangereux. Ce certificat est exigé avant le mariage par une loi de Vichy promulguée le 16 décembre 1942. Une autre loi étend le contrôle aux femmes enceintes, lors des visites prénatales. La déclaration nominale du médecin est obligatoire, si le malade refuse de se soigner. On ne va pas jusqu'au délit, mais on recourt à la dénonciation.

Les prostituées sont l'objet de la vigilance croissante de l'administration, mais les visites en maisons closes sont souvent truquées par les maîtresses et sous-maîtresses qui ne veulent pas financer les soins, et les bordels sont de moins en moins nombreux dans les villes. La rue est une concurrence redoutable, qui jette sur le pavé des clandestines de quinze ans, et parfois plus jeunes pendant la période de 1900 à 1930. La distinction établie entre filles « soumises » et « insoumises » n'implique pas une prévention efficace. Si la police établit des fiches et menace les mineures de maisons de correction, l'administration est incapable d'accueillir les jeunes malades et peut à peine les soigner.

L'hôpital de Saint-Lazare est proche de la prison et les prostituées y vivent avec résignation un honteux cauchemar. La police se lasse d'organiser des rafles de mineures « insoumises » dans les quartiers chauds de Paris, parce que la justice n'a pas les moyens, ni même la volonté de les traiter. Elles sont relâchées et aussitôt réintroduites, après une seule visite, dans le circuit clandestin par les proxénètes, à moins qu'elles ne soient recrutées, en dépit de la loi de protection des mineures, dans les maisons closes.

Mais en même temps la banalisation du mal permet de le traiter comme une rougeole, susceptible d'être « blanchie » et n'entraînant la mort que dans les cas limites. Mais peut-on guérir les hérédos? Échapper à la phase tertiaire et à la paralysie totale? Nullement. Qui pouvait empêcher Julien Green de concevoir cette maladie comme « la terreur de (sa) jeunesse » et d'imaginer « les conséquences atroces d'une contagion toujours possible, le cerveau atteint, la vie entière gâchée d'une façon honteuse »? La malédiction n'était pas levée. Elle ne le serait pas davantage dans les pays abolitionnistes où l'on supprimerait les maisons closes par puritanisme, pour que le péché trouve sa sanction naturelle, mais où l'on établissait une législation punitive contre les porteurs de germes qui gagnait les États-Unis, l'Australie et le Canada.

L'Allemagne nazie interdisait les maisons closes, mais aussi le mariage des syphilitiques sous peine de stérilisation, Les prostituées suspectes d'avoir contaminé des Allemands dans l'Europe occupée étaient passibles d'un envoi dans les camps de travail. Les clients des bordels militaires étaient astreints au port obligatoire du préservatif : des mesures radicales qui n'empêchaient pas la contamination. Pas plus que la fermeture des bordels en France par la loi Marthe Richard le 13 avril 1946.

*
* *

La pénicilline vint à bout des épidémies de vérole plus sûrement que les réglementations. L'invention géniale d'Alexander Fleming arrive sur le marché en 1945 seulement dans les pays d'Europe. Dès 1927 le professeur de bactériologie avait étudié les propriétés d'une moisissure classée dans le genre *penicillium*. Mais il n'avait aucun moyen de poursuivre les recherches chimiques permettant d'exploiter sa découverte, de concentrer et de déshydrater la pénicilline. En 1939 seulement Howard Florey et Boris Chain avaient réussi à progresser en organisant la fabrication dans le cadre de l'école d'Oxford. Le produit devait ensuite sortir en quantités industrielles des laboratoires américains et se répandre dans le monde entier à la fin de la guerre. La pénicilline devait vaincre beaucoup d'épidémies, et en particulier la grande vérole, jusque-là résistante à tous les traitements.

Si l'on disposait des moyens de guérir, il devenait inutile de punir. Le fichier sanitaire des prostituées fut supprimé en France en 1960. La vérole était traitée comme une maladie en voie de disparition, comme la petite vérole, sans toutefois qu'on eût découvert un vaccin.

Une recrudescence relative de la maladie dans les années soixante fit douter de sa disparition totale, annoncée par le service américain de santé civile à sons de trompe. On parlait d'un réservoir de malades non traités, capable de se développer en raison de l'ignorance de certains milieux sociaux résiduels, peu en rapport avec la médecine officielle. On évaluait encore à 20 millions en 1954 les cas de vérole non traités dans le monde, sans compter les pians et autres maladies proches des pays tropicaux, qui proliféraient sans contrôle.

Loin de reculer, les chiffres ont triplé trente ans plus tard et la vérole continue de courir le monde. Les études médicales se poursuivent pour tenter de traquer le tréponème dans ses derniers refuges, par exemple dans certains tissus organiques qui le mettent à l'abri de la pénicilline et lui permettent de reprendre sa carrière quand tout danger est écarté.

Ce qui rend la guérison problématique, encore incertaine, et l'éradication douteuse est l'impossibilité de cultiver le virus et de lui trouver un vaccin. On a découvert en Bosnie, dans les années cinquante une zone endémique de vérole qui a contraint l'OMS à lancer une campagne de soins intensifs. Le mal se signale à l'attention de l'Organisation mondiale périodiquement sous d'autres latitudes. La vérole reste une maladie sans autre prévention possible que le préservatif. La médecine ne peut intervenir qu'*après* la contamination. Elle poursuit donc, bien que très atténuée, sa carrière dans certaines parties du monde. Elle n'a disparu que dans les pays développés, sans qu'on ose encore fermer définitivement les dispensaires et les laboratoires.

Les chaînes de contamination sont loin d'être rompues et le développement du tourisme, ainsi que les grandes migrations de population favorisent une reprise du fléau dans des milieux mal informés sur la maladie, alors que le corps médical démobilisé a perdu le reflexe de dépistage du mal par l'examen des détails physiques qui donnent le soupçon.

Les rapports libres, la prostitution itinérante et non contrôlée, la disparition de fichiers provoquent une stagnation de l'épidémiologie. La plupart des véroles sont inconnues des porteurs et surprises seulement lors du passage d'un car pour le don du sang ou par les échantillonnages qu'organisent en France les caisses de Sécurité sociale. Les campagnes entreprises dans les années quatre-vingt par le Dr Siboulet sur les maladies sexuellement transmissibles ont à peine trouvé écho, dans les médias en dépit d'un effort intensif de propagande, avec publication de brochures spécialisées. Pourtant les chlamydia, les herpès génitaux touchent plus d'un million de malades par an aux États-Unis, sans compter les trichomonases et les candidoses. Des maladies nouvelles semblent profiter d'un vide pour se développer. A-t-on trop vite crié victoire ? Un rebondissement de la syphilis est-il possible ?

On constate non seulement la résistance de la vérole, mais le retour des chancres mous que l'on croyait disparus et des blennorragies, en raison, dit-on, de la résistance croissante aux antibiotiques. Les progrès décisifs de la lutte contre la maladie sont encore à venir : en dépit du perfectionnement des appareils d'observation, il est encore impossible de cultiver le tréponème *in vitro* et d'industrialiser des vaccins.

La prophylaxie se heurte aux barrages socioculturels qui n'ont pas disparu. L'ignorance du public est toujours la clé essentielle du succès de la « maladie trompeuse et sournoise, capable de s'embusquer pendant des années » (Quétel) et de réapparaître brusquement d'une zone d'endémie, au hasard de mouvements migratoires. Comment les victimes pourraient-elles se soigner efficacement, si elles ignorent de quel mal elles sont atteintes ? Si elles ne l'ignorent pas, les barrages psychologiques et moraux sont loin d'être abolis, parce que la propagation repose largement sur la prostitution des deux sexes, et que les recherches permettant de découvrir les chaînes de contamination n'aboutissent pas. Mais surtout parce qu'il n'existe pas de vaccin préventif. Ainsi la vérole n'est pas encore, comme la variole, une maladie historique, pas plus que la tuberculose. La pénicilline miracle n'a pas entièrement aboli la maladie retard.

Chapitre 5

Les bacilles galopants des taudis

Le choléra

Le vibrion cholérique et le bacille de la tuberculose ravagent l'Europe dès le début du XIXe siècle à la vitesse d'un cheval au galop. La progression du choléra est la plus spectaculaire : il existe depuis très longtemps sous forme endémique dans les populations des deltas du Gange et de l'Indus et porte un nom grec qui signifie «flux de bile», ce qui indique assez bien l'origine de cette affection des voies digestives. En 1917, il quitte le port de Calcutta à bord d'un vapeur, pour être presque aussitôt signalé dans les îles de la Sonde. Il gagne alors, vers l'est, l'Indochine et la Chine. C'est un vibrion voyageur.

De Ceylan, il touche les Mascareignes, débouche en Iran où il décime la population de ce pays au point que les armées russes de conquête, jusque-là tenues en respect, y pénètrent sans peine en 1821. Comme la vérole, il frappe les marins et les soldats. Les régiments du tsar sont exterminés à leur tour par le choléra, plus que par les Iraniens. En 1830, le mal est à Moscou. De là, il gagne sans peine Varsovie, capitale de la province polonaise de l'empire tsariste, puis Berlin et les ports de la Baltique. Les navires lui permettent de relâcher à Londres, avant de frapper les Calaisiens, et toute la région du nord de la France, en 1832. Il a, dès lors, les moyens de prendre Paris.

Les victimes ne sont plus des migrants, mais des ouvriers d'usines ou de fabriques, des employés, des chômeurs, ceux qui habitent les quartiers les plus pauvres et s'entassent dans les taudis insalubres, décrits à Nantes par l'enquête du Dr Guépin, un philanthrope que le malheur des ouvriers au temps de Louis-Philippe a ému. Cette installation dans les régions industrielles n'empêche pas le vibrion baladeur de poursuivre et de rattraper les armées en campagne, et d'y causer les plus grands dommages.

La maladie est mortelle. Quand elle gagne le port de Rouen, ses effets sont ravageurs. Selon G. Désert[1], les malades meurent, pour 39,6 % d'entre eux, dans les quarante-huit heures, pour 21 % dans les quatre jours, et autant encore dans les neuf jours. Les tranches d'âge les plus frappées sont les adolescents et les hommes ou femmes jeunes, de moins de trente ans. La maladie touche 5 % seulement des enfants de moins de dix ans, mais elle en emporte la moitié. Elle envoie au cimetière la quasi-totalité des plus de soixante ans. Leur organisme affaibli n'a plus les moyens de résister au vibrion tragique.

Même offensive foudroyante dans la région industrielle de Beauvais, mêmes proportions d'enfants et de vieillards atteints. Un procès-verbal de Conseil de salu-

---

1. G. Désert, *Les Archives hospitalières*, Source d'histoire économique et sociale, Caen, 1977.

brité et d'hygiène publique donne le point de vue très moral de l'administration sur la résistance à la maladie[1] : «Nous avons observé que les gens énergiques ne paraissent point aptes à contracter cette maladie aussi facilement que les gens faibles et pusillanimes.» La population laborieuse en souffre moins que les oisifs, les chômeurs, la «classe indigente». Les gens des campagnes ont moins souffert qu'à la ville. Si l'on est jeune et bon travailleur, on n'a rien à craindre du choléra, affirment les moralistes de l'administration royale.

Cet optimisme officiel est naturellement contredit par les statistiques qui indiquent la plus forte proportion de morts parmi la population des vingt-trente ans, celle des actifs. Cette manie de vouloir donner des leçons de morale, même devant le choléra, est caractéristique des classes dominantes du XIXᵉ siècle qui pensent, à la manière des puritains d'Angleterre, que la pauvreté et la maladie sont des signes évidents de la malédiction du Ciel. Ceux qui travaillent et gagnent de l'argent sont à l'abri des dix plaies d'Égypte. Ceux qui souffrent ont déjà été abandonnés par Dieu. La maladie n'est que la sanction nécessaire de leur infortune. La survie en temps d'épidémie comme l'enrichissement bourgeois sont des signes de la bienveillance divine. Dieu est avec les forts et les «énergiques».

Un rapport du préfet de l'Oise dit la vérité sur l'état des indigents en 1821, ceux-là même qui vont recevoir dix ans plus tard de plein fouet la vague du choléra : la «classe la plus pauvre de la population» est occupée à filer ou tramer la laine. Un travail malsain en raison de l'habitat : les ouvriers et ouvrières de Crèvecœur, près de Beauvais, filent à domicile «en de pauvres espaces... bas, étouffés, dépourvus, surtout dans la saison froide, d'ouvertures propres au renouvellement de

---

1. Cité par Françoise Hildesheimer, *Fléaux et société. De la grande peste au choléra*, Hachette, 1993, p. 158.

l'air. Le même réduit renferme le métier du pauvre, son lit et sa barrique d'un cidre ». Insalubre est la rue mal pavée, maculée de boue, d'eau croupissante. Fumiers, ordures dégagent un air putride. L'épidémie se propage dans un milieu bien préparé pour accueillir tous les virus. Il n'est certes pas besoin du choléra pour qu'on meure prématurément tous les hivers, à Crèvecœur.

On assigne à la maladie une cause sociale. Le mal vivre des pauvres des villes est rendu responsable de sa propagation. Suffit-il d'aérer, de nourrir, de balayer les miasmes pour être hors d'atteinte ? Le président de l'assemblée générale de Rouen semble le croire. « Il n'y a, explique-t-il, d'autre moyen de chasser la maladie contagieuse qu'en chassant la nécessité du peuple. » Il faut donner du travail aux « pauvres valides ». Quant aux invalides, ils relèvent de la simple charité. Le lien entre misère et épidémie est déjà établi, malgré leur cynisme tranquille, par les initiateurs de l'hygiénisme.

*
* *

Les analystes officiels établissent une relation directe entre la révolte et l'épidémie. Ils remarquent que les épidémies de choléra s'accompagnent, dans toute l'Europe, de troubles sociaux graves, d'émeutes et de révolutions périodiquement tous les vingt ans: 1830, 1847-48, 1871. L'épidémie de 1831 suit plutôt la révolution qu'elle ne la précède, mais elle est ponctuée de convulsions graves des milieux ouvriers urbains, furieux de voir la révolution politique de juillet 1830 annexée par un roi bourgeois et des ministres du juste milieu. Pendant l'hiver, les canuts lyonnais, ouvriers des métiers de la soie, se révoltent sur la colline de la Croix-Rousse. Ils sont, dans leurs tristes gourbis et leurs traboules insalubres, des proies toutes désignées pour l'épidémie, dont ils ont déjà souffert pendant tout l'été.

À Paris, une curieuse révolte des chiffonniers, découverte par Françoise Hildesheimer[1] jette un jour cruel sur les conditions de propagation du choléra. L'administration de la ville vient de charger, au début de 1832 une entreprise privée de nettoyer les rues des quartiers ouvriers comme des beaux arrondissements. Paris souffre d'une insuffisance de logements populaires rendue dramatique par le développement des ateliers et des boutiques.

Les quartiers ouvriers sont encombrés de pauvres et d'indigents, qui ne savent où se loger. Mais les maisons salubres « restent vides, expliquent les chiffonniers en révolte, tandis que les hôpitaux de Paris refusent des malades et que les misérables et étroites demeures des pauvres regorgent de mourants ».

L'administration prend prétexte de l'épidémie de choléra pour nettoyer elle-même les rues et réduire à la misère les chiffonniers en leur retirant « leur chétive ressource ». La police a « choisi exprès ce moment ». Pourtant « le choléra est un fléau moins cruel que le gouvernement de Louis-Philippe », affirment les révoltés. Sans doute frappe-t-il aussi les riches, mais le gros contingent des morts est fourni par les indigents, comme le reconnaît le préfet de police. Les chiffonniers ne sont pas de cet avis : « Ce n'est pas du choléra que meurent les pauvres, disent-ils, c'est de la faim ! » À leur révolte, le ministre Thiers trouvera en 1834 la réponse adaptée : ils seront massacrés par la troupe rue Transnonain, comme à Lyon les soyeux.

Les bruits les plus extravagants courent dans la foule des malades accablés. On accuse la police d'empoisonner la population des indigents pour en débarrasser

1. *Ibid.*, p. 85.

163

Paris. On surveille les enfants qui jouent dans la rue, on leur interdit d'accepter des bonbons des inconnus, on soupçonne les médecins, à la solde du préfet, de distribuer des remèdes mortels. Pourtant le général Lamarque est bien mort du choléra. Est-il aussi victime du pouvoir assassin ?

Sans doute, puisqu'il est républicain. Un vrai. Volontaire de 1792, proscrit pendant la terreur blanche, député des Landes, il avait écrasé une insurrection vendéenne pendant les Cent-Jours. Tous les républicains suivront son cortège, les « bousingots » fumeurs de pipe et barbus, et les anciens du petit tondu, derrière le cholérique.

L'enterrement devait dégénérer en émeute. Les 5 et 6 juin 1832, la troupe tira dans les rangs des rebelles. C'étaient bien les balles de la garde nationale bourgeoise, et non le choléra, qui tuaient les républicains de Belleville, de Grenelle et de Ménilmontant.

Le lien entre le choléra et la misère est évident dans la première moitié du XIXe siècle, mais, comme on vient de le voir, la maladie frappe aussi les milieux dominants. La mort du cuisinier du comte de Lobau, qui avait livré bataille à Waterloo en 1815, fait scandale en 1832. Comment peut-on cacher dans la presse l'épidémie à la population ?

Les victimes s'accumulent, à Paris comme en province, et l'Académie de médecine est obligée de prendre au sérieux un mal que l'on considérait comme réservé aux pays attardés d'Orient, comme si Paris, avec ses ruelles sales, ses détritus répandus dans les caniveaux, ses maisons sans fenêtres dans les quartiers ouvriers, son fleuve glauque et ses rivières polluées, son alimentation en eau insuffisante était un modèle d'urbanisation ! Quand cinquante-six départements furent touchés par le choléra, provoquant en un mois plus de douze mille décès, il fallut prendre le mal au sérieux. Le scepticisme se changea en panique.

Comme toujours, la Faculté était désarmée. Les autorités départementales recommandaient une meilleure hygiène, condamnaient comiquement l'alcool et le tabac. On redoutait que les cholériques ne contaminent tous les établissements, des salles d'hôpitaux aux écoles publiques. Les notables fuyaient leur résidence parisienne, comme au temps des pestes. Le roi Louis-Philippe restait avec sa famille aux Tuileries, et envoyait son fils visiter les malades.

Des incrédules eurent l'idée d'organiser un bal de la mi-Carême avec des masques représentant le choléra, comme s'il s'agissait d'un mal imaginaire. Au petit matin, les fêtards, touchés par l'épidémie, mourraient à l'Hôtel-Dieu dans les plus grandes souffrances. Heinrich Heine, alors établi en France et collaborateur du *Globe*, le journal saint-simonien, et de la très académique *Revue des Deux Mondes*, qui raconte cette lugubre histoire, assure qu'ils furent enterrés dans leurs habits de carnaval. Personne n'avait voulu prendre le risque de les changer.

Où mettre les cadavres? On les entassait sur des charrettes, parfois dans des brouettes, pour les porter plus vite en terre et limiter la contagion. Le spectacle de ces corps hideux renforçait la terreur. Il n'y avait pas assez de corbillards pour toutes les victimes, pas assez de menuisiers pour assembler les planches des cercueils. On avait renoncé aux enterrements individuels, comme aux temps de peste. On enterrait les corps en vrac, on les jetait dans les fosses communes, de jour et de nuit, dans tous les cimetières de la capitale.

Les gendarmes étaient là pour maintenir l'ordre, pour empêcher un cocher de fiacre réquisitionné, pressé de se débarrasser de son sinistre chargement, de passer avant les autres : Vite, à la chaux vive ! Plus de fossoyeurs, des forçats utilisés pour la circonstance, surveillés par la maréchaussée. L'enclos du cimetière ne suffisait pas, on enterrait en terrain vague.

Le préfet Gisquet était débordé. La population de Paris était alors mélangée, et les quartiers, sauf ceux de la périphérie, n'avaient pas toujours d'affectation sociale affirmée : les pauvres habitaient les mauvais étages des immeubles bourgeois, ils se mêlaient dans les escaliers aux propriétaires. Ainsi les notables n'étaient-ils pas à l'abri. Ils pouvaient être emportés par l'épidémie dans les quartiers du centre, fort insalubres, où la population ouvrière était nombreuse

À Belleville, tous les habitants ou presque étaient des ouvriers. On y accusait volontiers l'administration de faire répandre les germes, pour se débarrasser des misérables. Des bandes de jeunes, frappés dans leurs familles, couraient les rues pour se faire justice eux-mêmes, traquant les « empoisonneurs ». Très souvent les médecins étaient accusés les premiers, soit comme complices du crime, soit pour leur inefficacité. Les innombrables charlatans ne manquaient pas de les tourner en dérision, se moquant des saignées qu'ils proposaient encore comme remède universel. Les agressions dans les hôpitaux étaient un fait général en Europe. On en trouve des traces en Pologne, en Russie, en Autriche où la maladie aurait causé 250 000 victimes, surtout dans les capitales. Mais aussi en Allemagne. À Berlin en 1832, la mort du philosophe Hegel attire une foule immense de professeurs et d'étudiants. Il est alors le maître à penser des libéraux, de ceux qui veulent s'affranchir des préjugés luthériens de la cour, et faire craquer l'édifice prussien. À Berlin comme à Paris, on enterrait les cholériques dans des convois de nuit, les corps étaient portés sur des charrettes à la fosse commune. Hegel était mort en deux jours, terrassé par le mal. Il avait eu droit, par privilège spécial, à un convoi individuel dans un corbillard tiré par quatre chevaux, suivi de sa veuve, de ses deux enfants et de ses innombrables admirateurs.

La famille avait quitté Berlin pendant l'été pour fuir l'épidémie, comme tous les Berlinois disposant d'une maison de campagne. Le maître avait repris ses cours à l'automne, en très bonne condition. Sa fin précipitée ne pouvait être tenue secrète. Il avait été foudroyé. Il fallut, écrit sa veuve, «des combats indicibles» pour obtenir l'autorisation d'obsèques normales. La Commission du choléra avait calfeutré, selon l'usage, les portes et les fenêtres de l'appartement du philosophe pour l'enfumer et le désinfecter. Le préfet de police von Arnim qui avait signé l'autorisation d'inhumer, avait été aussitôt congédié par le gouvernement royal. Pourtant la sinistre épidémie touchait à sa fin et les Berlinois n'avaient plus peur.

Mais la cour redoutait que l'enterrement ne fût l'occasion d'une manifestation politique. De fait, les étudiants contestataires de Berlin s'étaient regroupés en cortège. Ils avaient investi le cimetière des Français pour manifester publiquement leur vénération. Hegel était pour eux celui qui apprenait à penser librement, qui plaçait au-dessus de tout l'esprit humain et la raison.

Les professeurs savaient qu'ils portaient en terre un dignitaire de la maçonnerie. Le discours de l'historien Frédéric Förster évoquait le cèdre du Liban en un lieu où ne poussaient que les chênes et les bouleaux. Le cèdre était le symbole du 22e degré du rite ancien, comme le laurier et l'étoile. Il affirmait l'appartenance de Hegel à la Grande Loge de Berlin, du rite de Royal York. «Son esprit sera notre guide», disait Förster. C'était, pour les étudiants, un appel à l'engagement politique, un signal vibrant pour tous ceux qui revendiquaient la liberté de pensée. Le roi de Prusse ne voulait pas interdire le convoi de Hegel seulement parce qu'il était mort du choléra, il redoutait surtout en lui l'inspirateur de la grande révolte libérale des universités, qui devait culminer en 1848, jusqu'à lui imposer une constitution !

Depuis la peste et le typhus, qui avait emporté Fichte dix ans plus tôt, l'Europe n'avait pas connu d'épidémie plus foudroyante. Comment accuser le pouvoir parisien, alors que le président du Conseil des ministres, Casimir Périer, devait être l'un des premiers emporté par le mal ? Les beaux quartiers bien aérés de la chaussée d'Antin, les banquiers de la Nouvelle Athènes, sur les flancs de la butte Montmartre, mouraient aussi. Les journaux s'empressaient de les citer dans leurs colonnes nécrologiques. Ainsi le peuple n'était pas seul touché. La contagion, niée par certains médecins, touchait les communautés religieuses, les casernes de gendarmes ou de militaires nombreuses dans Paris, et naturellement les bagnes et les prisons. Plus de 13 000 Parisiens devaient être victimes de cette spectaculaire épidémie.

Les quartiers insalubres, où l'air ne circulait pas, étaient, il est vrai, les plus atteints. Statistiquement, ils payaient le plus lourd tribut. Il en était de même partout en Europe, en Amérique et en Afrique. L'épidémie était mondiale. Elle s'insinuait le long de rivières dans les bourgs ruraux, même si elle était plus meurtrière dans les fortes concentrations humaines des villes. On estime à trente millions de morts au moins le bilan du choléra au cours du siècle.

Les pauvres l'attribuaient à la misère, et le mal les poussait à la révolte. Mais les violences de l'année 1847, prolongées en 1848 qui devaient provoquer en Europe une flambée de révolutions étaient dues d'abord à la faim. On avait renforcé les brigades de gendarmerie en France pour lutter contre les innombrables émeutes qui prenaient pour cibles les boulangers, meuniers et négociants, mais aussi les préfets et les médecins dans les zones cholériques.

Alors que les « épiciers janissaires » de la garde nationale prenaient quelquefois parti pour les émeutiers, ou restaient chez eux indifférents, les gendarmes tenaient avec les fantassins de la Ligne le front social, subissant eux-mêmes les effets de l'épidémie. On conduisait les canons sur les marchés pour maintenir l'ordre. La foule prenait d'assaut les péniches de grains. Des mendiants français et belges devenus agressifs pillaient les convois dans le Nord. Les émeutiers de Lille arboraient des pains au bout des bâtons. On délivrait de force les émeutiers arrêtés par les gendarmes. Les forçats évadés des bagnes répandaient la terreur. Le choléra désorganisait les barrières sociales, mais la famine était la première responsable de la révolte.

Les brigades de gendarmerie des campagnes se dévouaient pour soulager la misère des familles où personne n'osait plus soigner les malades, de crainte de la contagion. L'épidémie devait resurgir périodiquement, jusqu'à la fin du siècle. En 1884, elle faisait encore rage dans l'Ardèche. On en trouve des traces cette année-là dans le *Journal de la Gendarmerie*. La maladie s'était répandue, assurait le *Patriote de l'Ardèche*, à partir du bourg pourri de Buons. « Les cas sont foudroyants et les malades succombent après cinq, six, huit heures de souffrance. » Personne ne vient les secourir. La population en proie à la panique s'enfuit dans les bois, gagne les bourgs voisins, laissant les malades sur leur galetas. La brigade de gendarmerie est seule présente.

Elle est bientôt touchée. Un gendarme est atteint. Le brigadier Joffre se dévoue pour le soigner, il le sauve. On l'appelle aussitôt dans toutes les maisons, il passe pour une sorte de magicien, pour un guérisseur inspiré. Il se dévoue au-delà de ses forces, désinfecte les foyers, lave les malades, mais il ne peut empêcher l'épidémie de progresser. De l'Ardèche, elle gagne la vallée du Rhône, elle est bientôt signalée dans toutes les villes du Midi, jusqu'aux Basses-Alpes et au Var.

À Paris, le mal reprend brusquement en 1884. On le croyait disparu, il revient en force. Les gardes républicains sont touchés dans leur caserne. Les prisonniers meurent à la Force ou à Saint-Lazare. On ouvre un hôpital spécial au Val-de-Grâce où les médecins sont aussi impuissants qu'au début du siècle. De nouveau les Parisiens aisés fuient la capitale. C'est l'année où Waldeck-Rousseau donne le droit d'association syndicale aux ouvriers. Un grand nombre de ceux-ci est frappé du choléra, car les taudis n'ont pas disparu dans le nord et dans l'est de la capitale. Ils sont concentrés dans les quartiers ouvriers de la périphérie, dans la proche banlieue où la population se presse dans des baraques de planches, vivant en permanence dans la boue. C'est là qu'on meurt le plus.

Les médecins doivent reconnaître enfin l'extrême contagiosité du choléra. Ils n'ont pas voulu suivre le chercheur italien Pacini qui dénonçait, dès 1854, la toxicité du vibrion cholérique, bientôt appelé « bacille-virgule ». De savantes discussions contestaient son existence. L'Allemand Koch confirma sa découverte en 1883 et décrivit avec précision le *Vibrio cholerae* en forme d'arc.

Il établit que le virus s'installait dans les intestins, où il causait des dommages rapides. La diarrhée épuisait les plus résistants par sa fréquence. La soif devenait ardente, la température s'abaissait jusqu'à 32 degrés, le pouls était impalpable. Les yeux des malades étaient globuleux, leur peau cyanosée ; une sueur visqueuse inondait leur corps. Aucune médecine n'était efficace. On finit par recommander des injections d'eau salée. La Faculté de médecine était parfaitement démunie.

Les médecins s'étaient aperçus que l'absorption d'eau polluée pouvait être à l'origine du mal, car on retrouvait par analyse de nombreux vibrions dans les mares pourries des bourgs atteints. Les légumes et les fruits frais contenaient également des germes, d'où la recommandation de faire bouillir l'eau et de faire cuire tous les aliments.

La maladie se propageait par contact direct des malades ou par l'eau polluée. L'hygiène était donc une part importante de la prévention et même du traitement. Les dévoués gendarmes qui soignaient les Ardéchois faisaient d'abord le ménage. Les vibrions étaient nombreux dans les selles. L'absence de tout-à-l'égout favorisait à l'évidence la propagation du mal. Les pauvres avaient raison de dénoncer la misère de l'habitat. Elle était largement responsable de la contagion.

On pouvait la traiter en installant partout des chasses d'eau dans les W-C, en surveillant l'état des eaux, en installant des bouilloires individuelles dans les familles, partout où la pollution menaçait. On finit par découvrir un vaccin qui n'était pas entièrement fiable. Il est vrai que la maladie a pratiquement disparu au XXᵉ siècle, même si l'on a pu craindre des résurgences, comme en Turquie dans les années cinquante, en Afrique à partir de 1980, en Asie et au Pérou plus récemment. Des cas sont encore signalés aux États-Unis. Mais on ne meurt plus du choléra. La réhydratation des corps malades et les antibiotiques ont permis de combattre efficacement le bacille-virgule, plaie sociale du XIXᵉ siècle, triste maladie des taudis, comparable par ses effets et surtout par ses causes à la tuberculose.

La tuberculose

Bien qu'on parle de phtisie galopante, la tuberculose n'est pourtant pas une épidémie violente et soudaine, au même titre que la peste ou le choléra. Elle se réveille par îlots successifs dans un milieu depuis longtemps contaminé. Si elle vient de loin, ce n'est pas d'hier, puisqu'elle est déjà connue d'Hippocrate et de Galien, médecins de l'Antiquité grecque et romaine, qui en décrivent déjà les symptômes avec précision.

Elle tue généralement à long terme, après une grande phase de pâleurs, de crachotements, d'extrême fatigue et de toux exténuantes. Elle n'affecte pas que les poumons, mais aussi les glandes et les os. Galopante, elle peut emporter très vite les malades qui s'étouffent, cherchent leur souffle avant de perdre complètement l'usage de leurs voies respiratoires. Si le choléra était une maladie de corruption du système digestif, la tuberculose, elle, est un mal d'asphyxie.

Elle ne se développe jamais aussi bien, dans ses aspects respiratoires et osseux, que dans les milieux tempérés humides. Elle aime le *fog* de Londres et les brumes du Rhin, le vent froid sur la Seine et les corons du Nord. Les fumées d'usines ou de locomotives lui conviennent assez bien, car ils diminuent les capacités respiratoires. Les longs mois pluvieux de la plaine continue du nord de l'Europe, qui vient mourir en Picardie et se prolonge en Angleterre, offrent une carrière fertile à la maladie des poumons. L'humidité et le froid sont ses agents de propagation.

Elle aime qu'on se chauffe mal, et qu'on manque de bois. Les chauds et froids, les hivers glacés, les corps frissonnants à l'aube placent les futures victimes en état de moindre résistance. *The Eve of Saint Agnes* de Keats a déjà un pied froid dans la tombe quand elle chante le gel et la bise. Le *Chatterton*, héros suicidaire

172

de Vigny, tremble de froid dans sa misérable turne sans poêle. Les courants d'air violents des ruelles de Notre-Dame coupent le souffle des chiffonniers. Les grands eux-mêmes ont froid, dans les salles à hauts plafonds de Versailles. Les troncs brûlent dans la cheminée, mais à dix pas on grelotte. Les immeubles bourgeois ignorent le chauffage central. Les mieux équipés ont des poêles prussiens en faïence, qui conservent la chaleur la nuit. On prépare les lits, dans les ménages bourgeois, par des bassinoires, des briques, des bouillottes.

Les cochers de fiacre se réchauffent de l'intérieur, en buvant. Jamais la vogue des cafés et estaminets n'a été plus forte qu'au XIXᵉ siècle, quand l'eau-de-vie empêche les croquants de craquer de froid. Le froid justifie la consommation d'alcool, la recommande même. On boit du rhum contre la grippe et du vin chaud à la can-nelle pour traiter les fièvres. On lutte aussi de l'exté-rieur, en s'emmitouflant dans des hardes laineuses, les riches dans des fourrures. Les dames huppées ont des bouillottes dans leurs manchons, quand elles prennent place dans les fiacres glacés.

Le froid, la nuit. Elle tombe vite l'hiver, à Londres, Amsterdam, Berlin ou Paris. Le temps est sombre de jour, obscurci de nuages bas qui cachent le grouille-ment des villes «comme un couvercle», dit Baudelaire. Le crachin est le pire, car il ne cesse pas. Les vents d'ouest sont accablants, froids et pénétrants. Ils obli-gent les Bretons à encastrer leurs villages dans des trous, à construire des maisons sans fenêtres, pour mieux résister à la bise, un habitat à l'abri des vents, sans air, mais aussi sans lumière.

On craint la bise qui souffle, fait fumer le bois dans l'âtre, rend l'air irrespirable. On redoute les fenêtres pas toujours vitrées, fermées de papiers huileux qui laissent passer le vent dans les interstices, qui provoquent les insinuants courants d'air redoutés des malades. Pour s'en garder, on dort dans des lits cages, des lits à baldaquins. À Paris, l'impôt d'État sur les portes et fenêtres encourage les propriétaires économes à réduire le plus possible les ouvertures. Seuls les riches ont de hautes baies vitrées, les pauvres ont des ouvertures si petites qu'elles ressemblent à des meurtrières. Beaucoup couchent à plusieurs dans les réduits obscurs, les chambres sous les toits où l'on gèle l'hiver, où l'on étouffe l'été.

Les compagnons venus de province sont hébergés par les tâcherons qui sont en même temps marchands de vin. Ils retiennent les frais de logement sur la solde des ouvriers, qui couchent à dix ou à quinze dans une salle sans air et sans fenêtres. Beaucoup y perdent leur santé, d'autant qu'ils sont obligés de boire le vin du maître, retenu sur leur solde. Il faut attendre la fin du XIXᵉ siècle pour que les syndicats fassent campagne contre l'alcoolisme, l'arme favorite des modernes marchands d'esclaves.

L'obscurité, le manque d'air sont les auxiliaires de la tuberculose. Les lieux confinés, jamais aérés, répandent les germes de la maladie et les retiennent. Les médecins calculent que ces germes peuvent survivre longtemps après la mort du malade, et contaminer ceux qui lui succèdent sur son grabat. Le soleil fournit à l'organisme du calcium, combat le rachitisme, éloigne la tuberculose osseuse. Les majors de l'armée, dans les années 1830, sont frappés aux conseils de révision par le mauvais état des conscrits des régions industrielles, plus petits et faibles que les autres, présentant des squelettes déformés, offrant une maigreur anormale. La civilisation industrielle, en parquant les ouvriers dans des taudis sans air et sans lumière, les prédispose à la tuberculose.

Ainsi la concentration des habitants en un espace urbain trop réduit crée les conditions de propagation rapide, incoercible, d'une maladie tard reconnue

174

comme contagieuse et qui passe brusquement du stade endémique à des formes épidémiques.

*
* *

Identifiée dès l'Antiquité, la tuberculose est connue depuis longtemps en Amérique latine, dans l'Asie du Sud-Est, en Afrique du Nord, en Afrique noire, en Sibérie, en Irlande, au Canada, dans le monde entier. La maladie avait été étudiée par Frascator dans le groupe des infections contagieuses. Le médecin italien avait été le premier à soupçonner qu'elle n'était pas seulement héréditaire, mais qu'elle pouvait être transmise par contact direct entre les patients.

Il décrivait la phtisie, forme aiguë de tuberculose, expliquait avec une remarquable prescience que des molécules des germes pouvaient être en activité deux ans après la mort d'un malade, et se transmettre par les vêtements, le linge de lit, l'environnement immédiat de la victime. Il en tirait aussitôt des conclusions : «Ces germes, écrivait-il, ont une correspondance incroyable ou une affinité élective pour la substance pulmonaire, puisqu'ils la contaminent à l'exclusion de toute autre partie du corps.»

La description clinique précise manquait aux médecins des temps modernes, qui laissaient mourir à Paris au XVIe siècle les rois Valois sans pouvoir les soigner. L'instrumentation de René Laennec devait offrir au médecin, trois siècles plus tard, ses premières armes. Inventeur de l'auscultation, Laennec pratiquait depuis 1819 le repérage à l'oreille, grâce au stéthoscope. Il distinguait ainsi une pleurésie d'une simple bronchite ou d'une pneumonie. Il était en mesure de décrire toutes les phases de la tuberculose pulmonaire, des premières lésions jusqu'à la découverte des cavernes dans les poumons. On lui doit l'usage généralisé de la percussion du thorax, pour l'établissement du diagnostic. Avant la radiologie, le progrès était décisif. Cette voie était nouvelle, et l'on pouvait analyser avec assez de précision le cheminement du mal dans l'organisme. Pourtant Laennec s'obstinait à penser que la tuberculose n'était pas transmissible, il la croyait seulement héréditaire. Elle était due, disait-il, à une « passion triste ». Il n'avait aucune idée thérapeutique. Lui-même atteint de la terrible maladie, il fit quérir dans sa Bretagne natale des tombereaux de varech dont il tapissait sa chambre.

Le *Grand Larousse* du XIXe siècle, publié autour de 1870, à l'article « phtisie », ne faisait toujours pas état de la transmission par contagion, bien qu'il connût les travaux de Villemin, ce médecin militaire de l'hôpital du Val-de-Grâce, qui avait démontré que la tuberculose était transmissible par injection de sécrétions d'un animal à l'autre en 1865. Mais cette découverte était alors combattue avec obstination et même acharnement par la partie la plus académique du corps médical.

La maigreur extrême, la « consomption » lente étaient alors les symptômes de la phtisie pulmonaire caractérisée par la présence de tubercules (d'où le nom de tuberculose) dans le parenchyme des poumons. Un quart de la mortalité parisienne ou londonienne, au temps de Laennec, lui revenait de droit. Il était difficile de penser qu'elle n'était pas transmissible.

Les symptômes cliniques étaient connus : d'abord des granulations de la taille d'un grain de millet, criblant, farcissant le poumon. Un point jaune se forme bientôt, au centre du tubercule, dans un temps très variable. En se ramollissant, il forme une « bouillie jaunâtre, puriforme » qui perfore les « tuyaux bronchiques environnants ». À la place du tubercule ainsi liquéfié s'agrandit une caverne, pendant que le malade, selon l'expression populaire de l'époque, «crache ses poumons». Les cavernes peuvent être de la taille d'une noisette, et s'agrandir ensuite pour devenir aussi grosses que le poing. Les parois sont molles, l'intérieur garni de filaments et d'autres débris. Si le malade survit, les parois des cavernes se durcissent, deviennent grises. Elles sont plus nombreuses au sommet qu'à la base des poumons.

La tuberculose emporte de préférence des sujets jeunes, âgés de vingt à trente ans, et par prédilection les femmes. Elles contractent rhume sur rhume, leur visage pâlit, les pommettes au contraire rosissent. L'air humide et froid des taudis et des ateliers mal aérés et chauffés sont la cause principale de la propagation du mal, avec la mauvaise alimentation, ainsi, précise le *Grand Larousse*, que la masturbation. Dans l'armée, les musiciens sont plus touchés que les autres, on ne sait pourquoi. On constate, certes, que les femmes des malades meurent aussi, mais loin d'incriminer la contagion, on dénonce mollement «le chagrin, la fatigue extrême, les refroidissements et surtout les privations».

La maladie se déclare par une toux caractéristique, sèche et répétitive, tous les soirs. La langueur, l'essoufflement, l'amaigrissement apparaissent ensuite, ainsi que les sueurs nocturnes et les douleurs sourdes dans le thorax. Dans les cas de phtisie galopante, on passe très vite à la deuxième période des toux grasses et des crachements de sang. Les râles humides sont détectables au stéthoscope. Le souffle caverneux caractéristique ne peut tromper l'oreille du praticien : c'est la « pectoriloquie » de Laennec : à ausculter le malade qui parle, il lui semble «que le son résonne directement dans l'oreille, sans l'obstacle du tympan». Quand les cavernes sont vastes, on entend «le bruit du pot fêlé». La mort peut alors survenir sans préavis, en quelques semaines.

Selon Laennec, aucun médicament ne peut combattre la phtisie pulmonaire. On ne peut la prévenir « qu'en donnant une bonne direction à l'activité physique, morale et intellectuelle » : une hygiène et une éthique. Toutes les drogues de la pharmacie ordinaire essayées sur les malades sont restées sans effet, y compris l'huile de foie de morue que l'on fait prendre aux enfants.

On recommande, faute de thérapeutique adaptée, les eaux sulfureuses, d'Amélie-les-Bains aux Eaux-Bonnes, à Cauteret, sans trop y croire. On conseille aux malades fortunés de quitter les frimas pour s'installer à Venise ou à Nice où les lords anglais soignent au casino de Monte-Carlo voisin ce qu'ils appellent pudiquement leur « emphysème ». D'autres résident dans de superbes villas égyptiennes ou algériennes. Les îles de Madère, pourtant très humides, sont bizarrement recherchées.

On connaît aussi des tuberculoses des chevaux, des bovins et des moutons, dont on n'imagine pas encore qu'elles peuvent résulter de la contagion épidémique. Les ateliers, les écoles, les lieux publics, les prisons, les hôpitaux eux-mêmes sont autant de foyers de contamination. Tous les membres d'une famille peuvent succomber successivement à la maladie, les habitants d'un immeuble, les travailleurs du verre, par exemple, qui soufflent dans les mêmes tubes. Il est miraculeux qu'ils soient épargnés.

Dans la mesure où la contagiosité n'est pas admise, le tuberculeux n'est pas isolé de la société. Il peut mourir dans les quartiers insalubres, sans que son mal soit distingué de la masse des différents fléaux engendrés par la misère, au premier rang desquels l'alcoolisme. Il va de soi que les pauvres sont à la fois tarés et tuberculeux. Ainsi va le monde et la bourgeoise ne fait qu'étendre le devoir habituel de charité à des malades plus menacés que les autres, même s'il meurt jusqu'à cent mille tuberculeux par an en France, à la fin du XIXe siècle.

En 1865 enfin, l'Académie de médecine reprend les résultats des travaux de Villemin et décide d'admettre « que la tuberculose est une affection spécifique dont la cause réside dans un agent inoculable. » Un tuberculeux peut donc contaminer ses voisins par des gouttelettes salivaires projetées au cours des crises de toux, par des crachats desséchés, du pus, des poussières où le bacille s'est caché. Par simple voie respiratoire, mais aussi par la voie digestive, le bacille de la tuberculose passe d'une personne à l'autre. Il est donc bien responsable des épidémies.

L'Allemand Robert Koch l'isole et le décrit en 1882. Toutes les formes connues de tuberculose sont propres à ce bacille qui circule dans l'organisme. La malédiction romantique du mal s'évanouit. On sait désormais de quoi est morte Marguerite Gautier, l'héroïne du roman d'Alexandre Dumas fils, *La Dame aux camélias*. Une histoire sulfureuse : la courtisane est sauvée par l'amour d'Armand Duval, un jeune bourgeois. Le père obtient de Marguerite qu'elle lui rende son fils. Il est repris par son milieu, et elle meurt de langueur. La morale est sauve : la séductrice est punie par un mal courant dans son univers de débauche. Armand Duval a eu la chance insigne d'échapper à la mort. Pourquoi n'aurait-il pas été indemne dans le roman, puisque son auteur, Alexandre Dumas, ignorait à son époque le bacille de Koch ? Que Marguerite, sauvée par Duval, puis abandonnée de sa propre volonté, ait finalement succombé fera pleurer Margot : elle n'est pas morte de tuberculose, mais bien d'amour.

Les héroïnes romantiques ne sont pas frappées de tuberculose par punition. La maladie les rend pallides, avive leur regard, elles sont belles, non comme des fleurs vénéneuses, mais comme des roses qui se fanent

179

prématurément. Les victimes sont assez jeunes, trop jeunes pour mourir : l'amie de Chateaubriand, Mme de Beaumont, meurt à vingt-cinq ans. Elvire, le modèle poétique de Lamartine, mourra a trente ans, comme Clotilde de Vaux, à qui Auguste Comte voue un amour fou. Alfred de Musset, l'amant de George Sand, n'a pas d'autre raison de partir pour « Venise la rouge », sinon de soigner sa phtisie. Il en meurt à quarante-sept ans, vieilli et usé par le bacille et l'alcool. Chopin disparaît à trente-neuf ans. Le musicien polonais, comme le poète romantique, a traîné son mal à travers l'Europe pendant au moins dix ans, sans pouvoir lui trouver remède. Il avait passé avec George Sand l'hiver de 1838 à Majorque, espérant la guérison de la douceur du climat. L'humidité de Nohant, le château de sa maîtresse où il multipliait les séjours, accroissait ses fièvres. Il mourut de consomption après un voyage dans les brumes anglaises qui devait l'achever.

Balzac, Zola avaient une vision différente de la tuberculose, la maladie emblématique de leur siècle. L'auteur de *La Comédie humaine* restait fidèle au sortilège romantique d'un mal qui frappait les belles dames languides et les éphèbes du beau monde : Raphaël avait, à la veille de sa mort, dans *La Peau de chagrin*, « la grâce efféminée et les bizarreries particulières aux malades riches… Ses mains, semblables à celles d'une jolie femme, avaient une blancheur molle et délicate ». Une maladie aristocratique, qui n'impliquait aucune malédiction, et dévastait le beau monde avec délicatesse, sans déformer les traits ni les corps, en leur conférant une grâce spéciale.

Pour Zola, la tuberculose était au contraire un fléau social d'une brutalité inouïe, qui abattait par dizaines de milliers les pauvres comme l'alcoolisme et la syphilis. Elle tuait dans les corons du Nord, dans la noire fumée des usines, dans les taudis de banlieue. Mal hideux dont il faisait ressortir les sécrétions, les purulences, les glaires sanguinolentes. Il savait qu'il était contagieux, et donc susceptible d'entraîner dans une mort ignoble des millions d'innocents. Un mal qui dénonçait la société criminelle.

*
* *

Le bacille prospère sur les galetas des dortoirs aménagés dans les caves et les greniers par les marchands de vin – tâcherons, qui recueillent de jeunes ouvriers des campagnes pour en faire des alcooliques soumis à tous les dangers physiques dans les ateliers insalubres où ils les placent.

La sous-alimentation des pauvres est, il est vrai, la cause principale des carences qui entraînent les progrès rapides de la maladie. Les repas à base de céréales ou de pommes de terre, sans légumes frais, accompagnés de tranches de lard étiques sont trop souvent la règle au XIXᵉ siècle Les médecins recommandent aux tuberculeux la suralimentation, ils interdisent l'alcool et le tabac. Comment leurs prescriptions pourraient-elles être suivies dans les taudis qui souffrent encore des disettes et des fins de mois sans argent ? Même si la consommation du pain diminue de façon régulière au XIXᵉ siècle, elle est remplacée par celle des pommes de terre, d'une moindre valeur nutritive.

La promiscuité des galetas sans air et sans lumière est la cause principale de la diffusion de l'épidémie. Pendant les hivers froids et humides, dans les grandes régions industrielles du nord-ouest de l'Europe, sa recrudescence est régulière. L'absence de chauffage en est la cause, ou l'insalubrité des logements. Ceux du Nord-Pas-de-Calais battent, selon Pierre Pierrard[1], tous

_____

1. Pierre Pierrard, *La Vie quotidienne dans le Nord au XIXᵉ siècle*, Paris, Hachette, 1976 (voir les chapitres IV et VI).

les records. Dans certaines villes, les familles s'entassent dans des caves humides. Amiens, dit Jules Simon, fait « honte à l'humanité ». Les caves d'Arras, taillées dans le calcaire, abritent les ouvriers du textile. À Saint-Omer, des familles de six enfants s'y entassent. Les pires taudis sont à Lille, où les travailleurs se logent n'importe où dans les quartiers de Saint-Sauveur et de Saint-Maurice.

Les corons construits par les compagnies minières sont enviés par les ouvriers lillois qui habitent la *Cour à l'Eau*, visitée par Victor Hugo, stupéfait de tant de misère. Une enfant de six ans agonise devant lui sans qu'on ait les moyens de la sauver. L'étroit ensemble de logements sordides débouche sur une rue sans égouts. Les habitants ne disposent pas de dix mètres cubes de cubage d'air, alors qu'il en faut au moins trente pour simplement survivre.

La tuberculose ne peut que faire des ravages dans des logements aussi misérables. Dans les quartiers ouvriers de Lille les familles ne disposent que d'une seule chambre pourvue dans les meilleurs cas d'une fenêtre à guillotine. Les latrines sont communes à plusieurs ménages, l'eau vient d'un puits. Pas de tout-à-l'égout. Des dizaines de rues semblables accueillent les immigrants belges attirés dans la deuxième moitié du XIXe siècle par le développement des usines qui crachent la suie de leurs cheminées sur les quartiers noirs.

Dans les « courées » de Roubaix, les maisons de briques abritent au moins un tiers des ménages : des ghettos insalubres à l'ensoleillement inexistant où les épidémies pullulent, la tuberculose comme la typhoïde et le choléra. Encore les tisserands à main placent-ils la machine qu'ils ont achetée sur leurs gages au centre de la pièce qu'ils habitent. Les corons miniers sont mieux conçus, mais l'entassement des familles y est tel que près de vingt personnes de plusieurs générations couchent ensemble dans les chambres. La promiscuité y favorise la contamination.

À la campagne, les tisserands de villages vivent dans des caves où les enfants travaillent avec leurs parents dès leur plus jeune âge. On y perd la santé dans la fumée des lampes allumées tout l'hiver, dans l'humidité moite des lieux où l'on travaille jusqu'à dix-huit heures par jour. Les serruriers de Vimeu habitent des maisons de torchis, les lingères de Lille couchent sur des paillasses et ne disposent que d'une seule couverture. Encore doivent-elles engager leurs vêtements chauds au Mont-de-Piété pour assurer la nourriture des enfants.

Les travailleuses en usine ne sont pas mieux loties : elles se lèvent à quatre heures du matin et gagnent la fabrique dans le froid glacé, pour filer debout dans des salles surchauffées, torrides. Les pieds dans l'eau, elles respirent les vapeurs blêmes en surveillant les broches à filer. Quand elles sortent, le soir tard, le froid de la nuit les saisit. Beaucoup meurent très jeunes de tuberculose.

Les 20 000 enfants travaillant en 1875 dans les trois départements du Nord soixante-douze heures par semaine présentent des symptômes de rachitisme et de sous-alimentation. Les centaines de milliers de mineurs travaillent dans les conditions les plus dures et respirent à longueur de journée la poussière du charbon, qui se dépose aussi sur les vitres des corons. Quant ils échappent au grisou, ils accumulent les bronchites, les gales, les silicoses. La promiscuité sur les lieux de travail répand la tuberculose. Leurs pieds glissent sur un sol jonché de crachats et la contamination va son train.

Les ménages se soignent mal et disposent d'une assistance médicale trop réduite. On compte au moins 5 000 tuberculeux dans la seule enceinte de Lille, probablement beaucoup plus, mais la maladie se cache depuis qu'on la sait contagieuse. Les 35 000 indigents de la cité sont les premiers frappés. Ils ne survivent que par les «fourneaux économiques» et les asiles de nuit, organisés par les œuvres de charité. Le seul département du Nord ne compte pas moins de 200 000 pauvres en 1890, secourus en permanence, mais avec parcimonie. Comment s'étonner que la mortalité atteigne le taux effarant de 32,3 pour 1 000?

La situation était pire en Angleterre, où les villes avaient grandi à un rythme accéléré au XIXᵉ siècle. La tuberculose y faisait déjà des ravages au XVIIIᵉ siècle, mais Birmingham était passée, en cent ans, de 70 000 à 700 000 habitants. Les aciéries et les fabriques techniques engageaient les ouvriers par milliers. Leeds, la ville de la laine, avait décuplé. Les nouveaux venus louaient très cher leur hébergement dans des taudis parfaitement invivables où s'entassaient des groupes de dix à quinze âmes par pièce. Dès six ans, les enfants travaillaient aux machines, sans limitation d'horaires. La tuberculose ne pouvait rêver d'un terrain de développement plus favorable.

Cette armée prolétarienne présente de tels symptômes d'abandon social, de misère absolue, de pauvreté chronique que la maladie se fond dans la misère globale, se banalise au point d'apparaître, au pays du grisou, comme un mal parmi d'autres. En 1850 déjà est votée une loi sur l'assainissement des logements insalubres. Un Conseil de salubrité est mis en place. Il n'est pas plus efficace que les inspections du travail. Il rédige des instructions qui ne sont pas suivies, faute de contrôles. L'hygiène ne peut rester qu'un vœu pieux dans les contrées roubaisiennes. Il faudra beaucoup de temps avant que le bacille de Koch ne trouve plus un terrain privilégié dans les sites industriels de France, d'Allemagne, de Belgique et d'Angleterre.

*
* *

Les progrès de la science et de l'esprit public sont lents. Si l'on connaît l'existence du bacille, si l'on mesure les risques de la contagion sociale, la médecine ne dispose en revanche d'aucun moyen pour combattre le mal, même de façon préventive. Il faut attendre, dans les années 1920, les applications pratiques des découvertes de la radiologie pour soumettre des centaines de milliers d'hommes et de femmes aux rayons détecteurs, et dresser une carte épidémiologique convenable.

La loi de 1902 sur l'hygiène publique permet à l'administration d'ouvrir quelques bureaux qui ne mènent aucune action prophylactique efficace. À l'Académie de médecine, dix ans plus tard, cette administration est décrite «comme une façade derrière laquelle il n'y a rien». La tuberculose cause un décès civil sur dix en France pendant la Première Guerre mondiale. Il faut que la Fondation Rockefeller installe sur le terrain des instruments de lutte pour que la prévention commence à porter quelques fruits.

Pourtant les découvertes de Pasteur et de Koch ont provoqué une évolution rapide des mentalités. Si l'air et l'eau véhiculent microbes, bactéries et virus, le tout-à-l'égout et l'eau courante doivent pénétrer partout. L'hygiène est réellement le moyen de contrer les épidémies. Dans la guerre déclarée aux virus, elle doit être au centre du dispositif médical. Il n'y avait en France, en 1892, que 127 000 familles disposant de l'eau potable, un peu plus du tout-à-l'égout. Il faudra au moins cinquante ans pour équiper toutes les communes, mais le mouvement est lancé.

Les ingénieurs et les professeurs ou instituteurs rejoignent les médecins dans la bataille pour l'hygiène. Les syndicalistes, les hommes politiques commencent leur action contre le travail des enfants, le surmenage à l'usine, les mauvaises conditions de travail. Les instituteurs reçoivent comme directives de veiller à la propreté des élèves, à inspecter chaque matin les mains, la tête, le linge de corps. En 1900, on rend obligatoire pour les pensionnaires des lycées et collèges le bain de pieds chaud. Des douches sont installées partout dans les villes.

En 1908, 10 % seulement des logements disposent de W-C et 50 % encore en 1950. Pourtant les statistiques affirment que les nouveaux logements ouvriers construits dans les maisons de briques des boulevards des Maréchaux protègent la population contre les épidémies et diminuent sa mortalité, en raison de leur équipement en baignoires, douches, et cabinets d'aisance. Le prolétaire de Ménilmontant ou d'Aubervilliers habitant ces ensembles jouit ainsi d'un confort convenable, en tout cas très supérieur à celui du bistrotier de la rue des Martyrs ou de l'épicier de la rue Gît-le-Cœur. C'est une révolution.

On s'était aperçu que le soleil avait des vertus «germicides» et que l'ouverture des logements à l'air et au soleil pouvait être, en soi, une thérapeutique. Dès avant 1900, le sport et les jeux sportifs étaient à la mode dans la jeunesse. La natation, le canotage, la bicyclette, le ski, le tennis étaient pratiqués, les uns par l'élite, les autres par le peuple, et recevaient le plein agrément des hygiénistes. Les femmes ont participé au mouvement : les Jeux olympiques de 1900 leur ont ouvert les courts de tennis.

Les enfants étaient contraints par la loi sur la scolarité obligatoire de 1880 de fréquenter l'école jusqu'à quatorze ans, retirés aux ateliers surchauffées ou glacés, habitués à l'hygiène élémentaire. La mortalité par tuberculose devait régresser avec le développement de l'hygiène et des conditions de vie, quand on aurait rasé les taudis de Roubaix et de Lille pour construire des casernes de briques à bon marché, uniformes et massives, mais chauffées et aérées. Le développement des dispensaires et les visites médicales à l'école, à l'armée, dans les entreprises, devaient permettre une lutte efficace contre l'épidémie de tuberculose industrielle.

Car cette maladie avait fait plus de victimes que le choléra, même si elle laissait pour mourir un délai inégal et parfois long. Les maladies existent à l'état endémique quand elles sont spéciales à une région, et qu'elles s'y maintiennent indéfiniment. Mais les endémies infectieuses, comme la tuberculose, peuvent se répandre loin de leur zone d'origine, par poussées épidémiques et créer de nouvelles zones endémiques, faute de soins efficaces.

La première vague, d'allure épidémique, avait frappé dans l'Europe du Nord-Ouest d'abord les jeunes et surtout les jeunes femmes. Les ouvrières de Lille ou de Leeds n'y avaient pas résisté, leur organisme accablé par les travaux durs dans la vapeur brûlante avait été tout de suite réceptif à la contagion en milieu fermé. La tuberculose était, dans ces régions industrielles, devenue endémique et elle avait gagné toutes les classes sociales et jusqu'aux campagnes. Mais elle avait commencé, au début du XXe siècle, à régresser grâce aux progrès du repérage, de l'hygiène, de la prévention.

L'après-guerre de 1918 avait lancé l'hygiénisme sur une grande échelle. À la fin du XIXe siècle déjà, le ministre de l'Instruction publique Jules Ferry, le ministre du Travail Alexandre Millerand (un ministère créé par Waldeck-Rousseau en 1899 au profit de l'ancien socialiste) s'étaient déjà efforcés d'asseoir l'hygiène à l'école et dans les fabriques et ateliers.

À partir de 1920, une nouvelle étape était franchie. Une sorte d'unanimité s'était imposée petit à petit dans le milieu politique pour modifier en priorité le cadre de vie des ouvriers, considéré comme responsable de la mortalité par tuberculose. « L'une des premières tâches qui nous sollicitent, dit Poincaré à la chambre en 1928, est celle de résoudre non seulement le problème capital des habitations à bon marché, mais en général, aussi bien à la campagne qu'à la ville, le problème plus vaste et non moins urgent du logement hygiénique, sain, clair, aéré, et accessible à ceux qui ne disposent que de ressources moyennes. »

Loucheur devait ainsi construire 260 000 pavillons individuels, contre les communistes qui exigeaient un million de logements dans les blocs des banlieues. Ils les obtinrent par la suite. Que l'opposition des « pavillonnaires » de la loi Loucheur aux militants des grands ensembles de Sellier ou de Doriot fût aussi politique n'empêcha pas cette rivalité d'aboutir à un renouvellement en profondeur de l'habitat urbain, qui, luttant contre les taudis, fit indiscutablement régresser la tuberculose.

*
* *

Mais la médecine ? Elle ne disposait encore que de moyens préventifs, et non curatifs : pendant la Seconde Guerre mondiale, la maladie effectua un nouveau bond en avant, incoercible. L'influence des régimes alimentaires et des conditions de vie fut la cause manifeste du sinistre regain de la tuberculose.

Les Parisiens victimes de l'épidémie n'avaient aucun moyen de s'en préserver. Les logements n'étaient plus chauffés. Les habitations à bon marché (HBM) de la périphérie n'avaient plus d'eau chaude dans leurs salles de bains toutes neuves. Les poêles à sciure, les feux de carton dans les cheminées ne remplaçaient pas le charbon, inexistant sur les marchés. L'alimentation des enfants n'était plus assurée à un niveau calorique convenable malgré la distribution par le «Secours national» du régime du maréchal Pétain, de biscuits vitaminés dans les lycées et collèges. L'huile, le beurre avaient disparu des cuisines, la viande était rare et chère, le lait réservé aux plus jeunes.

Le sursaut ravageur de la tuberculose était bien la preuve que le bacille profitait de la moindre résistance des organismes fatigués pour se propager. Les dispensaires étaient envahis, les médecins submergés. Ils ne pouvaient songer qu'au dépistage, n'ayant encore aucun moyen efficace de lutter contre le mal.

La radiologie des poumons avait été rendue possible depuis la découverte des rayons X par Röntgen en 1895. Elle permettait de mettre en évidence les lésions, les cavernes décrites par Laennec, mais que les médecins du XIXe siècle ne pouvaient observer que par dissection, après la mort des victimes. L'affinage progressif des instruments d'observation permettait la description de plus en plus exacte de l'évolution de la maladie. Les médecins prenaient l'habitude de se réunir en congrès internationaux pour partager les informations sur les avancées de la recherche. La lutte contre la maladie bénéficiait d'un instrument enfin efficace, qui permettait la prévention et le dépistage. Dès les années vingt, les écoliers, les lycéens, les ouvriers des usines, les conscrits à leur incorporation étaient soumis à des examens radiologiques.

La pathologie de la tuberculose pouvait recevoir, en théorie, des solutions chirurgicales. L'Italien Forlanini, professeur à Turin et à Pavie, titulaire d'une chaire de clinique médicale en 1900, avait déjà montré que l'on pouvait utiliser le «pneumothorax» pour soigner les malades graves. On introduisait de l'air, de l'oxygène, de l'azote dans la cavité pleurale, entre les deux feuillets de la plèvre, à l'aide d'une aiguille.

Cette méthode permettait au poumon de se reposer, elle pouvait s'appliquer aux deux poumons et même se compliquer d'une intervention extra-pleurale entre le feuillet de la plèvre et la paroi thoracique. Dans les cas les plus graves, les chirurgiens pratiquaient l'ablation d'un poumon ou « pneumonectomie » dans les cas où le malade disposait encore d'un poumon sain. La radiologie permettait au praticien d'opérer dans des conditions de repérage satisfaisantes.

Le suivi du malade imposait son isolement dans des centres de cure spécialement aménagés au grand air de la montagne, les sanatoriums. Outre une cure d'hygiène et de diététique, ces établissements assuraient la surveillance médicale des patients traités par la chirurgie encore aléatoire des pneumothorax.

Pour les tuberculoses osseuses, ganglionnaires, cutanées, les sites marins étaient privilégiés. Les formes pulmonaires étaient traités dans *La Montagne magique*, où Thomas Mann entendait « siffler les pneumothorax ». Les administrations d'assistance et l'État étaient responsables de ces établissements, depuis la loi Honnorat de 1917. À Passy, en Haute-Savoie, plusieurs lignes de sanatoriums s'étalaient au flanc ensoleillé du Brévent; à Praz, à Saint-Hilaire-du-Touvet, des usines de soins accueillaient les « tubards » soignés dans les meilleures conditions. Les stations d'Hyères et d'Arcachon traitaient les tuberculoses non pulmonaires.

Les résultats étaient loin d'être garantis et l'on mourait encore de tuberculose. Les malades, groupés dans les lieux de cure, ne pouvaient manquer de ressentir les effets psychologiques de leur différence sociale. Ils n'étaient pas, comme les lépreux, condamnés à la relégation et pouvaient espérer un retour à la vie normale, dans leur foyer. Mais rien ne les garantissait contre les dangers de contagion.

Le traitement de la maladie pouvait en effet subir des accidents de parcours, des rechutes, des reprises d'infection, et le bacille, en dépit des soins, pouvait encore proliférer. Ainsi les « tubards » s'installaient-ils dans une psychologie de marginaux, quand ils n'avaient pas l'énergie de remonter la pente et de livrer bataille à leur ennemi intérieur. Ils se reconnaissaient entre eux et s'entraidaient, une fois de retour dans la vie courante, comme s'ils avaient ensemble participé à une guerre, échappé à force d'énergie ou par un heureux hasard à la mort programmée.

L'après-guerre avait à ce point rempli les sanatoriums, avec le retour des déportés et prisonniers que les montagnes regorgeaient d'établissements nouveaux, où les méthodes de cure se perfectionnaient. Mais le recours à la chirurgie restait indispensable. Le bacille ne pouvait être attaqué de front. On ne pouvait que limiter son champ d'action, par les moyens les plus brutaux.

Si l'on avait recours à la chirurgie, c'est que la médecine restait impuissante. Le retour au quotidien, à l'alimentation équilibrée réduisaient peu à peu les dangers de contamination, mais les visites médicales régulières attestaient, à la fin des années quarante, que l'enfance et la jeunesse n'étaient pas à l'abri d'un retour en force du bacille.

*
* *

La vaccination était-elle efficace ? Le vaccin bilié de Calmette et Guérin (BCG) était le résultat de multiples tentatives d'inoculation, poursuivies depuis 1886, de la tuberculose des bovins sur l'homme. On appliquait au bacille de Koch la méthode qui avait si bien réussi avec la variole. De 1906 à 1923, Calmette et Guérin s'acharnèrent dans leur laboratoire, cultivant sous cloches les bacilles avec l'assurance d'avoir réussi l'élevage d'un exemplaire particulièrement inoffensif et néanmoins efficace. La fixation de la tuberculose des bovins était rendue possible par l'intermédiaire de la bile du foie.

Le bacille restait antigénique, mais cessait d'être pathogène. Pour avoir une portée mondiale, la découverte devait être connue de toutes les nations. Elle fut portée devant le comité d'hygiène de la Société des nations en 1928, reconnue valable et sans effets fâcheux. Les Soviétiques, pour éloigner de leur pays un mal qui avait accumulé les victimes depuis les héros faméliques des romans de Dostoïevski jusqu'aux morts innombrables de la grande famine de 1919-1920, rendirent aussitôt la vaccination obligatoire.

En France des observations médicales firent ressortir certains inconvénients du vaccin, dans les années trente. Seuls les sujets débarrassés de toute allergie pouvaient le supporter. Les médecins devaient vérifier la disponibilité du patient avant l'injection, et s'assurer du contrôle rigoureux du produit, pour éviter toute dérive. Les personnes vaccinées devaient être isolées avant et après la vaccination. Sous ces réserves, qui ne tombèrent qu'en 1950, la vaccination était admise. On savait alors que 40 % des étudiants ou élèves de dix-huit ans n'avaient pas fait de primo-infection, notion nouvelle, qui dominait désormais le processus de dépistage.

Un enfant atteint de primo-infection a déjà reçu le bacille de Koch. Huit semaines après cette contamination, elle est décelable par cuti-réaction, une allergie à la tuberculine. Tous les « tubards » se souviennent de l'instant où ils découvrent autour de la griffe du test visible sur le bras, une aréole rouge. Ils peuvent alors subir des inflammations de ganglions et même une lésion locale, maigrir lentement, souffrir de fièvres quotidiennes persistantes et de fatigue générale. Si le test est positif, le vaccin est inutile, puisque le sujet a déjà été au contact avec le bacille. S'il est négatif, il faut vacciner pour créer artificiellement ce contact et protéger l'organisme. Dans les deux cas la surveillance médicale continue est nécessaire.

Il faut savoir que les patients peuvent être mis en contact avec le bacille, quand ils ne le sont pas déjà, sans pour autant développer la maladie de la tuberculose. Encore doivent-ils être suivis, soignés, envoyés dans des centres spécialement créés pour la prévention en milieu étudiant, comme le centre de Combloux en Haute-Savoie. Car les bacilles inoculés par le vaccin sont bloqués dans les ganglions, mais non détruits. Ils peuvent se développer si les patients offrent un terrain favorable, en raison de leurs conditions de vie, s'ils sont soumis à des travaux épuisants dans un milieu pollué, sans nourriture suffisante et sans défense contre les agressions de la température et de l'humidité. Ainsi l'emploi du vaccin, reconnu efficace à 80 % seulement, justifie-t-il l'envoi en cure des sujets contaminés présentant des réactions positives. C'est un moyen de les arracher au danger dont ils sont déjà les proies désignées.

La découverte des antibiotiques par Alexandre Fleming vint à point pour dépassionner la polémique sur le vaccin et offrir enfin au malade une chimiothérapie efficace. L'illustre chercheur anglais avait remarqué dès 1922 avec Allison, les propriétés inhibitrices d'un champignon, le lysozyme. À partir de 1927 il avait étudié les vertus étranges d'une moisissure du genre *penicillium*. Elle sécrétait une substance, la pénicilline, qui attaquait les streptocoques. Hélas ! Fleming ne disposait pas des ressources nécessaires pour extraire chimiquement la substance. En 1940 seulement, sir Howard Florey et Ernest Boris Chain, de l'école d'Oxford, réussirent à concentrer et à déshydrater la pénicilline qui fut produite industriellement aux États-Unis pendant la guerre.

Une série de dérivés devait dès lors prolonger l'action de la pénicilline et permettre d'attaquer de front le fléau. La streptomycine, antibiotique produit par un actinomycète, mise au point par Selman Waksman en 1945, affiche des premiers résultats encourageants, le traitement étant en mesure de détruire le bacille. D'autres produits – thiocétazone en 1946, isoniazide en 1952 – sortent des laboratoires spécialisés pour attaquer le mal à la racine, avant la pyrazinamide en 1952, et surtout le rimifon, véritable éradicateur définitif du bacille, après le sixième mois de traitement. Les malades ne sont plus contagieux et peuvent reprendre leur travail dès le deuxième mois.

La découverte de Fleming est donc venue à bout d'un mal qui avait, depuis des siècles, multiplié les victimes dans le monde. A-t-il pour autant disparu ? La tuberculose est encore loin d'appartenir à un passé révolu. On recensait dans le monde en 1997, 7 millions de cas connus, et 3 millions de décès. Les prévisions de l'OMS pour 2005 sont de 300 millions de personnes infectées, de 90 millions de malades, et de 30 millions de décès possibles, dont 40 % en Afrique.

La maladie a cessé de tuer en France, mais les cas traités sont encore nombreux. On comptait 85 000 morts par an en 1919 et 65 000 en 1930, par le simple effet des mesures d'hygiène et du nouveau traitement chirurgical, qui prolongeait la vie de nombreux malades admis en sanatoriums. En 1950, on comptait encore 25 000 morts. En 1970 l'application des antibiotiques réduisait les décès à 4 000, en 1975 à 2 800, en 1985 à un millier environ. À partir de 1991, on ne compte plus aucun décès pour un nombre de malades compris entre 8 000 et 9 000, avec une légère recrudescence des cas.

Si la maladie persiste, c'est qu'un certain nombre de bacilles restent résistants au traitement, en dépit de l'insistance des interventions. Les malades dont l'expectoration contient des bacilles demeurent contagieux, sans toujours le savoir, pendant assez longtemps. Les enfants sont encore frappés de méningites tuberculeuse dans les parties les moins développées de la planète.

Les victimes enregistrées en 1998 habitent des pays où la maladie est dans sa première phase violente d'épidémie et n'est combattue par aucun traitement. L'intervention de l'Organisation mondiale de la santé y est retardée par des obstacles socio-culturels et par l'impossibilité de recenser et de soigner la population atteinte. Le « nettoyage sanitaire » y est difficile. La sous-alimentation dramatique de certaines régions d'Afrique et d'Asie ouvre un terrain favorable à la multiplication des bacilles de Koch.

La vaccination des habitants des zones contaminées est dangereuse. La virulence du bacille injecté peut favoriser le développement de la maladie, en raison de la fragilité de la défense des organismes fatigués, sous-alimentés, qui provoque des catastrophes. La lutte contre le bacille de Koch, à l'échelle de la planète, est donc loin d'être terminée. Sa liaison dangereuse avec le sida, due au fait que les défenses immunologiques écrasées par le virus laissent filtrer tous les bacilles, y compris ceux que l'on croyait disparus, lui donne un regain d'activité, même dans les pays développés.

La tuberculose et le choléra sont des maladies comparables, en ce qu'elles affectent un terrain social déficient qu'elles investissent brutalement, provoquant des morts par milliers. Elles sont, l'une et l'autre, les maladies de la misère et du sous-développement social. Le choléra est plus rapide, la tuberculose plus lente, mais, dans sa phase offensive, elle finit par tuer plus sûrement les populations concentrées dans les zones dangereuses.

L'absence de réseaux d'eau courante et d'égouts provoque la diffusion rapide du choléra, qui circule et se reproduit dans les eaux usées, les cloaques, les eaux stagnantes. Les milieux fermés et sans air favorisent de la même manière la prolifération des bacilles de Koch, qui atteignent les organismes sans défenses, rendus inertes et disponibles par la sous-nutrition et l'absence d'hygiène.

Ces deux épidémies, virulentes surtout au XIXe siècle, ont contribué à leur manière à l'évolution sociale de l'Europe, parce qu'elles ont contraint les pouvoirs publics à concevoir une politique de la santé qui s'imposa aux urbanistes comme aux employeurs, aux maires des villes industrielles comme au patronat. Le combat social passait par la revalorisation des salaires, mais aussi par l'instruction obligatoire et par la protection physique des travailleurs contre les risques d'épidémie.

La célébrité des victimes, artistes et écrivains romantiques pour la tuberculose, hommes politiques pour le choléra (les généraux Bugeaud, Lamarque et Daumesnil pour la France) attiraient l'attention des journalistes de l'époque sur des calamités qu'il était devenu impossible de ne pas aborder de front. Quand les vaccins contre les deux épidémies furent enfin mis au point à la fin du siècle, les organisations internationales, Société des Nations puis Organisation des Nations Unies, obtinrent des mesures de protection au passage des frontières, des déclarations et vaccinations obligatoires pays par pays, une lutte menée à l'échelon de la planète.

Mais le combat social était la clé de la réussite. La victoire de l'hygiénisme et de l'urbanisme en imposait aux concepteurs de l'habitat moderne, à qui l'évolution des techniques de la construction permit d'apporter dans chaque foyer l'eau, la lumière et la chaleur nécessaires à la protection des organismes. La législation sociale des États membres de l'ONU interdit à la longue, après beaucoup d'insistance, et souvent théoriquement, les mauvaises conditions de travail dans un certain nombre de pays, sans pouvoir étendre cette protection aux nouvelles nations industrialisées d'Asie. L'expérience montrait pourtant que le développement des épidémies était directement lié aux conditions de vie et de travail.

Les écoles d'architecture de Weimar, de Barcelone, de Chicago prenaient directement en compte la nécessité d'un habitat salubre, organisaient les espaces en fonction de la lumière, assuraient aux plus modestes logements des conditions d'hygiène suffisantes. Pour la première fois dans l'histoire du monde, la lutte contre les épidémies passait par une révolution sociale muette qui transformait radicalement les rapports sociaux et la vie des gens.

La moindre des conséquence de cette prise de conscience universelle n'était pas l'orientation de la vie politique vers la satisfaction prioritaire des besoins des collectivités. Longtemps indifférents, les pouvoirs publics s'étaient progressivement réveillés, mettant en place en France une législation nouvelle du travail et de la santé. Inefficace au milieu du XIXe siècle, celle-ci finit par constituer des réseaux de lutte et d'organisation au niveau des départements : une administration reposant sur l'association des médecins et des autorités développait des politiques de santé qui n'étaient pas seulement orientées sur la lutte contre les épidémies, mais contre toutes les agressions.

Par l'action internationale, cette démarche, à partir de la création des organisations de paix à Genève en 1919, à New York en 1945, s'efforçait d'éradiquer les foyers endémiques d'où pouvaient naître les épidémies à l'échelle de la planète. Des missions régulières se rendaient dans les pays les moins développés, à des fins de contrôle. On entrait dans l'ère de la statistique, contrariée par les résistances du terrain dans certaines régions isolées ou rebelles.

Comme le choléra, la tuberculose était présente sur tous les continents et circulait constamment d'une zone à l'autre. Il était jugé indispensable de contrôler le flux des bactéries et des virus et d'interdire l'accès des aéroports des zones menacées aux passagers qui ne présentaient pas de carnets de vaccination en règle. Une police des virus se mit alors en place, au moment où la plupart des maladies concernées avaient perdu de leur virulence. Cette police se montra remarquablement incapable d'interdire l'accès des États membres de l'organisation aux nouveaux virus qui passaient en contrebande, inconnus des douaniers de la Santé.

Ainsi le développement des grandes maladies du XIXᵉ siècle avait fini par aboutir, grâce au début de mondialisation qui suivit la Première Guerre mondiale, à une tentative de repérage des maladies à l'échelle du monde et de maîtrise sanitaire des flux de population. Au moment où la Santé publique avait les moyens de dominer aussi bien la tuberculose que le choléra et beaucoup d'autres maladies autrefois mortelles, cette installation d'un processus de contrôle semblait promettre une amélioration des conditions de vie sur la planète. Hélas, des maladies inattendues devaient se presser aux portes.

Chapitre 6

Les inattendues

La malaria

À l'échelle du monde, des zones entières d'endémies apparaissaient aux observateurs internationaux, dès les années vingt, mais surtout dans les années cinquante, après la création de l'Organisation mondiale de la santé. À partir de ces endémies, des épidémies pouvaient se déclarer sur d'autres régions où les germes étaient connus, mais réputés sans danger. La généralisation des transports aériens pouvait favoriser la création de foyers d'infections qui pouvaient donner naissance à des épidémies, très loin du foyer endémique.

On n'imaginait pas qu'elles puissent se réveiller en Europe, alors qu'elles étaient circonscrites aux zones « coloniales », aux « pays chauds » fréquentés depuis l'aube de l'histoire par les marins, les missionnaires et les marchands. On appelait ces maladies des climats chauds et humides, plus répandues sous les tropiques, les « fièvres », comme on taxait de « dysenteries » toutes les maladies contagieuses intestinales européennes, sans en connaître exactement la nature. La plus répandue des fièvres était le paludisme, encore appelé malaria.

On l'associe aux espaces paludéens, marécageux, aux deltas des grands fleuves, aux côtes parsemées d'étangs aux eaux mortes. Il a longtemps sévi en France dans les Landes ou les Dombes, en Italie dans les marais Pontins et jusqu'en Hollande.

Les Indes, le Sud-Est asiatique, l'Afrique noire et l'Afrique du Nord nourrissaient largement l'endémie qui touchait de très vaste zones. On décrivait depuis l'Antiquité, notamment dans Homère, les « fièvres oscillantes » frappant les corps humains l'été dans les régions humides, les accès brusques de fortes chaleurs, avec sudations excessives et amaigrissantes tous les trois ou quatre jours (fièvres tierces et quartes). Les malades souffraient alors d'une hypertrophie de la rate et pouvaient mourir, faute de soins. Les fièvres de ce genre ravageaient les villages des terroirs européens du XVIIe siècle. Les paysans étaient impropres au travail et les soldats, au combat.

On attribuait au mal une expansion d'allure épidémique du XVIIe au XIXe siècle. Les campagnes surtout étaient touchées. L'Amérique, jusque-là indemne, était à son tour contaminée par la colonisation. Seule l'Australie y échappait.

L'épidémie connaissait une recrudescence en Europe dès que s'ouvraient des chantiers de grands travaux. Les ouvriers qui construisaient le château et l'aqueduc de Versailles, sous le règne de Louis XIV, en grande partie des soldats de l'armée royale, en étaient atteints. On observait que Genève n'avait pas connu la malaria jusqu'au creusement des grands fossés autour de la ville en guerre contre le duc de Savoie. La malaria devait entrer dans Paris par le chantier du canal Saint-Martin au temps d'Haussmann en 1860. Elle était alors signalée en Hollande et jusqu'aux rivages de la Baltique. Elle n'était donc pas seulement une maladie des pays chauds et pouvait fort bien s'exporter en pays tempéré.

On ignorait le vecteur de l'épidémie. Mais les Espagnols avaient découvert au Pérou dès le XVIᵉ siècle les vertus curatives d'une plante appelée quinquina donc l'écorce calmait les accès de fièvre. On l'appela successivement « poudre des jésuites » puis « écorce du cardinal » parce que le prélat espagnol Juan De Lugo l'avait introduite dans la Rome papale au XVIIᵉ siècle. La plante procurait une incontestable rémission, mais ne pouvait éradiquer un mal dont on ne connaissait ni la nature, ni l'origine, ni les facteurs de transmission. Pourtant des hommes en mouraient par milliers sur tous les continents.

De l'écorce du quinquina, des Français, Caventou et Pelletier, avaient extrait la quinine en 1820. Les colons d'Algérie l'employèrent aussitôt pour combattre les fièvres dans les plaines de colonisation, la Mitidja par exemple. Les soldats de l'infanterie de marine et de la légion italienne envoyés en Tunisie, à Madagascar, au Tonkin lors des conquêtes de la Troisième République l'utiliseront systématiquement.

En 1880, le médecin militaire Laveran découvrait dans le sang des malades un protozoaire, le plasmodium, responsable de la maladie. En 1890, on ne pouvait plus ignorer l'origine de la malaria, depuis que Beauperthuy avait découvert en Amérique centrale qu'elle était transmise par des piqûres de moustique. La moustiquaire devint alors, avec la quinine, l'arme indispensable des Occidentaux aventurés en terres tropicales. En 1898, le même corps était isolé par Manson et Ross dans l'organisme des moustiques porteurs. L'année suivante, Grassi et son équipe italienne établissaient que les moustiques femelles *Anôphêles* étaient

201

les transporteurs exclusifs du germe. Ils se reproduisaient effectivement sur les sites marécageux, paludéens, et transmettaient le paludisme qui fleurissait sur des rivages morts.

Les analyses montraient que d'autres espèces de plasmodium, en particulier ceux des fièvres tierces et quartes, terreurs des médecins de Molière, pouvaient être les agents transmetteurs de l'épidémie. La transmission n'était pas directe, d'homme à homme, mais seulement par l'intermédiaire du moustique.

Celui-ci pouvait voyager dans les ailes des oiseaux migrateurs, dans les soutes des navires, et plus tard dans les avions. Comme la peste, il pouvait ainsi gagner le monde entier, pour peu que les conditions de sa reproduction fussent assurées, par exemple dans les zones d'eaux stagnantes ou de grands travaux détruisant le paysage ordonné des villes pour creuser des chantiers informes. Le milieu de vie était donc aussi responsable de la transmission de la maladie.

*
* *

La quinine était suffisante pour empêcher la mort des sujets touchés, parce qu'elle limitait les accès de fièvre épuisants. Le corps expéditionnaire français envoyé en Orient à partir de 1915 avait pour la première fois subi les effets de la malaria aux Dardanelles, car la rade de Moudros et les plaines côtières de la presqu'île de Gallipoli, manquant d'eau potable, étaient infestées de moustiques.

La division coloniale du général Bailloud en avait fait la cruelle expérience. Plus tard, quand les divisions françaises furent utilisées contre les Bulgares en Macédoine, 60 % des soldats de Sarrail dans la plaine paludéenne de Salonique furent atteints par le mal pendant l'été et durent être soignés dans des hôpitaux de fortune. Les soldats venus de Belfort ou d'Épinal étaient plus facilement touchés que les tirailleurs séné-galais ou marocains, dont le sang était plus résistant au plasmodium. Combiné à l'épidémie de dengue, qui fai-sait rage aux Dardanelles, le paludisme faisait des ravages.

L'armée dut prendre des mesures draconiennes pour protéger les soldats, mais les hôpitaux manquaient et même les remèdes. Les évacuations étaient compro-mises par l'absence de fret et les difficultés des liaisons maritimes avec la France qu'avaient causées les raids des sous-marins allemands et autrichiens. Après la Première Guerre mondiale, on imaginait dès 1919, un traitement social du paludisme dans les régions d'Europe contaminées, par exemple en Italie où le médecin Celli avait obtenu du gouvernement, dès avant l'entrée en guerre du pays en 1915, de fournir gratuitement des doses de quinine à tous les paysans des marais Pontins. Une gamme de produits pharma-ceutiques de synthèse était offerte au public après 1920, notamment l'Atébrine, qui permettait une lutte théra-peutique efficace.

Les laboratoires américains avaient toutefois négligé ce genre de recherches, parce que la malaria était peu sensible sur le territoire des États-Unis. Mais la Seconde Guerre mondiale favorisa une évolution extrêmement rapide de la lutte contre la maladie. L'engagement des GI's dans le Pacifique à partir de 1942 provoqua une telle recrudescence du paludisme virulent, entraînant mort d'hommes, qu'un éventail de médicaments fut mis à la disposition de l'armée et de la marine. Pendant la guerre de Corée en 1950 et la période de la décolonisation, de 1946 aux années soixante, la maladie sévit encore, mais fut attaquée résolument à la fois par les insecticides (le DDT) et par les médicaments.

Mais ces produits de lutte se révélèrent trop agressifs,

destructeurs de la faune et même de la flore, au point de remettre en question leur utilisation. En outre, le moustique femelle responsable de la contamination devint, à la longue, résistant aux pulvérisations qui pouvaient toucher des zones entières par l'emploi de l'avion et de l'hélicoptère. Il fallait donc affiner les moyens de défense contre les insectes porteurs du germe : on était désormais convaincu que l'emploi massif des insecticides pouvait être meurtrier pour l'environnement. La défense de l'écosystème entrait en conflit avec des méthodes de purification trop radicales.

Qui ne se souvient de la mort, en 1960, de Fausto Coppi ? *Il campionissimo*, champion du monde sur route et de poursuite, devait finir tristement sa vie à Tortona, emporté par une crise de paludisme. Vingt ans plus tard, on comptait encore 26 morts pour environ 4 000 cas de paludisme en Europe. Il n'y avait certes plus de danger épidémique, mais l'Europe restait à la merci d'une nouvelle invasion d'anophèles résistants, véhiculés par les voyageurs des avions des circuits touristiques, en provenance de l'Asie où des souches de plasmodium restaient rebelles aux traitements.

L'émulation n'a pas cessé dans les laboratoires chimiques qui répondent à une sorte de course de vitesse entre le germe et les produits curatifs. Les chercheurs sont condamnés à l'innovation, sans jamais être assurés d'une solution définitive. Le paludisme a déserté la plupart des continents de la planète. En Europe la purification des Landes françaises dès le Second Empire, par drainage et plantation de la forêt de pins, l'assèchement des marais Pontins dans l'Italie mussolinienne des années trente, l'assainissement plus récent de la plaine d'Aléria, sur la côte orientale de la Corse ont éliminé les zones les plus favorables à la reproduction de l'anophèle.

Des zones paludéennes ont subsisté dans le monde jusqu'à une époque récente, en particulier en Asie où les immenses rizières peuvent accueillir encore l'anophèle. Les Français, puis les Américains engagés dans les guerres du Viêt-nam en ont fait l'expérience. Depuis lors, la Chine et le Viêt-nam ont lutté efficacement contre la propagation de la maladie par les moustiques, puisqu'elle a presque disparu aujourd'hui.

Le combat contre les larves paludéennes a stimulé la recherche chimique dans les pays industrialisés. Des équipes nombreuses ont débarrassé des régions entières des zones tropicales par assèchement des eaux stagnantes. Le paludisme a obligé les nombreux États nouvellement indépendants d'Afrique et d'Asie à engager une politique de lutte continuelle contre les foyers d'infection, en utilisant tous les moyens possibles.

Il reste que le recul de la maladie est aussi dû à la résistance accrue des organismes à l'agression, en raison des progrès de la nutrition et du recul des zones de famine et de misère. Les marais Pontins sont devenus zone d'agriculture riche en Italie. Les plantations de la plaine d'Aléria rappellent celles de la Mitidja. Le simple drainage et l'amélioration des sols ont toujours produit des résultats spectaculaires dans la résorption de l'endémie et donc la prévention de l'épidémie. Le paludisme, cette maladie du sous-développement, n'a touché que très exceptionnellement les régions industrielles : il n'y a pas d'anophèles sur les rives du lac Érié.

Les autres maladies tropicales

La Chine communiste a entrepris plusieurs campagnes efficaces d'élimination des mouches. Elles étaient essentielles à la réalisation de l'idéal communiste de Mao Ze-dong. Dans le pays de la révolution rurale, comment en effet contraindre au travail des équipes de culture collectivisée accablées par les maladies endémiques ?

La mouche tsé-tsé n'est cependant pas d'origine chinoise mais africaine. La *Glossina palpalis*, guinéenne, a infesté tout le centre du continent africain. Reconnaissable à sa trompe solide, allongée devant la tête comme un canon de char, elle frappe les rivages du fleuve Congo, un des plus longs d'Afrique. Vorace, affamée de sang, la tsé-tsé attaque aussi bien les buffles que les hommes. Elle leur transmet le trypanosome de la maladie du sommeil. Les animaux sont aussi touchés par une forme spéciale de maladie appelée nagana.

Les médecins européens frappés par les effets dévastateurs de l'endémie, qui peut gagner des régions jusque-là saines et devenir épidémique, découvrent au XIXᵉ siècle que le parasite se répand dans l'organisme par le sang et le liquide céphalo-rachidien.

Les hommes atteints du mal sont d'abord frappés par la boursouflure de la peau autour de la piqûre de la mouche. Ils souffrent de fortes fièvres. L'absorption de la quinine ne les soulage nullement. Ils tombent progressivement en état d'hébétude et ne dominent plus leurs réflexes. Quand ils atteignent la seconde phase de la maladie, ils souffrent en permanence de maux de tête, de somnolence et de dépression profonde. Ils deviennent impropres au travail, à la vie sociale.

Des tribus entières se dépeuplent. Les hommes valides s'enfuient à la ville avec leurs familles, pour échapper à la mouche qui tue. Cette panique est sans doute responsable en partie des mouvements de migration intérieure du continent, et de la disparition de zones rurales autrefois cultivées, que les villageois ont dû abandonner.

La peau des victimes de la mouche tsé-tsé se couvre de croûtes, de placards, les glandes gonflent, le système circulatoire est atteint, et le cœur ne peut plus assurer son rôle de pompe. La mort est programmée si des soins efficaces n'arrêtent pas immédiatement la progression du mal. Elle survient en général au bout d'un an et frappe indistinctement les colons blancs et les Noirs, dans les colonies anglaises, françaises et portugaises d'Afrique centrale, des années trente jusqu'en 1960.

Les moyens de lutte chimique, l'atoxyl ou d'autres arsenicaux, ne donnent pas de résultats décisifs. Le trypanosome attaque, dans l'organisme humain, les centres nerveux et la rate, qui devient énorme. Il condamne à mort les animaux des régions d'élevage en frappant en particulier les cheptels bovins qui sont régulièrement anéantis. La morbidité et la mortalité à taux élevé ont régressé, mais la lutte contre la mouche tsé-tsé est loin d'être terminée.

*
* *

D'autres organismes vivants sont responsables d'endémies graves, capables de dégénérer en épidémies quand sont soumis à son aire d'agression des individus venus d'ailleurs. Les amibes, par exemple, sont des êtres vivants unicellulaires qui se développent aussi bien dans les eaux douces que dans les étangs saumâtres. Ils se déplacent en rampant et peuvent alors fort bien devenir des parasites de l'homme.

L'amibiase fut décelée pour la première fois dans l'organisme d'un paysan russe de la région d'Arkhangelsk, port sur la mer Blanche accueillant de nombreux cargos d'Europe occidentale. Il devint clair, après cette découverte, que le parasite pouvait voyager et se transmettre. Loesh, l'a isolé le premier en 1875 et les recherches subséquentes ont permis d'établir que l'amibe attaquait les intestins de l'homme, constituant des kystes persistants, dangereux à la longue.

Nombreux sont les Européens victimes du mal parasitaire. Ils l'ont rencontré en Afrique, en Asie. Les soldats du corps expéditionnaire français en Indochine, de 1946 à 1953, les administrateurs et les colons européens d'Afrique ont dû soigner, dans les années cinquante, entre autres parasitoses tropicales, la dysenterie amibienne. Des chaires spéciales ont été créées dans les facultés de médecine de Montpellier et de Bordeaux pour le traitement de ces maladies. Les malades ont subi l'agression des amibes dans une région où leurs défenses immunitaires ne les protégeaient pas. Les laboratoires ont produit l'émétine pour tuer les amibes, mais les méfaits du parasite sont encore loin d'être éliminés. Il est toujours présent dans les eaux polluées, à l'affût des organismes humains où il se développe.

*
* *

On pourrait multiplier les exemples d'agressions parasitaires en zones tropicales. Une des plus dangereuses pour les Européens est la bilharziose, due à des petits vers qui se développent à l'intérieur des coquillages. On contracte la maladie le plus souvent à la baignade. Les larves se fixent dans la paroi intestinale ou dans la vessie. Les paysans des rizières d'Asie sont les premières victimes, mais aussi les travailleurs des installations hydro-électriques de Chine ou d'Inde. Les constructeurs du barrage d'Assouan en Égypte ont brusquement souffert de bilharziose, qu'ils contractaient dans les eaux du Nil où ils travaillaient jambes nues. On a dû les évacuer d'urgence dans les hôpitaux. Ils avaient créé sur place une zone d'épidémie, en transportant avec eux des germes généralement inactifs dans les régions endémiques.

Plus de trois milliards d'humains sont ainsi soumis,

dans les zones tropicales, à des agressions endémiques qui peuvent se développer en épidémies dans des cas de migrations ou de grands travaux. La fièvre de Malte, la filaire, long ver responsable des larves aveuglantes d'Afrique, transforment beaucoup de villages en résidences tragiques d'aveugles. La lutte contre les épidémies foudroyantes ne doit pas faire oublier l'état sanitaire toujours singulièrement proche de la létalité d'immenses zones de la planète, où la médecine préventive a du mal à pénétrer.

Le typhus et la typhoïde

Plus spectaculaires sont les épidémies transmises par les poux, entraînant la mort sans rémission : le typhus est de celles-là. Car le typhus a fait, à lui seul, deux fois plus de victimes pendant la guerre de 1914-1918 que les combats eux-mêmes dans les rangs de l'armée française : pour 25 millions de contaminés, on compta alors dans le monde 3 millions de morts.

Le typhus existe probablement en Europe depuis la guerre du Péloponnèse racontée par Thucydide en Grèce au Vᵉ siècle avant l'ère chrétienne. On le retrouve en Allemagne et en Europe centrale pendant la guerre de Trente Ans, qui fait au XVIIᵉ siècle douze millions de victimes dont beaucoup sont mortes du typhus. C'est une maladie épidémique foudroyante qui se répand dans les villages traversés et ruinés par les passages continuels d'armées en campagne. Pendant la retraite héroïque de 1812 en Russie, on calcule que ses ravages parmi les Français ou d'autres soldats européens de la Grande Armée ont causé plus de pertes que les cosaques.

L'épidémie disparaît avec la paix et le retour à l'alimentation normale des populations, du feu dans les cheminées, du blé tendre dans les champs. On repère et on dénonce de nouveau le typhus comme responsable des morts français, anglais et russes de la guerre de Crimée en 1853, quand des effectifs nombreux se battent pendant de longs mois dans les tranchées devant la place imprenable de Sébastopol. 300 000 hommes croupissent pendant l'hiver sur le plateau de Chersonèse battu par les vents, délavé par les pluies, recouvert de neige glacée, infesté de parasites mortels.

Les morts d'Inkerman et de Balaklava pourrissent dans la boue de la Raspoutitza, sur des champs de bataille très réduits. Les bateaux fournissant des lainages ainsi que les poêles en fonte arrivent trop tard pour permettre aux soldats de lutter contre le froid. Les médicaments enfin délivrés ne peuvent sauver les soldats atteints de typhus et aussi de scorbut. 6 000 malades sont évacués vers les hôpitaux de Constantinople, où ils sont soignés par les sœurs de Saint-Vincent de Paul, qui ont l'habitude de braver les épidémies.

«Fais moi une robe noire, dit une Parisienne à sa couturière : j'ai trois fils en Crimée.» Les Marseillais, victimes du choléra, voient charger dans les cales des navires les cercueils pour le Levant. Alors que la révolution industrielle lance chaque année de nouvelles lignes de chemin de fer à travers l'Europe et que l'eau courante assainit le Paris d'Haussmann, la guerre fait revenir la plus barbare des épidémies, celle qui prolifère dans l'horrible saleté des tranchées.

Quand les Turcs se battent contre les Russes défenseurs des Serbes et des Bulgares en 1878, le typhus est de retour dans les Balkans. Il se répand comme traînée de poudre, alors qu'on en ignore encore l'origine. L'armée du tsar est décimée et les combats meurtriers cessent bientôt, faute de combattants.

L'épidémie est plus grave pendant la guerre de 1914-

1918. Elle fait rage dans les camps de prisonniers en Allemagne, où pourtant l'hygiène est respectée. Mais l'armée serbe en retraite dans les montagnes albanaises pendant l'hiver de 1915-1916 véhicule le typhus, ainsi que les Roumains entrés en guerre aux côtés des alliés contre les Germano-Bulgares. L'épidémie gagne rapidement l'Allemagne de l'Est, la Pologne, la Russie.

La maladie était fort connue, elle avait déjà été décrite au XVIIIe siècle par Boissier de Sauvage qui avait réussi à isoler le typhus exanthématique, à lui donner ses caractéristiques cliniques. Il en ignorait pourtant la cause et le vecteur. Personne ne pouvait dire comment se transmettait le typhus.

En 1909 seulement on apprend par les travaux de H.T. Ricketts que les poux en sont responsables, puisqu'ils communiquent dans leurs déjections un parasite multicellulaire invisible à l'œil nu, de 1 à 2 microns, mais souvent plus petit, appelé *Rickettsia prowazeki* du nom de son découvreur.

Ricketts établit qu'on peut cultiver ces germes sur des embryons de poulets et donc les conserver, les analyser. Leur présence dans le sang détermine la formation d'anticorps. Chez l'homme, le typhus est dit exanthématique parce qu'il s'accompagne d'éruptions cutanées appelées exanthèmes, apparues sur le corps à la suite de brusques accès de fièvres éruptives. Il a pour origine ces déjections de poux.

Il existe d'autres formes de typhus, endémique en Europe, appelé aussi typhus murin. Celui-ci est transmis non seulement par les poux, mais aussi par les puces, les punaises et les acariens. Ce terrain endémique a été étudié par un bactériologiste français, Charles Nicolle, longtemps directeur de l'institut Pasteur de Tunis. Il a mis en évidence le rôle des insectes vecteurs. Après sa découverte, les prescriptions d'épouillage ont été systématiquement pratiquées sur le front français de la Première Guerre mondiale, et l'emploi des premiers insecticides contre les poux a permis de limiter le fléau à l'Ouest.

Celui-ci reparut pendant la Seconde Guerre mondiale dans les camps de prisonniers de guerre, notamment ceux des Russes systématiquement sous-alimentés, mourant de faim par centaines de milliers dans leurs baraques non chauffées. Les déportés politiques et les juifs connurent des épidémies de typhus qui minèrent leurs corps épuisés par les travaux et la sous-nutrition. Les gardiens SS, qui redoutaient la contagion, isolaient les malades dans des lazarets où ils mouraient faute de soins, à moins qu'ils ne fussent soumis aux expériences criminelles des médecins nazis qui n'hésitaient pas à inoculer le typhus à des êtres sains, pour expérimenter des traitements sans obtenir le moindre résultat.

Pendant l'année tragique de 1945, les déplacements de population en grande masse multiplièrent les foyers d'infection. Des millions de Polonais, d'Allemands, de Russes, de Balkaniques étaient déplacés par crainte ou par force et répandaient la maladie jusqu'en France et en Italie. L'armée américaine utilisa alors massivement le DDT et imposa l'épouillage systématique des populations menacées. Ces mesures ainsi que la reprise des circuits économiques permirent de contenir la propagation de la maladie et de la faire disparaître. L'emploi des antibiotiques se montra également efficace.

La mort emportait au moins le tiers des malades pendant les périodes aiguës d'épidémies. Ils souffraient au début d'une brusque montée de la température, de maux de tête et de reins, d'angines et de conjonctivites. Ils entraient alors dans une longue période de stupeur et d'innombrables taches rouges apparaissaient sur leur corps. Quinze jours après, le destin rendait son verdict, sans explication : ils étaient sauvés ou morts.

Les vaccins tardivement mis au point donnaient des résultats encourageants mais le remède souverain fut dans les années de l'après-guerre l'auréomycine et la chloromycétine, qui permettaient d'arracher les patients à la mort si leur organisme n'était pas trop affaibli. Maladie de la guerre, de la misère absolue et de la promiscuité des tranchées et des camps, le typhus quitta le continent européen en 1945 comme il était venu, aux premiers rayons de la paix.

*
* *

La typhoïde subsistait sur un domaine très large, endémique, confortablement embusquée pendant trois siècles. Elle devait se réveiller sous des formes brutales, brusquement épidémiques, à partir de 1850, en Europe.

La fièvre très forte était l'un des symptômes de la typhoïde, due aux eaux polluées, comme le typhus et le choléra. Les fruits, les légumes au contact d'eaux sales transmettaient le microbe spécifique, le bacille découvert par le bactériologiste allemand Karl Joseph Eberth, professeur à Zurich et à Halle. Il avait indiqué les méthodes de séparation du bacille et de constitution d'une culture, permettant aux biologistes de produire un vaccin.

La typhoïde plongeait dans la stupeur les malades prostrés, frappés d'une fièvre de cheval. Elle produisait des lésions des intestins, des diarrhées, des gonflements de la rate et de petites taches rosées sur l'abdomen ; elle se développait sur les champs de bataille où les cadavres empoisonnaient les réserves de citernes. Les soldats de Verdun ne pouvaient boire l'eau de ruissellement, ni celle des mares nombreuses provoquées par les vastes entonnoirs d'obus. Les blessés mouraient de soif et contractaient la maladie dès qu'ils buvaient l'eau ambiante.

La typhoïde frappait également en Orient le corps expéditionnaire allié des Dardanelles et de Salonique, elle devait sévir de nouveau en Afrique du Nord pendant la Seconde Guerre mondiale. Les vaccinations et les antibiotiques devaient la faire pratiquement disparaître, ainsi que l'assainissement des réseaux de distribution des eaux.

Jadis rien ne la distinguait des autres fièvres intestinales, des différentes formes de dysenterie qui frappaient les populations rurales au Moyen Âge en Europe. Au XVIIe siècle encore, ces dysenteries pouvaient être aussi mortelles que la peste en Anjou[1]. L'histoire a gardé le souvenir de quelques épidémies spectaculaires, comme celle qui frappa l'armée prussienne du duc de Brunswick devant Valmy en 1792. La République gagna la bataille, non par le seul mérite de ses canonniers, mais par la faible résistance des grenadiers de la garde du roi de Prusse, frappés de fièvres et incapables de mouvements.

D'autres maladies endémiques, dues au contact de l'eau polluée, peuvent devenir épidémiques à l'occasion des grandes concentrations d'hommes qui mettent en question la sécurité de l'alimentation.

Le protozoaire *Entamoeba* provoque des accès aigus de fièvre typhoïde, des abcès du foie ou d'autres organes digestifs, pouvant entraîner la mort qui peut être évitée tout simplement par la stérilisation de l'eau et des aliments. Mais les armées en campagne n'avaient pas toujours les moyens de recourir à ces précautions. Les Européens se soignaient à l'émétine avant la généralisation des antibiotiques.

---

1. François Lebrun, *La Mort en Anjou*, Paris, Le Seuil.

D'autres maladies tropicales, comme la dengue, qui rend fiévreux les soldats de Sarrail à Salonique, touche aussi les légionnaires de De Lattre de Tassigny dans le delta du Tonkin en 1953. Elle prend des allures épidémiques dans tous les cas d'accumulation d'un grand nombre d'hommes sur un espace insalubre, alors qu'elle règne à l'état endémique sur de vastes zones tropicales ou subtropicales. Elle diffère des fièvres intestinales parce qu'elle est transmise, comme le paludisme, par les piqûres de moustiques, et provoque de fortes fièvres accompagnées de céphalées, de douleurs diverses et de quelques éruptions. On connaît de nombreux cas mortels, faute de soins appropriés et en raison de l'affaiblissement des organismes.

*
* *

Le brusque réveil de ces épidémies tient toujours à des invasions de groupes humains mal protégés, sans réaction devant les virus ou les bacilles inconnus sous d'autres climats. Même guéries, ces maladies laissent longtemps des séquelles qui peuvent provoquer la mort à terme et suscitent des soins constants des spécialistes des maladies tropicales formés en France dans les universités de Montpellier, Bordeaux et d'Europe du Sud, ainsi que dans les écoles de santé de la marine et de l'armée.

Les victimes des épidémies étaient-elles contagieuses? Les maladies ne se transmettaient pas d'homme à homme, mais par les eaux ou les moustiques. Pourtant, l'isolement des individus touchés en quarantaines sanitaires pouvait être utile, dans la mesure où l'on ignorait la nature du mal. Une fois le microbe ou le virus reconnu, il était clair qu'il pouvait être transmis aussi par l'homme, si les conditions sani-

215

taires provoquaient la pollution des eaux par les déjections humaines. Les collectivités se protégeaient donc
en imposant aux voyageurs de présenter obligatoire-
ment aux frontières un carnet de vaccinations. On
organisait des contrôles sanitaires réguliers aux armées
et dans les flottes. On améliorait surtout les conditions
de l'habitat dans les villes comme dans les campagnes.

L'extension aux pays tropicaux des protections imposées depuis l'époque d'Haussmann aux urbanistes
d'Occident devait permettre de faire régresser les endémies ou de faire disparaître les épidémies. Seule la
brusque rupture de l'équilibre due aux invasions et aux
guerres pouvait provoquer des flambées épidémiques
inquiétantes, aussitôt résorbées dès que les zones
concernées retrouvaient, avec la paix, leur rythme normal.

L'évacuation des malades d'Indochine ou de
Salonique vers la France était un impératif que ne pouvaient toujours satisfaire les convois maritimes. Mais
leur isolement en milieu médical protégé suffisait à éliminer les risques supplémentaires de diffusion des
germes. Le paludisme et la dysenterie amibienne pouvaient être des épidémies, elles n'étaient pas transmissibles directement, mais seulement par l'intermédiaire
du milieu.

La grippe espagnole

Si les maladies tropicales touchaient, sous forme
d'épidémies, les troupes ou les administrations coloniales, les guerres voyaient se développer des maladies
inconnues et inguérissables, très rapides dans leur cheminement, et touchant l'ensemble des continents.

La médecine était débordée par ces épidémies des-
tructrices aux causes mystérieuses. Ainsi la grippe dite

espagnole, en réalité planétaire de 1918-1919 toucha, après l'Orient, la zone des combats sur le front occidental, causant dans la seule armée française des pertes équivalentes à deux divisions d'infanterie.

Cette grippe provoquait une mort presque immédiate. On savait depuis la conquête des Amériques par les Espagnols et les Portugais que la grippe, mal bénin en Europe, pouvait provoquer des épidémies foudroyantes parmi les populations indigènes non touchées par les virus. De simples rhumes devenaient mortels chez les Indiens du Paraguay, à la stupeur des pères jésuites qui les évangélisaient dans leurs réserves. Ce genre de contamination devait se poursuivre jusqu'au XXe siècle dans les groupes isolés. Le contact des marins argentins avaient entraîné la disparition d'une tribu entière de Fuégiens. Au Brésil, les Indiens du nord du Mato Grosso étaient encore frappés par la grippe en 1920. Seules les populations métissées résistaient aux virus.

La grippe, ou influenza, était connue depuis le Moyen Âge. Ses effets n'étaient pas mortels en Europe, mais brusques et violents. L'incubation ne dépassait pas deux jours. Les malades étaient pris de maux de tête, de défaillances, de frissons. Courbaturés, saisis de maux de gorge et de toux, ils devaient attendre au lit pendant cinq jours, la baisse de la température qui marquait le signe du début de la guérison, sauf complications. Les patients pouvaient en effet mourir de pleurésie ou de pneumonie.

La grippe espagnole frappait à coup sûr, sans préavis. Étendue à l'ensemble de la planète, elle provoqua plus de dix millions de morts. On en ignorait la cause. En France, elle a frappé, civils et militaires ensemble, cent mille personnes.

Elle n'avait rien de commun avec la grippe « vertigineuse » de 1916, contractée dans les trous d'eau de

Verdun par les poilus. Pendant les longs hivers de guerre, toutes les affections pulmonaires s'en donnaient à cœur joie sur les soldats du front, chez ceux que les poussées de grippe plaçaient en état de moindre résistance. Des pneumonies, des pleurésies mortelles enlevaient alors les malades que les majors ne pouvaient sauver avec de l'aspirine.

À partir d'octobre 1918 la grippe espagnole devint agressive à Paris où ses dévastations furent effroyables. Edmond Rostand, l'auteur de *Cyrano de Bergerac*, fut emporté sans rémission tout comme beaucoup de Parisiens célèbres. On fermait quelquefois les théâtres parce que la troupe était décimée. À l'hôpital de Joigny, un homme mourait chaque heure du jour ou de la nuit. À Lyon, les corbillards manquaient, pour enterrer les victimes. Trois cents personnes tombaient tous les jours à Paris vers la fin du mois d'octobre. On enterrait les cadavres dans des fosses communes, sur lit de chaux vive pour éviter la contagion, tard dans la nuit, pour ne pas démoraliser ceux de l'arrière…

La maladie a causé beaucoup plus de morts que les bombardements de Paris par les avions et le canon. La Russie, l'Allemagne étaient aussi dévastées. Un prisonnier de guerre français, Émile Moussat, raconte que la grippe frappait les enfants mal nourris des villes industrielles de la Ruhr. « On devait les enterrer par couches successives, dit-il, les cimetières étant trop petits. »

Le vent froid du Danube charriait les germes dans les villes des Balkans où l'armée française triomphante avançait en octobre 1918. André Ducasse raconte que les soldats en marche vers Belgrade comptaient de nombreux malades de l'épidémie que l'on appelait « asiatique ». Impossible de lutter contre le fléau. « On meurt beaucoup, écrit-il, au 3e Colonial. Il faut m'occuper de tout, depuis l'enlèvement des planches jusqu'au creusement des fosses. On enterre chaque matin les camarades par dix ou douze. » On chargeait les corps sur des voitures à deux roues, les arabas.

À Belgrade les ravages de la maladie sont encore plus spectaculaires, les effectifs des soldats français fondent de 70 %. Ceux qui ont échappé au paludisme, à la dengue, au typhus, au choléra meurent frappés par la dernière épidémie de la guerre, alors que le clairon de l'armistice a sonné. Ils sont enterrés dans les cimetières français de Skopje ou de Bitola, comme leurs camarades morts au combat.

L'Amérique est touchée à son tour, et d'abord les soldats du corps expéditionnaire du général Pershing qui meurent par milliers dans les hôpitaux du front, très encombrés déjà par les blessés des dernières offensives. Il faut soigner à part les malades pour éviter la contagion. Les majors américains demandent avec insistance aux autorités françaises des renforts de soignants et de matériel. Ils apprennent que la maladie a frappé chez eux, dans les villes américaines comme en Grande-Bretagne et que les maires des grandes agglomérations industrielles sont débordés.

Les États-Unis et les Dominions britanniques, le Canada, les Indes, la Nouvelle-Zélande et la lointaine Australie ont leur comptant de victimes. Le virus est inconnu des médecins de l'époque. Ils en décrivent les effets en les apparentant à la fois à ceux de la peste, du choléra et du charbon. Le mal progresse en Europe, « à la vitesse d'un train express », écrit l'un d'entre eux. Rien ne peut l'arrêter. Il faut que l'épidémie cesse d'elle-même pour qu'on puisse en dresser le bilan.

La poliomyélite

Pendant la Seconde Guerre mondiale, la nouvelle épidémie inconnue du corps médical est la poliomyélite, apparue dès les années trente aux États-Unis. Le virus se transmet, comme le choléra, par l'eau. Les adolescents et les enfants sont les premiers menacés. La poliomyélite prend ainsi le relais de la longue série de maladies scolaires très contagieuses qui font déjà l'objet de dépistage et de vaccinations, de la variole à la diphtérie.

Le suivi médical des classes est effectif en France depuis le début du XXᵉ siècle et permet d'organiser la lutte contre la contagion. Dès que les causes de la poliomyélite sont connues, ou du moins son mode de transmission, on interdit à l'école les baignades dans les rivières et les étangs, on fait surveiller l'eau des puits, on avertit les parents sur les dangers des eaux croupissantes et sur l'absence d'hygiène alimentaire. On ordonne de faire bouillir l'eau des mets avant leur cuisson et de ne pas boire d'eau non filtrée. Rien n'y fait : le virus progresse.

Appelée d'abord maladie de Heine-Medin, du nom de deux savants allemands, Jakob von Heine et Karl Oskar Medin, elle se répand en Amérique, frappant même le Président Franklin Delano Roosevelt, en Europe à la fin des années trente et dans la France occupée par la Wehrmacht, au point d'inspirer de graves inquiétudes au commandement allemand. La maladie n'est pas seulement transmissible par l'eau ou les aliments souillés, mais aussi par contacts directs d'homme à homme. Le virus est en effet présent dans les sécrétions pharyngées et peut ainsi se communiquer. Ses effets sont spectaculaires car la maladie atteint les cornes antérieures de la moelle épinière et provoque diverses paralysies dans le corps. Il faut mettre les malades en quarantaine, les traiter dans les hôpitaux où ils peuvent bénéficier assez vite de soins spécialisés.

On réussit à isoler le virus prélevé dans la gorge des

malades et dans leurs selles, mais il n'est pas tout de suite fabriqué industriellement et utilisé dans les visites scolaires de vaccination.

On ne sait pourquoi l'atteinte par le virus est bénigne chez certains sujets, et dangereuse chez d'autres. Les enfants, particulièrement menacés, présentent d'abord des signes angoissants d'infection. On peut craindre la méningite. Mais, caractéristiques de la poliomyélite, les paralysies des membres se déclarent rapidement, provoquant la panique dans les familles. Les cellules motrices sont touchées, détruites. Les enfants ne peuvent plus marcher. La paralysie spinale a fait son œuvre.

Chez l'adolescent, des formes plus graves se déclarent. Quand les muscles de la respiration sont paralysés, la mort est proche. L'anéantissement des muscles de la déglutition oblige à nourrir artificiellement l'organisme. Les centres du bulbe rachidien ne sont pas à l'abri du virus qui peut entraîner la mort immédiate faute d'une intervention appropriée.

Les séjours à l'hôpital sont alors indispensables. Encore faut-il que les établissements de soins aient reçu le matériel adapté, lourd et coûteux. Les actualités des années trente montrent l'utilisation du poumon d'acier dans un hôpital américain : images spectaculaires des malades soumis à la respiration artificielle. Mais cet encombrant matériel, fort onéreux, est d'un emploi limité. Beaucoup de poliomyéliteux meurent alors en perdant leur souffle.

Quand la paralysie est partielle, limitée aux membres, une rééducation est possible. Les enfants aux jambes souvent très déformées reprennent espoir. Les soins réussissent à leur permettre de remarcher, au prix souvent d'une claudication, irrémédiable. La chirurgie orthopédique voit s'ouvrir un vaste domaine d'action, en raison des dizaines de milliers d'enfants et d'adolescents touchés.

Les chercheurs réussissent, à partir des trois souches du virus à fabriquer des vaccins efficaces qui arrêtent l'épidémie. Elle n'est plus, dans les années cinquante, qu'un mauvais souvenir. On ne sait toujours pas pourquoi le virus a révélé soudain, sous une forme foudroyante, sa capacité de nuisance parmi les populations les plus évoluées du globe.

Les épidémies scolaires

Les systèmes scolaires européens pratiquaient depuis le début du siècle l'information des familles et le dépistage des enfants contagieux. Ils constituaient ainsi une aide précieuse devant les épidémies traditionnelles, qui devaient sévir jusqu'à l'apparition des antibiotiques dans les années cinquante. Les périodes d'épidémie, le printemps et l'automne, étaient redoutées dans les classes et dans les familles qui s'entouraient de précautions, suivant les conseils des médecins.

Les enfants des écoles étaient vaccinés, pendant la guerre encore, contre la diphtérie, appelée croup. Ils portaient au cou des petits sachets au parfum camphré, prétendument protecteurs dans les périodes d'épidémie. Des membranes glauques gagnaient rapidement les muqueuses des sujets atteints, faisaient étouffer les jeunes malades qui crachaient des fragments grisâtres, hautement contagieux. Perçue d'abord, à ses premiers symptômes, comme une simple angine des amygdales ou du larynx, la diphtérie provoquait un œdème général de la gorge, faisait gonfler les ganglions du cou, multipliait des phénomènes d'intoxication grave dans l'organisme.

Quand la maladie obstruait les voies respiratoires, elle faisait suffoquer les nourrissons, asphyxiait les enfants, provoquait dans les meilleurs cas des broncho-pneumonies. Les nourrices redoutaient ce croup, qui tuait aussi dans les fermes les jeunes veaux. Seule la trachéotomie et le tubage pratiqués en milieu hospitalier pouvaient sauver les enfants paralysés par le mal et voués à une mort certaine.

La toxine diphtérique avait pourtant été isolée longtemps auparavant, dès les années 1880-1890, grâce aux travaux de Roux et de Yersin. Kitazato et von Behring avaient travaillé sur le sérum d'animaux immunisés pour préparer un vaccin, qui avait été mis au point par le Dr Roux et expérimenté dès 1894, mais pas encore utilisé à une grande échelle, faute de moyens.

Dans les écoles, l'épidémie se répandait par brusques flambées, avec une telle rapidité dans les années vingt qu'on dut en interdire l'accès aux enfants malades pendant quarante jours. Ainsi mis en quarantaine après la déclaration obligatoire de la maladie par le médecin, ces enfants devaient garder la chambre, ne pas recevoir, et leurs vêtements ou leur environnement être en permanence désinfectés.

Les victimes se comptaient par dizaines de milliers. Le progrès décisif contre l'épidémie de diphtérie fut réalisé quand le chercheur français Gaston Ramon découvrit en 1923 un vaccin, l'anatoxine ou toxine formolée, d'une fabrication simple et peu coûteuse qui pouvait être appliqué aisément dans le monde entier. Dès lors la maladie devait disparaître presque complètement.

La méningite cérébro-spinale frappe encore les enfants et les adultes, à partir de foyers d'infection qui se dévoilent brusquement, surtout dans les groupes scolaires. La maladie est endémique en France et n'apparaît généralement pas comme dangereuse, mais se réveille dans certains établissements scolaires, on ne sait pourquoi. Elle peut être épidémique et meurtrière, comme dans les années 1980 au Brésil, et toucher des régions entières, débordant les possibilités d'intervention du corps médical.

La raideur de la nuque en est le symptôme le plus connu, ainsi que la céphalée, due à l'inflammation des méninges. Une ponction lombaire permet d'établir un diagnostic et de distinguer les cas purulents des méningites claires, dues au bacille de Koch.

L'usage des antibiotiques permet de traiter cette maladie autrefois mortelle, également redoutée dans les écoles. Elle est la seule forme de contagion qui soit aujourd'hui sensible et qui nécessite, comme la scarlatine et la rougeole, une déclaration obligatoire en France. Mais la scarlatine, contrairement à la méningite cérébro-spinale, n'est plus une maladie dangereuse.

Très contagieuse, la scarlatine se transmettait de préférence aux enfants de six à quinze ans, comme la rougeole, par les particules salivaires, les postillons et non pas, comme on l'avait longtemps cru, par les squames qui affectaient la peau. Due à un streptocoque, elle provoquait immédiatement une angine et une fièvre intense, suivies d'éruption rouges écarlates. Ces larges plaques, fort impressionnantes, couvraient soudainement le corps entier et rendaient nécessaire l'isolement absolu du malade.

Rougeole et scarlatine ont été le lot permanent des écoliers de la Belle Époque. Les épidémies étaient alors périodiques, et frappaient les classes par bourrasques, par exemple à la fonte des neiges ou au début de l'automne. La pénicilline devait en venir à bout rapidement mais certaines formes malignes devaient subsister, et se montrer réfractaires aux traitements, comme les grippes dites asiatiques de 1949 et de 1953, avant la mise au point des vaccinations anti-grippales.

Mais ces cas de résistance obstinée des virus ne concernaient qu'une faible partie de la population.

La grippe est aujourd'hui une maladie épidémique qui tue chaque année beaucoup d'humains, sans que la protection contre les virus soit absolue. Ils varient d'une année à l'autre, et les chercheurs avouent ignorer sous quelles formes ils pourront encore se manifester dans le proche avenir. En dépit de ses avantages, la vaccination n'est pas encore une protection absolue, comme l'a établi au congrès d'Annecy, en 1995, le professeur E.D. Kilbourne.

Cette maladie d'apparence bénigne, dont les complications seulement sont mortelles sur certains organismes mal préparés à l'affronter, est responsable d'épidémies régulières, fort dommageables pour l'économie et le budget du traitement social, en raison des très nombreuses heures de travail perdues dans les entreprises.

La lutte contre l'épidémie a donc été constamment menée dans les années trente avec des résultats insuffisants du fait que les statistiques elles-mêmes manquaient à cette époque : on ne savait au juste qui pouvait en être victime, faute de déclarations médicales, et l'on ne pouvait que constater le recours insuffisant au vaccin, qui rendait problématique la lutte contre l'épidémie.

La campagne contre les grippes commença aux États-Unis dans les années trente, quand des chercheurs travaillèrent sur un vaccin à base de poumons de souris. Chenoweth, à Philadelphie, jeta les bases du vaccin possible en isolant le virus sur un furet, qui pouvait se réinfecter. Les vaccinations étaient donc à recommencer tous les ans et n'étaient pas très efficaces. Les Anglais ne réussirent pas davantage : lors de l'épidémie de l'hiver 1936-1937, le vaccin échoua parce que la vaccination avait été effectuée sur des groupes trop peu nombreux pour être significative. L'épidémie se déclara trois jours après l'inoculation et elle était irrésistible.

En 1940 Stugg, Margill et Thomas Francis junior découvrent le virus B de la grippe. Les recherches sont activement poussées aux États-Unis, en raison de la guerre : chaque hiver, des dizaines de milliers de GI's sont immobilisés à cause d'elle dans les hôpitaux de campagne. Comment venir à bout de virus aussi volatils ?

Les majors sont perplexes, les chercheurs découragés. Les antigènes de la grippe varient constamment parce que les virus sont multiples et que l'immunité des vaccins est limitée dans le temps. D'où l'emploi dans l'armée américaine de nouveaux vaccins qui semblent donner de meilleurs résultats puisque, si l'on en croit Kilbourne, tous les soldats sont immunisés en 1945 après cinq ans de recherches acharnées.

On crie victoire. Cependant, en 1947, le vaccin ne vient pas à bout de l'épidémie annuelle de grippe qui se développe victorieusement. La « dérive antigénique » se poursuit. Deux souches A et une souche B obligent à fabriquer un vaccin trivalent.

Survient alors, en rafale, la grippe asiatique encore appelée grippe de Hong Kong en 1968. On réussit à isoler le virus, à le combiner avec d'autres éléments pour fabriquer un vaccin expérimental, sans trop savoir quels en seront les résultats. Ces « vaccins vivants » des années soixante-dix sont étudiés dans les laboratoires du monde entier, particulièrement en URSS et aux États-Unis. Les Américains réussissent à introduire dans le virus asiatique un gène qui le supprime. Mais pas dans n'importe quelles conditions.

L'étrangeté du virus ou des virus grippaux donne de la tablature aux responsables de l'Organisation mondiale de la santé. Dans certains pays tropicaux, l'introduction des virus produit des effets désastreux, entraînant la mort des sujets. Les décès sont constatés même dans les pays industrialisés, mais seulement chez les individus en état de moindre résistance. Serait-il donc plus difficile de maîtriser la grippe que la vérole ?

L'amélioration sanitaire de la population chinoise et les possibilités de statistiques et d'études sur le terrain ont permis la mise au point d'une curieuse méthode de prévention. On a constaté depuis les années cinquante que l'épidémie avait presque toujours sa source en Extrême-Orient (d'où le nom de « grippe asiatique »). Il devait donc être possible, grâce au décalage horaire mais aussi au délai de la propagation de l'épidémie, d'étudier aussitôt la mutation du virus, dès son apparition, de l'isoler rapidement et d'envisager la production immédiate de vaccins.

Cette course contre la montre a été engagée avec des résultats probants. La prévision de l'invasion saisonnière de la grippe en provenance d'Asie dans les régions occidentales a permis le rassemblement à Hong Kong de souches « herald » types, futurs agents de contaminations établis à partir de la détection et de la culture de souches particulières. Il devient donc possible d'anticiper la propagation de la maladie, et de rendre la vaccination efficace.

Pour éviter l'épidémie, l'emploi du vaccin devrait être généralisé. Il n'en est rien, et la propagation des épidémies se poursuit en l'absence de barrages suffisamment solides, établis à l'avance. Les médias luttent désormais avec obstination pour l'information du public sur les dangers de la grippe et sur les possibilités de vaccins. Les résultats ne sont pas encore à la hauteur des moyens employés, en raison de la réaction molle du public devant une maladie rarement mortelle. Edwin D. Kilbourne reste pessimiste : « Le cas de la grippe est unique, écrit-il, en ce que le souvenir du passé peut n'être d'aucun secours si la pandémie suivante révèle une facette inattendue de cet adversaire[1]. »

L'aventure de la recherche antigrippale est exemplaire. Les virus de tant d'autres maladies ont pu être combattus et presque éliminés grâce aux vaccins, comme par exemple celui de la variole. Il n'existe aujourd'hui dans le monde que des cas extrêmement rares de cette maladie, qui a cessé d'être épidémique. La grippe, de toxicité bien moindre, est une des agressions les plus gênantes du corps social, en raison de sa périodicité et de son ubiquité. L'impuissance de la recherche tient à la difficulté d'une éradication complète en raison de la résistance de la population aux vaccins, mais surtout à la difficulté de réaliser des produits véritablement efficaces sur un temps raisonnablement long. En plus, les vaccins n'empêchent pas la récidive.

Quand le germe devient mortel, comme celui de la grippe espagnole, la médecine est désarmée, la recherche prise de court. La virologie et l'étude des microbes avaient pourtant réalisé, en 1918, d'importants progrès et l'industrie des vaccins, avec la guerre, s'était répandue dans le monde entier. Cependant l'institution sanitaire était impuissante à combattre le mal. Il faut dire qu'elle était alors débordée par tous les maux issus de la guerre, mobilisée par la recherche contre les effets des armes chimiques.

L'humanité n'est sans doute pas à l'abri d'une recrudescence de formes de grippe mettant en danger la vie des populations. Les progrès accomplis sur les virus actuels permettront-ils de faire face à une situation d'exception ?

---

1. Voir Edwin D. Kilbourne, *A History of Influenza Virology*, in Colloque d'Annecy, 23 mai 1995.

Chapitre 7

Le dernier mal d'amour

On croyait la science capable d'éradiquer définitivement les maladies contagieuses, de rendre impossibles les épidémies, grâce à la révolution microbiologique. La descendance de Pasteur, de Robert Koch et du Dr Roux avait presque éliminé, après la variole, la tuberculose et la syphilis. Le jumelage de l'observation et de la chimie pharmaceutique avait été à l'origine de cette régression spectaculaire de ces fléaux actifs pendant des siècles. Le monde connaissait encore la guerre et la famine, mais il était débarrassé des pestes.

Voici que le fléau revient, à la vitesse d'un cheval au galop. Sa reconnaissance est, en soi, un exploit. Il est dû à la vigilance du *Center of Diseases Control* d'Atlanta en Géorgie qui diffusa dans tous les États-Unis une information capitale : un médecin américain avait remarqué en 1979 des défaillances du système immunitaire entraînant la mort de plusieurs de ses patients, des homosexuels de Los Angeles.

Le médecin familier de ces communautés nota une curieuse convergence de troubles chez ses patients: le muguet oral dû aux mycoses, des diarrhées, des états fébriles anormaux et inexplicables, une vive inflammation des ganglions sans motif visible. Ce médecin consigna dans ses observations que le système immunitaire s'affaiblissait par disparition progressive des lymphocytes T. Un germe généralement considéré comme peu dangereux, le *Pneumocystis carini*, provoqua alors, à la grande surprise du corps médical, la mort inopinée d'un patient.

Dans le même service hospitalier de Los Angeles, un malade mourut dans des conditions très proches. On compta bientôt sept décès dans les trois centres hospitaliers de la ville.

L'alerte une fois donnée par le C.D.C, d'autres cas étaient signalés dans l'État de New York. On y remarquait une consommation anormalement élevée d'une médication appelée pentamidone généralement prescrite par les médecins contre la pneumocystose, maladie assez rare et jusque-là sans danger affectant les voies respiratoires.

On rapprocha ce fait de la fréquence dans l'État de New York d'un cancer cutané, le sarcome de Kaposi, qui ne frappait en général que des personnes des troisième et quatrième âges, et que l'on rencontrait bizarrement désormais, sans cause apparente, chez des jeunes homosexuels.

En juin 1981, l'alerte fut élargie par les autorités de la Santé à l'ensemble du milieu médical, car tous les morts étaient de jeunes homosexuels. Il y avait, disaient les rapports, «possibilité de dysfonction de l'immunité cellulaire liée à une exposition commune, qui prédispose les individus aux affections dites opportunistes, comme la pneumocystose et la candidose».

Le professeur français Jean Tubiana signale à juste titre «l'exploit épidémiologique» de la description précise du départ de l'épidémie par le *Center of Diseases*

230

Control [1]. Les troubles constatés à New York et à Los Angeles sont aussitôt rapportés dans le *New England Journey of Medecine* et repris dans le monde entier. En 1982, les hémophiles commencent à être frappés, dans plusieurs centres de soins et de recherches, par un mal mystérieux à la suite de transfusions et l'on constate des troubles identiques chez les toxicomanes pratiquant des injections intraveineuses. Les médecins américains commencent à se douter qu'il existe un virus transmissible par le sang.

Au début des années quatre-vingt, le mal est repéré en Amérique du Nord, mais les médecins le signalent sur tous les continents. En Europe, on compte déjà une quinzaine de décès suspects de malades de retour d'Afrique équatoriale ou des Caraïbes. Les chercheurs spécialisés dans l'étude du cancer se mettent au travail.

Robert Gallo au *National Cancer Institute* cherche l'origine de l'affection dans les rétrovirus et découvre en 1982 un virus humain spécifique, le HTLV-1. Il s'agit d'un provirus non actif, qui doit, pour infecter les cellules et modifier leur information génétique, être «recopié» en ADN. Gallo est sur le chemin de la découverte, mais il est coiffé au poteau par un chercheur français, Luc Montagnier, qui parvient en 1983 à isoler et à identifier l'agent viral HIV (VIH en français, *Virus de l'Immunodéficience Humaine*).

En 1983, soit quatre ans après les premières observations de Los Angeles, le Pr Montagnier, par un véritable exploit, découvre le sida. Il enseigne que seul l'unique virus responsable du sida se fixe sur la membrane lymphocytaire et la traverse, éliminant ainsi les immunités. Le sang et le sperme étant les agents de transmission du virus, tout ce qui offre une proie à l'invasion devient suspect.

1. Professeur Jean Tubiana, *Histoire de la pensée médicale*, «Champs», Flammarion, 1995, p. 575.

La muqueuse anale des homosexuels ou des hétéro-sexuels familiers de ce type de rapports est particulière-ment en danger, mais sont aussi responsables de la propagation de la maladie les appareils de piqûres souillés et transmettant la mort directement dans le sang. On soupçonne jusqu'aux rasoirs et aux tondeuses des coiffeurs, on ébouillante les aiguilles d'or des acu-puncteurs, on surveille de près les roulettes et les seringues des dentistes, et jusqu'aux cars de collecte du sang postés dans les rues. Les hémophiles deviennent une population à haut risque, comme les homosexuels et les toxicomanes.

Les rapports hétérosexuels sont très vite mis en cause à leur tour dans la propagation de la maladie, et les femmes enceintes menacées de transmettre le virus à leur enfant dans 50 % des cas. Il est déjà clair que le sida se transmet essentiellement par les rapports sexuels, et qu'il prend la suite d'une série déjà longue de « maladies sexuellement transmissibles » dont la plus redoutable était, depuis le XVIe siècle, la syphilis.

*
* *

La majorité des cas sont bientôt répertoriés dans le tiers-monde, en Asie, au Brésil, au Mexique, dans toute l'Amérique latine. L'amour peut donner la mort. Le sida reprend à son compte la sinistre malédiction des maladies honteuses. Il tue à coup sûr et à retardement, mieux que la vérole, il se transmet par les rapports amoureux. Il devient le mal du siècle.

Le sida touche d'abord des jeunes homosexuels. Ils meurent frappés de pneumonies ou de cancers, et ne sont pas guérissables. Les barrières immunitaires sont impuissantes à endiguer la propagation du virus. Ils peuvent succomber à n'importe quelle affection, par exemple de ces tumeurs cutanées du sarcome de

Kaposi. Toute maladie des voies urinaires, de la peau, des circuits nerveux, des poumons, devient suspecte et risque d'entraîner la mort.

Il y a donc deux aires épidémiologiques connues des spécialistes du sida, l'une en Afrique, l'autre en pays développés. L'équipe de Montagnier constate bientôt que la population africaine présente des sérodiagnostics négatifs au virus HIV-1. On découvre alors un second virus appelé HIV-2, très voisin du premier, mais spécifique à l'Afrique équatoriale, où les malades sont très nombreux. Max Essex, chercheur américain de Boston, découvre chez le singe un virus très proche du HIV-2.

Le HIV a-t-il pour origine un virus similaire présent chez les singes d'Afrique ou d'Asie depuis des temps très anciens? Les spécialistes en discutent, sur la base d'expériences et d'observations réalisées par le chercheur japonais Miyoshi et par les Américains Essex et Kanki, découvreurs du SIV: *Simian Immuno-Deficiency Virus*. La moitié de la molécule d'ADN serait commune aux deux virus simiesque et humain. Le chimpanzé d'Afrique ou d'Asie serait le vecteur le plus proche de l'homme. Ainsi l'origine du sida serait centre-africaine, selon cette hypothèse qu'il est encore impossible de confirmer.

On se perdait en conjectures sur la séropositivité. Dans les autres épidémies, comme la variole, la réaction immunologique était l'indice indiscutable de la victoire contre le virus. En serait-il de même du sida? On s'aperçut que ses effets retard étaient meurtriers et que la séropositivité pouvait aboutir à l'infection, après la destruction successive mais totale des barrières immunologiques, au bout de six ans en moyenne chez l'homme et neuf ans chez la femme. Le délai pouvait atteindre vingt ans et plus, mais le sida arrivait à coup sûr au terme du voyage et frappait sa victime à mort.

On put alors affiner la description de la maladie et de

ses causes : le virus introduit par le sang ou le sperme dans le corps devait attendre, pour progresser, l'anéantissement des défenses immunitaires, les lymphocytes appelés T4 qui détruisaient l'adversaire. Quand ces T4 diminuent en nombre, les barrières tombent et le séropositif ne peut pas survivre. Les anticorps sont capables de détruire les virus, mais ils anéantissent en même temps les lymphocytes T4. La chute entraîne l'affaiblissement progressif du malade : quand il passe de 1 200 à 200 T4 au mm^3, après une perte moyenne annuelle de 80 T4, il devient sensible à toutes les affections imaginables, qui se développent alors librement, sans aucune barrière immunitaire.

En l'absence de tout vaccin, le fléau ne peut que se répandre encore plus : l'Organisation mondiale de la santé prévoit 50 millions de séropositifs dans le monde en l'an 2000 pour 8 millions de malades qui se présenteront dans les hôpitaux avec l'espoir d'y recevoir un traitement efficace.

*
* *

La transmission du sida est plus fréquente entre partenaires homosexuels qu'entre partenaires hétérosexuels qui ne pratiquent pas la sodomie, en raison de la faible résistance des muqueuses anales à l'infiltration du virus. Pour cette raison, les communautés homosexuelles sont frappées les premières. On ignore encore le processus exact de cheminement du virus à partir de la zone de contamination et de sa propagation plus ou moins rapide dans le corps. Le franchissement de la barrière muqueuse par simple effraction est le cas le plus courant. Les cellules infectées pénètrent ensuite dans l'organisme, jusqu'aux vaisseaux sanguins et au système circulatoire qui les véhicule dans tout l'organisme. Les ganglions lymphoïdes sont atteints, les défenses abolies.

Des affections irrépressibles minent alors le malade : les bronches, le rhino-larynx sont atteints systématiquement ainsi que les sinus. Des maladies pulmonaires s'ensuivent, mais aussi urinaires, ou digestives, des maladies de peau, ou nerveuses. Le malade n'est plus à l'abri de la moindre agression virale. Les germes évacués normalement dans les maladies les plus banales persistent dans le corps et s'enveniment. On peut voir des résurgences de tuberculose pulmonaire. Les sidéens sont condamnés sans rémission à mourir non du sida lui-même, mais de ses effets destructeurs sur l'organisme par l'élimination progressive et définitive de toutes les défenses immunitaires.

Les caractères particuliers de la malade décourageaient la prévention. Le patient pouvait être en effet contaminé sans rien en savoir. Le syphilitique voyait apparaître un chancre, le blennorragique avait des signes évidents d'infection. Le sidéen reste dans l'ignorance de son affection pendant un temps qui peut être long, jusqu'à douze ans dans certains cas. Le sida est une maladie retard.

Mais le virus est transmissible. Si le porteur n'est pas informé, il peut contaminer en toute innocence une population qui, à son tour, transmet le mal dans une croissance qui peut être exponentielle tant elle est rapide dans certains milieux, soit par voie sexuelle, soit par prélèvement dans les collectes de sang.

L'organisation mondiale du trafic des stocks de sang à destination des hôpitaux repose largement sur la constitution de groupes privés, allemands et américains, qui prélèvent à bas prix le sang dans les pays en voie de développement, où le virus se répand très vite. On découvre que le sida est très largement transmis par le sang des hôpitaux lors des interventions chirurgicales. Pendant une assez longue période, ce sang provenant d'une industrie internationale soucieuse de réaliser des bénéfices rapides n'est pas contrôlé. Il est un des facteurs importants de contamination au début du cycle du sida dans le monde.

Car le monde entier est touché, presque simultanément, en raison des transports aériens rapides qui permettent la plupart des liaisons intercontinentales en moins de vingt-quatre heures. La maladie se répand sans délai de grâce. La peste devait attendre, pour frapper de nouvelles collectivités, le débarquement des navires venus d'Orient. Le bacille de Koch prenait le train: le HIV voyage en avion, il frappe partout en même temps, à partir des aéroports internationaux.

Véhiculé par le sang plus facilement, plus sûrement encore que par le sperme, le virus guette la moindre écorchure pour s'y faufiler lors des rapports amoureux, de quelque nature qu'ils soient. La malédiction qui frappait au Moyen Âge les « sodomites » semble désigner de nouveau les rapports *more diabolico*, comme de nature à répandre plus facilement le mal, en raison de la fragilité reconnue plus grande des défenses organiques.

De fait, on trouve souvent aux origines du mal des populations d'homosexuels mâles, par exemple sur la côte ouest des États-Unis où des quartiers entiers de San Francisco et de Los Angeles ont été presque sinistrés par la toute première épidémie, abandonnés par leurs habitants, comme au Moyen Âge les immeubles de pestiférés. Mais la population hétérosexuelle n'est pas à l'abri du virus, 20 % des couples américains pratiquant les rapports sodomiques, selon les plus récentes estimations. La faiblesse de la membrane anale, cause essentielle de pénétration du sida, rend aussi risquées les pratiques sexuelles non génitales des couples hétérosexuels.

La contamination a des causes évidemment socio-culturelles, elle touche volontiers des communautés d'artistes, de créateurs vivant en circuits fermés et pratiquant souvent aussi, de surcroît, la toxicomanie par piqûres intraveineuses, autre mode de contamination du sida. De la sorte, la désignation des homosexuels comme seuls responsables de la propagation dont ils sont les premières victimes est manifestement injuste : des drogués hétérosexuels transmettent aussi la maladie. Cette accusation relève de la volonté d'exclusion et de dénonciation du corps social menacé, que l'on a vu apparaître au début de toutes les grandes épidémies. Hier les pestes condamnaient les juifs au martyre, aujourd'hui elle cloue au pilori les « pédés ».

La transmission du sida est sexuelle à 85 % à la fin du siècle. Elle touche 20 millions d'individus en 1996, dont l'essentiel habite les régions de l'hémisphère sud. Quatre malades sur dix sont des femmes. La transmission hétérosexuelle a donc pris largement le pas sur les seuls rapports homosexuels et le mouvement du HIV dans le monde ne fait que confirmer cette tendance : les statistiques de l'OMS et les données chronologiques de la croissance de l'épidémie confirment les observations des médecins traitant des tout premiers cas.

Les trois premières vagues de l'épidémie dans les pays développés ont déferlé à partir du début des années quatre-vingt. Les premiers cas décelés ont touché les homosexuels non seulement des États-Unis, mais aussi de l'Europe du Nord, Allemands, Hollandais, Anglais et Danois. Très vite la maladie a décimé les toxicomanes entre 1980 et 1990 dans un deuxième bond en avant, enfin les hétérosexuels et les femmes. Les Belges et les Portugais ont été les plus vite atteints par la transmission hommes-femmes. En Espagne et en Italie, les seringues des toxicomanes ont constitué le premier risque d'infection. Les femmes étaient plus facilement atteintes que les hommes aux États-Unis, à partir des années 1990, à l'inverse de l'Europe.

La France a présenté un profil conforme au modèle européen, avec les trois temps de contamination bien distincts. 40 % des cas touchaient la population homosexuelle, 26 % les toxicomanes et 19 % seulement les rapports hommes-femmes. Mais en dépit des campagnes de prévention entreprises dans le monde entier et qui ne portaient pas encore leurs fruits, l'augmentation des cas provenait après 1990 majoritairement des hétérosexuels, et notamment des femmes, alors que la séropositivité des homosexuels se stabilisait. Les femmes enceintes étaient touchées à leur tour, dans la proportion de 2,8 pour 1 000 à Paris en 1990.

*
* *

L'Afrique noire a été touchée sur sa frange orientale, dans la population bantoue de l'ex-Afrique anglaise, et dans les populations congolaises du centre, le Mozambique inclus. 16 millions d'hommes et de femmes dans le monde, dont 1 million d'enfants, ont été la proie de la sinistre épidémie qui s'est transmise majoritairement par les rapports hétérosexuels. Une femme enceinte sur trois pouvait être infectée dans certaines zones urbaines particulièrement touchées. Refuges des populations rurales accablées par les vagues de sécheresse et par la chute du cours mondial des denrées agricoles, les villes africaines étaient devenues des foyers de misère et d'infection, parmi les sans-travail et les innombrables sans-logis.

Les femmes jeunes, en état de procréer, mettaient au monde des enfants, bientôt des orphelins, les parents mouraient tous les deux du sida. On comptait jusqu'à 2 millions d'enfants secourus dans ces conditions, qui n'avaient plus aucun foyer familial. Le sida devenait aussi destructeur en Afrique que les pestes l'avaient été en Europe au Moyen Âge. Des villages entiers pouvaient disparaître en brousse, dont la population était contaminée par les retours périodiques des émigrés de la ville.

Les anciennes colonies françaises, anglaises et portugaises de l'Afrique occidentale n'ont pas été à l'abri du fléau. Un virus à latence plus étirée y sévissait, qui permit à la maladie de prendre pied tranquillement, sans éveiller les soupçons du personnel médical de prévention. On s'aperçut pourtant de la présence du virus dans les milieux de prostitution de Dakar au Sénégal, grand port atlantique ouvert à toutes les flottes de commerce du monde, aéroport international très fréquenté, relais des vols du Concorde vers le Brésil et la République argentine.

La pénétration du sida fut particulièrement spectaculaire dans le bassin du Congo et en République centreafricaine. Mais elle fut surtout redoutable dans la zone des pays du sud zaïrois: en Tanzanie, Burundi, Zambie. Au Rwanda on comptait dans la capitale, Kigali, 40 % de séropositifs. Le sida a pris pied largement en Angola, en raison des relations de ce pays avec son ancienne métropole, le Portugal, où sévissait la maladie. Il a aussi gagné du terrain, peut-être par l'intermédiaire des voyageurs portugais dans leurs anciens comptoirs d'Inde et d'Asie.

Le terrain indien était favorable au développement de la maladie, en raison d'importants foyers de prostitution: un million et demi de femmes s'adonnaient à cette activité tolérée. On compta bientôt autant d'individus infectés dans ces milieux prédisposés, avec une progression prévisible jusqu'à 10 millions de cas en l'an 2000.

La première phase de la contamination venue

d'Afrique, d'Europe et des États-Unis par avion remontait aux années quatre-vingt et touchait aussi bien à la prostitution qu'à la toxicomanie très forte à Katmandou, mais grâce aussi aux conflits politiques d'Asie qui entraînaient le déplacement d'armées, notamment aux frontières de la Chine et du Pakistan. La prostitution favorisait également la progression du virus en Birmanie et en Thaïlande, où l'on comptait 1 million de cas et, de même, les 900 millions d'habitants de l'Inde risquaient une forte dissémination du virus en raison du très grand nombre de mineures prostituées, et des cas nombreux d'infection des enfants à la naissance.

La Thaïlande, paradis des amours interdites, foyer honteux de la pédophilie touristique, centre de diffusion et de consommation des drogues, connaissait le sida depuis 1984 seulement, plus tardivement que l'Europe et les États-Unis. Les touristes étrangers, souvent homosexuels et bisexuels recherchaient aussi bien les circuits de prostitution masculine que féminine. Quatre ans plus tard, plusieurs vagues de l'épidémie ont accablé le pays.

D'abord celle des toxicomanes : l'utilisation de seringues souillées fut responsable du sida, transmis largement par les Européens en séjours « érotiques ». La deuxième vague fut celle des prostituées féminines, plus tard infectées, mais répandant la maladie à partir de 1990, à une cadence folle. Rien qu'en Thaïlande, on comptait au moins 500 000 prostituées dont beaucoup étaient des mineures. La moitié des hommes fréquentant les prostituées thaïlandaises étaient eux-mêmes très souvent des adolescents non mariés et mineurs.

Dans ce dernier cas, l'origine des virus n'a pas été européenne, comme pour les toxicomanes, mais africaine ou indienne. Une prostituée sur cinq était séropositive et contaminait allégrement sa clientèle, avant d'être repérée et retirée du circuit commercial du sexe.

On diagnostiquait également la présence du virus chez les donneurs de sang des grandes firmes européennes de diffusion du plasma dans les hôpitaux. À partir de 1991, la maladie a gagné les familles, transmise par les hommes fréquentant les prostituées. Elle a atteint ainsi les femmes enceintes et leurs enfants. La boucle était complète en Asie. En 1999, on ne peut guère espérer la stabilisation de l'épidémie, sur la base de 850 000 cas nouveaux répertoriés tous les ans, avant l'année 2100.

Le développement de la prostitution en Amérique latine, particulièrement au Brésil, pays d'exportation des transsexuels, s'est accompagné de cas très nombreux de toxicomanie (jusqu'à 50 % des malades recensés en Argentine et 20 % au Brésil). La circulation des hommes prostitués en Europe et en Amérique expliquait le développement rapide du mal sur le continent, à partir de la population homosexuelle et bisexuelle. Dans tous les pays, la contamination des femmes a augmenté très rapidement, et provoqué un risque élevé d'épidémie pour l'ensemble des populations de l'Amérique latine.

Le fléau était bien mondial, et touchait, à part les enfants et les bébés, tous les gens en état de faire l'amour et tous ceux qui pouvaient recevoir du sang contaminé, ou contracter le virus par les seringues de la drogue. L'épidémie mondiale de sida devait recevoir un traitement universel, à l'échelle de la planète, et coordonné par l'O.M.S.

*
* *

De tous les pays européens touchés par le scandale de la contamination des malades dans les hôpitaux par du sang porteur de virus, seule la France fit déboucher l'affaire sur un plan judiciaire, avec procès des responsables administratifs et politiques.

La proportion d'hémophiles contaminés était de 60 % en Allemagne, de 44 % en Grande-Bretagne et de 45 % en France. L'utilisation des produits concentrés, mélangeant des sangs de diverses origines était responsable de la catastrophe. La cause principale de ce que l'on appelle pudiquement le «dysfonctionnement» est la levée du sang dans des milieux à haut risque de contamination comme les prisons où le taux de séropositivité est soixante-dix fois plus élevé que la moyenne. Sur les 180 établissements français de transfusion sanguine prélevant le sang au coin des rues, un certain nombre de centres ont poursuivi ces prélèvements jusqu'en 1986 et plus tard, à la demande des administrations pénitentiaires.

Mais la raison essentielle de la contamination des hémophiles est l'absence de précaution dans l'administration du sang contaminé pendant l'été de 1985, époque de révélation tragique des cas de sidéens.

En janvier, la preuve de l'inactivation du virus par chauffage du sang avait été faite, mais il subsistait un doute sur la valeur du procédé. En juin seulement, semble-t-il, on a acquis des certitudes. L'administration américaine a décidé vers cette date de cesser la distribution de produits non chauffés. Cette interdiction a été suivie en Europe à peu près à la même date, en France comme en Allemagne.

Mais les nombreuses victimes déplorées en France ont engagé des poursuites judiciaires contre les responsables administratifs qui se sont traduites par des condamnations, et obtenu la mise en jugement des leaders politiques par la Cour de justice de la République en février 1999.

On recherche généralement des boucs émissaires aux drames dont les victimes sont nombreuses, surtout parmi les enfants. Les parents se sont constitués en associations de défense qui ont alerté l'opinion. Il faut convenir que le sang distribué en France entre 1983 et 1985 était plus fréquemment contaminé que dans les pays européens voisins, et que les transfusions y étaient plus nombreuses qu'ailleurs, donc le risque plus grand.

Les insuffisances de la Santé publique en France ne sont que trop manifestes dans cette affaire, mais les responsables de 1985 ne pouvaient avoir la belle assurance des milieux autorisés d'aujourd'hui : ils hésitaient, tâtonnaient, ne maîtrisaient nullement la situation. Aucune épidémie n'avait jamais eu pour conséquence la mise en question de l'autorité publique, pourtant défaillante aussi dans le passé.

L'ubiquité de l'information, la présence physique des familles de victimes sur les antennes de la télévision n'étaient pas pour rien dans cette recherche nouvelle des responsabilités. Le pouvoir politique lui-même, y compris des responsables de 1985, avait admis qu'il devait se présenter en première ligne pour la réouverture du dossier, malgré les risques de débordement de l'opinion.

Tout devait être clair aussi dans les décisions de santé publique. De la sorte, l'affaire du sang contaminé impliquait une innovation, une inversion des rapports santé-patients. On reconnaissait par là que les patients-citoyens avaient droit à toute la lumière, et, s'il le fallait, aux inévitables sanctions, même si cette affaire posait le problème des rapports pour le moins confus entre le pouvoir politique et les centres de décision administrative.

L'épidémie de sida rend l'intervention des pouvoirs publics d'autant plus nécessaire qu'elle touche un nombre considérable de personnes : 20 millions de séropositifs dans le monde en 1997 selon les estimations de l'OMS, et, depuis le début de l'épidémie, 3 millions de morts environ dont 40 000 en France.

Le premier devoir des autorités est de faire connaître

dans le plus vaste public les conditions de transmission du sida. Si les médias ont largement fait leur devoir d'information, l'inégalité des conditions de vie des patients dans le monde rend la réceptivité du public très aléatoire et très inégale. On constate en effet, même dans les pays les plus développés, le plus rapide accroissement des cas de sida parmi les populations les plus démunies.

Aux États-Unis, les chômeurs fournissent huit cas sur dix de séropositifs dans la population hétérosexuelle et 70 % des malades ont un niveau de vie inférieur au minimum. Beaucoup ne savent plus lire, s'ils l'ont jamais su. La prostitution pauvre, les migrations incessantes, la disparition des liens familiaux rendent problématique l'information d'un public tellement dépourvu de liens sociaux normaux qu'il est difficile de lui enseigner la prévention.

Les pays pauvres ou en voie de développement sont aujourd'hui les plus réceptifs au sida. L'information par les médias touche difficilement les populations clairsemées, ou rassemblées dans des zones urbaines où manquent les installations les plus élémentaires.

L'entassement des foules dans les banlieues urbaines en Afrique noire rend toute communication aléatoire. Il faut lancer des campagnes spéciales d'information pour avoir une chance d'être entendu. Cette action est essentielle, car les soixante pays les plus vulnérables se trouvent précisément, pour la moitié d'entre eux, en Afrique noire.

L'intervention des pouvoirs publics ne se limite pas à l'information, ni à la surveillance étroite des centres de transfusion sanguine : elle doit s'engager impérativement dans une réglementation des deux vecteurs essentiels de la contamination, la prostitution et la toxicomanie.

*
* *

Le contrôle des pouvoirs publics ne peut s'effectuer que sur les lieux tolérés, par des visites du personnel médical spécialisé. Les *Eros Centers* de Hambourg imposent à leur clientèle l'utilisation du préservatif depuis 1980. Il en est de même dans tous les lieux de rencontre avec des prostitués hommes ou femmes, et les débuts de la maladie ont conduit, dans ce milieu, à généraliser les précautions de base. En conséquence la vulnérabilité de ce circuit a fortement et très rapidement diminué.

Elle reste très importante dans les milieux mal repérés de la prostitution occasionnelle des deux sexes, impossible à contrôler par les pouvoirs publics dans la plupart des grandes zones mondiales de prostitution. En France, un ministre de l'Intérieur a dû faire murer les studios occupés à Pigalle par des «homos» brésiliens et multiplier les rafles au bois de Boulogne pour interdire l'activité des transsexuels venus du tiers-monde.

Ces mesures radicales ne sont pas innovantes. Depuis qu'elle existe, la police parisienne a lutté contre la prostitution interdite en poursuivant les filles «non soumises» dans la rue, notamment les mineures. De l'aveu des commissaires spécialisés, la police n'a jamais réussi à purger le trottoir. Elle n'a pu que constater la prolifération, dans les années quatre-vingt des prostitués masculins dans certains quartiers de Paris, Trocadéro et Marais, non découragés par les rafles pourtant très fréquentes.

Ce qui n'est pas possible dans les grandes villes occidentales l'est encore moins dans les pays en voie de développement, où la prostitution accompagne sur une grande échelle la migration des populations rurales vers les zones urbaines. L'abaissement général de l'âge de la maturité sexuelle dans le monde favorise la prostitution des mineurs, à Manille, en Thaïlande, partout où une demande forte de « tourisme sexuel » est exploitée très cyniquement par les tour-opérateurs des pays riches.

Depuis un siècle, l'âge des premiers rapports sexuels est passé de dix-sept à douze ou treize ans, pour les garçons comme pour les filles, aussi bien dans les pays à haut niveau de vie que dans les régions sous-développées. En même temps l'âge du mariage a reculé, quand il n'a pas disparu comme en Europe occidentale où le taux de nuptialité a fortement baissé dans les années quatre-vingt pour faire place à des unions libres avec enfants, que la loi désigne encore anachroniquement sous le nom de « concubinage ».

De la sorte, ce que les sociologues appellent la période de « multipartenariat » a augmenté pendant le temps plus long qui sépare l'apparition de la vie sexuelle des mises en ménage sanctifiées ou non par le mariage. Le risque de contamination par le sida s'est accru d'autant plus que les hommes ont constamment recours pendant cette période, et surtout en pays en voie de développement, aux services tarifés des prostituées.

La prostitution en Inde ou dans l'Asie du Sud-Est est un phénomène trop important pour être susceptible de contrôle : 1,5 million de prostituées indiennes auront, avant l'an 2000, contaminé au moins 10 millions d'hommes. On prévoit que l'Inde, en raison de la prostitution, deviendra une sorte de gigantesque réservoir à sida, à moins que les mesures de prophylaxie n'y soient imposées à la longue.

Comment empêcher les Thaïlandais de fréquenter les 500 000 prostituées du pays, pour moitié contaminées, alors qu'ils se rendent dans les lieux de plaisir dès avant l'âge de dix-huit ans ? La prévention se heurte à la pulvérisation du milieu de la prostitution en pleine croissance, en raison de la destruction des cadres économiques et sociaux de ces pays.

Les conséquences tragiques de la fréquentation des prostituées dans les pays en voie de développement ne sont plus à démontrer: la condition inférieure des femmes mariées dans ces régions fait qu'elles sont obligées, sous peine de répudiation, d'accepter les rapports avec l'époux légitime, même s'il est contaminé. Qu'il se sache ou non atteint du sida, il peut poursuivre les rapports avec son épouse sans avoir recours aux préservatifs, et sans encourir la moindre sanction légale.

La vie des épouses est ainsi soumise à un risque qu'elles sont obligées d'assumer, sans en être responsables. Les médecins ont constaté chez les femmes mariées du Rwanda une augmentation de la contamination de 20 %, alors que la proportion du risque chez les femmes à partenaires multiples n'était que de 13 % supérieure. Cela s'explique par le fait que l'épouse ne pouvait imposer dans le ménage l'utilisation de préservatifs, dont elle ignorait généralement jusqu'à l'existence.

Les hommes prostitués du Brésil mènent généralement une double vie de bisexuels qui a pour conséquence la contamination de leur épouse. Les déclarations de bisexuels aux autorités médicales comptent dans ce pays pour 20 % des malades soignés. Ces bisexuels ne fréquentent pas les milieux homos et ne sont pas des membres reconnus de leur communauté. Ils vivent clandestinement la prostitution ou les aventures diverses qui peuvent les porter provisoirement, souvent exceptionnellement, vers des homosexuels.

Il est donc impossible de les regrouper dans la même catégorie. Ils représentent pourtant un des points de passage du sida des communautés homosexuelles à l'ensemble de la population. Il en est des bisexuels comme des prostituées occasionnelles, non répertoriées, inconnues des services de police et de santé, et qui constituent la frange à risque élevée de la population des pays du tiers-monde.

*
* *

Les pratiques toxicomanes ajoutent au risque, en raison de la contamination par les seringues intraveineuses, qui servent à plusieurs injections et transmettent donc le virus à une série d'utilisateurs. L'intervention de l'État peut être utile dans ce domaine en autorisant tout simplement l'achat de seringues dans les pharmacies, ce qui provoque un recul immédiat de la contamination par ce moyen.

Il reste qu'aux États-Unis les femmes ont 44 % de risques d'être infectées par le virus du sida, en raison de la fréquentation de toxicomanes pratiquant en commun les injections intraveineuses. Les statistiques récentes montrent que ces femmes sont généralement des monogames et qu'elles n'ont fréquenté qu'un seul partenaire sexuel sur une période significative de cinq ans.

Le danger des piqûres est donc certain. Le risque majeur, dans la classification établie par les sociologues du sida, est le cas limite d'un homosexuel toxicomane qui se prostituerait. L'éducation sexuelle des prostituées en Europe a permis d'obtenir une régression intéressante de l'infection, dans tous les cas où la malade a réussi à maîtriser la toxicomanie. Les prostituées toxicomanes sont en effet atteintes à 30 % contre 5 % pour les autres.

La consommation des drogues peut passer par d'autres voies. En 1985, l'apparition sur le marché du crack ou cocaïne fumable touche les jeunes appartenant à des minorités ethniques aux États-Unis : Haïtiens, Porto-Ricains, immigrants clandestins. Le moindre coût de cette drogue meurtrière explique sa forte consommation dans les milieux les plus démunis. Les hommes sont autant consommateurs de crack que les jeunes filles. L'achat de la drogue encourage la prostitution intensive et peu rémunérée, sans aucun contrôle médical. Les consommateurs ont deux fois et demi plus de risques de contracter le sida, d'après les études des services de santé américains.

La consommation de la cocaïne fumable est donc venue relancer l'infection, en baisse depuis les ventes libres de seringues à injection intraveineuse. Les « passages à l'acte » d'amour se sont multipliés, favorisés, encouragés par la consommation des drogues, dans une population très jeune de quartiers très pauvres.

On est loin des parcs, élégants, délicatement plantés d'arbustes de Lausanne et de Zurich, pollués dans les années quatre-vingt par des centaines de seringues jetées par les jeunes cocaïnomanes des communautés hippies. Si le crack n'est pas responsable d'une contamination directe par le sang, il implique cependant une vulnérabilité plus grande des usagers, due aux rapports de prostitution spontanés, impossibles à maîtriser et à la pratique des rapports non protégés dans une population aussi bien hétérosexuelle qu'homosexuelle.

Les violences sexuelles sont dénoncées dans certains pays développés avec raison. Dans l'État de New York ou en Floride, ce risque est rappelé tous les jours dans les colonnes des faits divers et dans les chroniques des tribunaux. Des cas d'agression sexuelle sur des enfants ont abouti d'une manière certaine à la contamination. La promiscuité des condamnés dans les prisons expose de nombreux jeunes délinquants à contracter le sida au cours de rapports qui leur ont été imposés par la violence.

Mais que dire des violences consenties par les familles, recherchées même, en raison de leur sinistre rémunération, des fillettes achetées dans leur jeune âge, obligées d'accepter des rapports avec des hommes souvent âgés, qui les ont enlevées à leur père en payant la dot ? Le marché matrimonial africain avantage les acheteurs de fillettes du fait que les femmes jeunes sont au moins une fois et demie plus nombreuses que les garçons du même âge en Afrique noire. Des enfants de douze à quinze ans se trouvent ainsi offertes très légalement au marché du mariage ou, plus cyniquement, au marché du sexe, sans avoir les moyens de refuser cette servitude, qui se traduit généralement par une contamination.

Tous les continents sont actuellement sous la menace, sans qu'aucune régression sérieuse ne s'annonce, en raison de l'impossibilité pour les femmes de choisir leurs pratiques sexuelles dans des sociétés majoritairement dominées par les hommes et qui imposent le mariage comme une obligation. On peut remarquer que la pratique homosexuelle n'a plus alors de rôle déterminant dans la transmission du sida, puisqu'il affecte une population désormais plus féminine que masculine partout dans le monde.

Chez les homosexuels, le risque augmente avec la fréquence des rapports, mais varie en fonction des individus. On cite de nombreux cas de séronégativité d'épouses de maris infectés ou l'inverse. En revanche, un rapport établi par deux médecins de Nouvelle-Angleterre signale le cas d'un sexagénaire diabétique, incapable de pénétration, contaminé par la seule pratique du cunnilingus avec une prostituée.

On estime que le risque de contamination est plus important au cours de rapports pratiqués pendant la période des règles de la partenaire, et que le coït interrompu peut permettre d'échapper, dans certains cas, à la contamination de la femme. Mais la médecine ne dispose pas actuellement d'observations suffisantes pour en tirer des conclusions fermes et significatives.

La contamination par les rapports oro-génitaux, les

fellations, a fait l'objet de débats passionnés. On estime, sans en être certain, qu'ils pourraient avoir une incidence et qu'il convient de s'en préserver. Faute de preuves par expérimentation, on en est réduit à se fier à des témoignages. Il est cependant clair que s'il existe un risque sur mille d'être frappé à vie pour une fellation, il est préférable de s'en abstenir.

Le rôle des pouvoirs publics n'est pas de minimiser le risque de contagion en discutant des pourcentages, mais de le surévaluer au contraire, jusqu'à envisager les cas d'exception.

*
* *

Le sidéen a remplacé le lépreux de l'an mille dans l'opprobre des contemporains de l'an deux mille, qui ont, une fois de plus, salué en maints pays la maladie comme un avertissement du Ciel. Que des homo-sexuels et des drogués fussent à l'origine du mal impli-quait déjà une sourde réprobation des milieux bien-pensants d'Amérique et d'Europe. Qu'on pût le relier à l'immigration permettait l'exécration et l'im-précation qui n'ont pas manqué dans les débuts de l'épidémie.

Une vague de xénophobie contre les Africains et les Haïtiens déferla sur New York. Ces voleurs d'emplois, chauffeurs de taxis et dockers, contaminaient, disait-on, la communauté américaine : double grief, conflu-ence des thèmes de lutte traditionnels dans les syndicats américains contre l'immigration et des com-munautés religieuses contre le sida. Un prêtre de New York refusa de célébrer le mariage d'un sidéen.

L'évêque ne manqua pas alors de lui représenter ce que son comportement pouvait avoir de scandaleux. Jadis l'Église avait isolé les lépreux, pour mieux les rap-procher de Dieu et partager leur souffrance. Refuser un sacrement à un malade était impossible à un prêtre, disait l'évêque de New York.

Le pape a donné l'exemple du courage dans la charité, en 1987, en embrassant tendrement un enfant atteint du sida. L'Église insistait sur le partage de la souffrance, sur le devoir de solidarité. Un évêque américain qui proposait d'interdire canoniquement la sodomie était aussitôt dénoncé, brocardé. Pourquoi revenir aux anathèmes du lointain passé, disaient les responsables autorisés de l'Église catholique, quand tout poussait à partager la souffrance des frères atteints dans leur corps, et qui attendaient la rémission? Comme la lèpre, le sida était l'occasion du salut. Pourquoi s'en prendre aux homosexuels, alors que les victimes de l'épidémie étaient les plus pauvres et les plus démunis de la société, sans distinction de sexe ni de mœurs sexuelles?

La société se protège, ou tente de se protéger, avec les recettes traditionnelles de l'exclusion. Chez les protestants de l'Europe du Nord, on songe à isoler les sidéens. On repère un îlot dans l'archipel de Stockholm où ils pourraient subir leur vie entière la relégation, comme jadis les lépreux. Pourquoi ne pas enfermer aussi les séropositifs, afin d'écarter tout risque de contamination? Les Suisses proposent de marquer les corps des malades d'un tatouage indélébile, pour rendre impossible la contagion. Il s'agit encore d'écarter les malades, de les désigner clairement comme coupables : ainsi les lépreux n'avaient-ils le droit de se déplacer en ville qu'en agitant une crécelle, pour que les hommes sains pussent s'éloigner d'eux, à leur approche.

L'opinion publique, après un premier émoi et une phase de douloureuse incertitude, refuse cette ancestrale ségrégation du malade. La presse française proteste, au nom des droits de l'homme, quand l'administration de la santé veut bannir les homosexuels de l'œuvre du don du sang. Pourquoi les homosexuels porteraient-ils seuls l'opprobre ? L'épidémie ne touche-t-elle pas tout le monde ? On proteste contre l'exclusion des séropositifs des emplois, contre la scandaleuse interdiction de l'école aux enfants dont les parents sont malades, contre l'interdiction d'exercer faite au personnel de santé atteint par le mal.

La réponse des catholiques ne satisfait qu'incomplètement l'opinion. Si le geste symbolique du pape vers l'enfant malade émeut, son hostilité à l'usage des préservatifs indigne les protestants, qui l'accusent de contribuer à répandre la maladie.

La position du pape Jean-Paul II est intangible : comme il refuse l'avortement, il est opposé à tout moyen anticonceptionnel, de nature à empêcher la vie de surgir. Nul n'est contraint à des pratiques sexuelles déviées. La chasteté, la fidélité dans le mariage sont les seules armes dont le chrétien dispose en vertu de sa responsabilité morale. L'épidémie n'est qu'une raison supplémentaire pour l'inciter à l'abstinence. L'emploi du préservatif est condamné par le pape, sans exception. Il ne peut en être question.

Pourtant, seul l'emploi du vieux *condom* inventé par les Anglais au XVIIIᵉ siècle peut arrêter radicalement l'épidémie. La transmission chez les homosexuels a baissé très rapidement grâce à la généralisation de son utilisation. La vente libre de seringues a atténué sensiblement la propagation de la maladie chez les toxicomanes. On constate seulement que les jeunes sont plus exposés que les anciens en raison de facteurs psychologiques négatifs : croyance en leur invulnérabilité, pudeur à communiquer avec le partenaire, défi juvénile et refus de s'intégrer dans une chaîne de permissions contrôlées.

La protection assurée par les préservatifs est pourtant presque totale. Le risque de rupture est, il est vrai, plus grand dans les rapports anaux ; et l'utilisation de lubrifiant augmente les risques de dérapage. Mais ces inconvénients sont très secondaires. Un préservatif féminin est utilisé dans les pays scandinaves, sous la forme de bagues flexibles placées dans le vagin. Ce préservatif, qui n'est pas en vente libre en France (pour des raisons d'éthique religieuse?), offre pourtant l'avantage de rendre la femme enfin maîtresse de sa protection corporelle.

Les hommes en 1980 constituaient 80 % des victimes de l'épidémie, ils n'en sont plus que 50 % et la proportion des femmes infectées augmente constamment. Aussi utilisent-elles, quand elles ont les moyens de s'en procurer, des spermicides vaginaux capables d'attaquer aussi le HIV et les MST. Mais l'usage de ces éponges contraceptives en Afrique dans un milieu de prostituées a montré qu'elles pouvaient avoir des conséquences fâcheuses : développement d'ulcères ou de vaginites. À quand la protection totale de la femme, seule capable d'éliminer le mal? Quand sera-t-elle acceptée par les autorités religieuses, admise par l'évolution des rapports hommes-femmes dans le tiers-monde? On mesure l'importance et la permanence des blocages.

*
* *

Après dix ans d'efforts des services de santé et d'intervention des équipes de l'OMS, la protection par les préservatifs ne touche en Afrique que 5 % de la population et l'épidémie poursuit sa route, menaçant gravement la survie de la population du continent.

Chez les prostituées, plus facilement contrôlables, la majorité refuse encore l'usage du préservatif. Les expériences réalisées au Zaïre montrent cependant qu'en associant la prévention du sida à celle des MST plus vite visibles et gênantes dans les rapports sexuels, on obtient des intéressées l'usage obligatoire des préservatifs, et les conséquences en sont aussitôt positives pour barrer la route au HIV. Mais ces pratiques ne sont pas assez généralisées pour constituer une vraie prophylaxie.

Le « *100 % Condom Use Program* » développé dans les *Eros Centers* de Thaïlande a connu des résultats heureux, ainsi que la distribution de *condoms* aux militaires de ce pays. Mais l'usage des préservatifs est difficile à imposer dans le cadre du mariage traditionnel. Il suscite immédiatement des barrages psychologiques. Pourquoi le mari imposerait-il soudain à son épouse un coït protégé sans s'avouer coupable ? Qui l'obligerait, même s'il se sait contaminé, à ne pas communiquer sciemment le virus à sa femme ?

La question de la notification des partenaires ne se pose qu'en pays développés, où le dépistage volontaire est devenu la règle. En France, une loi de 1993 impose seulement au médecin de proposer à ses patients un examen prénuptial et prénatal de séropositivité mais il n'est nullement contraignant. Les auto-tests permettent aux Américains du Nord d'expédier dans les laboratoires spécialisés d'analyses des prélèvements sanguins et d'obtenir rapidement les résultats de l'examen au téléphone, ce qui permet aux populations rurales d'être immédiatement informées et aux amateurs d'aventures extra-conjugales de pratiquer sans risque. La Santé publique s'est efforcée, dans tous les pays, de mettre à la disposition des gens les moyens fiables de savoir s'ils sont ou non infectés par le HIV.

Comment compter seulement sur la responsabilité individuelle pour communiquer l'information ? Il y faut, pensent les pays protestants, la contrainte de la loi, la crainte du châtiment. Ainsi les *Centers for Diseases Control* américains proposent-ils très timidement aux malades intéressés d'annoncer eux-mêmes la séropositivité aux partenaires, cette offre n'étant pas une obligation. Elle est d'ailleurs refusée quatre fois sur cinq par les usagers.

Depuis 1985 la loi suédoise fait obligation aux médecins d'informer les partenaires, sous le contrôle absolu de la confidentialité de l'information. À défaut du médecin, le patient s'engage à parler lui-même à son ou à ses partenaires. Cette pratique suédoise a suscité dans d'autres pays, et en Suède même, des objections passionnées, au nom de la défense du secret médical chez les praticiens, de l'atteinte à la liberté individuelle et au droit de l'individu de ne pas être exclu de la communauté humaine.

La dictature cubaine ne s'est pas embarrassée de ces scrupules. La loi oblige à informer les partenaires des risques de contamination Des programmes de ce genre existent dans plusieurs pays. Ils portent gravement atteinte aux droits de la personne humaine en désignant, à la communauté, les malades comme des exclus. Ailleurs, tous les efforts sont au contraire consentis pour les amener à poursuivre normalement leur vie sociale, pour protéger leur droit au travail, pour rejeter l'éthique accablante de la condamnation morale.

La réaction immédiate de la société menacée était d'exagérer le risque de contamination, pour mieux isoler les malades, les repousser dans leur malédiction. On affirmait que le sida se transmettait aussi par la sueur ou la salive. Selon les enquêtes d'opinion de la fin des années quatre-vingt, les Français, dont 80 % ne couraient objectivement pas le moindre risque de contagion, étaient persuadés qu'il était dangereux de vivre auprès d'un sidéen, même en dehors de tout contact sexuel. Certaines croyaient que l'on pouvait contracter le sida en utilisant les toilettes publiques ou en buvant dans le verre d'un malade.

Comment s'étonner de la désocialisation du séropositif, et de sa réticence à informer ses proches de son état ? En l'absence de toute solution médicale, le sidéen dévoilé ne pouvait encourir qu'une condamnation sociale. Les plus révoltés d'entre eux risquaient de semer la mort pour sortir de leur solitude, par une sorte de tragique provocation. « Quand on porte la mort dans son corps ou dans sa tête, écrit le Dr Folscheid, on n'est pas franchement disponible pour des précautions survitales ou altruistes. »

Jusqu'où aller dans la logique de protection sans accabler scandaleusement les victimes de l'épidémie ? En 1994, les médecins de l'Académie des sciences en France proposaient de lever le secret médical. Ils ont suscité une opposition des plus violentes dans l'opinion. Donnerait-on au médecin le pouvoir d'exclure, alors qu'il ne savait pas guérir ?

Le monde du spectacle, le cinéma, la télévision se sont employés à sortir le sidéen de son isolement, à le valoriser comme personne humaine jusqu'à en faire le héros de films modèles. Jamais tant de vedettes n'ont participé d'aussi bon cœur aux soirées d'entraide télévisées, aux campagnes d'information sur les sidéens et sur les progrès de la lutte contre la maladie. Un élan de solidarité s'est manifesté sur tous les écrans du monde, transformant en amour la première réaction de répulsion et d'exclusion.

*
* *

La seule issue véritable à une épidémie n'est jamais morale, même si elle ne se propage que par les relations sexuelles ou le sang. Beaucoup de Français confondent. Ils sont encore persuadés que la contamination par les rapports n'a lieu qu'en cas de saignement des muqueuses, alors que le sperme est un vecteur privilégié. La syphilis n'a terminé sa course que grâce à la découverte des traitements antibiotiques, et la variole par le vaccin. Peut-on vacciner la population contre le sida ? Existe-t-il une possibilité de traitement ?

À la conférence de Chicago de janvier-février 1999, les publications des chercheurs montrent que la perspective de réalisation d'un vaccin préventif contre le sida est de plus en plus lointaine.

C'est plutôt dans le traitement de l'épidémie que des améliorations spectaculaires sont constatées. On attaque les rétrovirus en réduisant leurs effets secondaires. On met au point de nouvelles molécules contre les souches résistantes de HIV. La généralisation des polythérapies individualisées pourrait transformer l'épidémie mortelle en maladie chronique, du moins dans les pays industrialisés où la population a les moyens de se soigner.

Dans le tiers-monde, où vivent actuellement la grande majorité des victimes de l'épidémie, ces stratégies sont trop coûteuses pour être utilisées. On ne peut imaginer que des formes allégées, applicables notamment dans les maternités pour réduire le risque de transmission de la maladie de la mère à l'enfant. Il y a pour les riches un traitement possible du sida, mais non une stratégie pour les pauvres. Dans ces conditions, il ne peut que se développer encore.

Dans *Le Monde* du 6 février 1999, le Pr Stefano Vella, président de la Société internationale du sida, marque « l'étape historique » de l'apparition des polythérapies, dont les « résultats cliniques et biologiques sont incontestables » en dépit des effets secondaires graves chez certains patients. Il se félicite du terrain parcouru « en un temps aussi rapide ».

Ses propos ne laissent pas d'être inquiétants. S'il devait aujourd'hui prendre en charge un patient jeune infecté depuis quelques mois par le HIV, il assure que ce malade, à condition qu'il veuille se soigner et « modifier son traitement en fonction des résultats » pourrait se voir assuré « d'être vivant dans vingt ans ».

Pendant trois ou quatre ans une première trithérapie rendrait en effet le virus indétectable. Il en subirait ensuite une nouvelle, puis une autre encore. Il s'agit, selon le Pr Vella, de gagner du temps contre la maladie. On ne peut être certain que d'avoir allongé, par les traitements nouveaux, l'espérance de vie des sidéens en moyenne de cinq ans seulement.

Le «mode chronique» de l'épidémie n'est donc pas exempt de dangers mortels, même si l'on s'acharne à en reculer l'échéance. Les médicaments antirétroviraux, développés régulièrement depuis 1996, sont responsables de cet inlassable combat de tranchées contre le mal. Ils sont les résultats des recherches de l'industrie pharmaceutique très mobilisée dans les pays industriels. Une quinzaine de molécules existent déjà sur le marché. On attend la mise en œuvre de molécules nouvelles.

Les modifications de l'organisme au cours d'une longue période de médications intensives sont encore imprévisibles mais présentent déjà des effets secondaires fâcheux. Les sujets perdent du poids, les muscles fondent, les tissus graisseux disparaissent. Le visage devient maigre et terreux, les membres s'atrophient.

D'autres effets pernicieux vont au contraire dans le sens d'une prise anormale de poids de certaines parties du corps, le ventre, la nuque, les membres inférieurs. La vie du malade est prolongée, mais à quel prix! L'Association *Act-Up Paris* de défense des sidéens s'en inquiète légitimement.

Il faut sans cesse inventer des molécules capables de guérir, du fait de la résistance incroyable du virus dans son patrimoine génétique, qu'il peut modifier avec rapidité. Les antiprotéases apparaissent en effet après un délai de trois ans et nécessitent la reprise de la lutte sur un autre front. Les souches de HIV multirésistantes semblent défier les thérapies.

Il ne semble donc pas possible d'espérer à court terme

une éradication du virus. Il n'est sans doute pas envisageable de détruire la totalité des particules du virus, à force d'acharnement. Mais on ne renonce nullement à rétablir d'une manière ou d'une autre les fonctions du système immunitaire, et l'on reparle de vaccin, seule forme d'intervention possible en pays sous-développé où les traitements médicamenteux sont hors de portée des malades.

Si la recherche avance dans l'hémisphère nord avec des moyens sans précédent et obtient déjà des résultats certains, même s'ils ne font pas espérer l'éradication du virus, on peut se demander si les pays de l'hémisphère sud, majoritairement touchés par l'épidémie, pourront profiter de l'état des travaux réalisés dans les pays riches.

Transmis par voie sexuelle et sanguine, et à l'enfant par sa mère, le sida est destructeur de l'équilibre démographique de certains continents, l'Afrique et l'Asie, demain l'Amérique latine. Sur les 17 millions de personnes touchées par le HIV en 1994, 11,2 millions se trouvaient en Afrique subtropicale et 3 millions en Asie du Sud-Est.

Le sida était devenu dans le monde la première cause de décès chez l'adulte, la quatrième chez les femmes, la dixième chez les enfants. L'écart entre les pays en voie de développement et ceux du Nord ne cesse de se creuser. Contre un mal aussi grave, on a suggéré la mise en place d'un «Manhattan Project» aussi important que le programme qui, pendant la Seconde Guerre mondiale, a abouti à la fabrication de la bombe atomique par les savants réunis aux États-Unis. Tous les efforts devraient être consacrés à la production d'un vaccin.

Les essais ont été jusqu'ici infructueux, malgré les progrès spectaculaires de la biologie moléculaire. Les professeurs américains J. Mann et D. Tarantola en expliquent très distinctement les causes essentielles[1] : pour être concluantes, les opérations doivent porter sur une population de plusieurs milliers d'individus et pour une période longue de dix ans. Où les recruter ? Dans le milieu médical ? Parmi les patients ? Ceux-ci constituent une masse trop vulnérable trop peu fiable pour les analyses à long terme, ils sont « instables et difficiles à suivre ».

La possibilité de fabriquer des vaccins existe, en raison d'un vaste choix de « protéines virales recombinantes, de peptides de synthèse et de vecteurs viraux et bactériens » et même « de gènes viraux introduits dans l'organisme sous forme d'ADN nu ». Toutes les ressources de la biologie moléculaire peuvent être mobilisées dans la recherche du vaccin. Il s'agit d'obtenir la production par l'organisme atteint de ces précieux lymphocytes T cytotoxiques en grand nombre, seuls capables de faire face avec efficacité aux atteintes incessantes du virus.

Les assauts sont très rudes pendant la première période d'infection où le virus se reproduit à une cadence démentielle. Après plusieurs semaines, l'organisme réagit, produit enfin des anticorps capables de combattre le HIV, ce qui a pour effet immédiat de faire apparaître le patient comme séropositif. Jusque-là, on retrouve le cas de figure de la vaccination anti-variolique. Des anticorps sont effectivement sécrétés.

Mais le virus du sida se transforme constamment, il se « réplique » et cette réplication rend le terrain immunitaire problématique. Il est peu à peu attaqué, résorbé, détruit. Les soignants constatent que les cellules immunitaires se remplacent alors difficilement,

---

1. J.L. Mann et D. Tarantola, *AIDS in the World*, Harvard University Presss, Cambridge, 1996 ; cité par Anne-Marie Moulin, *L'Aventure de la vaccination*, Marc Lallemant et Sophie Le Cœur, Paris, Fayard, 1996.

que le processus de vaccination est en train d'échouer parce que la ductilité du virus, capable de s'adapter à une situation d'agression, imagine ses propres défenses en se modifiant. Le chercheur est perdu, il ne dispose d'aucun repère fiable. Il n'est pas, comme dans le cas du virus de la variole, en présence d'un ennemi clairement identifiable, sa proie lui échappe. Elle devient fluide, multiforme, impossible à cadrer. Pas d'immunité stérilisante : la vaccination devient impossible.

Peut-on essayer de nouvelles formules sur des organismes animaux proches de l'homme ? Les chercheurs ont ouvert des voies dans plusieurs directions, sans parvenir à des résultats vraiment satisfaisants. Les rétrovirus animaux ne sont jamais les mêmes que le HIV et n'ont pas toujours pour conséquence de supprimer l'immunité. Il n'est jamais certain qu'un vaccin efficace sur un animal jouera le même rôle une fois injecté dans un organisme humain. Tous les essais ont été décevants.

Les formules mises au point butent aussi sur la durée nécessaire de l'expérimentation, seule capable de garantir la validité d'un vaccin. Les effets sont en effet contradictoires et incitent à la prudence : chez certains sujets, on constate une amélioration, une diminution de la contagiosité, mais chez d'autres, l'évolution de la maladie est au contraire précipitée. Qui voudrait alors se soumettre volontairement à des tests aussi problématiques ? N'est-il pas scandaleux de considérer la population des pays en voie de développement comme une sorte de réserve de cobayes ?

La protection internationale joue ici en avançant le principe de défense des droits de l'homme. Le respect de la personne implique « que le sujet n'est pas un moyen de recherche, qu'il en est la fin ». On ne peut l'engager dans une recherche sans son consentement éclairé. Encore cet accord ne dégage-t-il pas la responsabilité du chercheur qui doit comprendre que « l'intérêt du sujet passe toujours avant celui de la science et de la société».

Ce principe fondamental est certes admis par tous, mais qu'en est-il sur le terrain? Les populations du tiers-monde, les plus susceptibles de contracter le virus HIV, sont en même temps les plus mal traitées, insérées dans des sociétés d'oppression et de violence à tous les niveaux. Comment pourraient-elles être garanties? Dans le principe même de la vaccination, on accepte, on escompte paradoxalement le risque de la contamination. Comment démontrer l'efficacité d'un vaccin s'il n'y a pas infection? On comprend les «atermoiements» de la communauté scientifique.

Les expérimentations humaines se traduisent quelquefois par des avancées indiscutables: par exemple il est clair que les essais cliniques réalisés aux États-Unis sur l'utilisation de l'AZT pendant la grossesse réduisaient des deux tiers le risque de transmission du sida de la mère à l'enfant. Le test supposait que l'allaitement par la mère devait être interrompu. Le traitement, pour être efficace, devait porter sur plusieurs mois et impliquait un investissement élevé. Comment l'appliquer dans les pays du tiers-monde, où il était le plus nécessaire?

Les Américains ont calculé que l'emploi pourtant coûteux de l'AZT sur les femmes enceintes atteintes du HIV permettait de dépenser cinq fois moins pour les soins? Or, ce que peut se permettre un pays riche n'est pas à la portée des habitants des vastes zones contaminées d'Afrique, où les mères continuent d'infecter les bébés à la naissance.

On a imaginé, pour les Africaines, des traitements limités à la période de la fin de grossesse, faute de pouvoir les suivre sur un temps plus long. On ne les atteint en effet que pendant le temps de leur présence à l'hôpital. On se heurte à une contradiction dont on ne peut sortir: pour que le médicament soit efficace, l'allaitement au sein doit être interrompu, parce qu'il augmente d'un tiers la contagiosité. Mais l'expérience enseigne que les enfants non allaités par leur mère présentent des risques élevés de mortalité. Que choisir dans ce cas?

Cet exemple montre la différence de traitement de l'épidémie au nord et au sud de la planète. Seules les communautés riches du Nord ont les moyens de traiter dans des conditions satisfaisantes les malades en essayant sur eux et sur une période convenable les combinaisons de pointe, mises en place par la recherche. L'injustice et le scandale, c'est que les zones de plus haut développement de la maladie sont en même temps celles où, pour des raisons sociologiques et économiques, les essais ne peuvent être faits de façon valable alors que l'on prélève dans les mêmes zones des sujets d'expérimentation donnant leur accord pour servir de cobayes.

Peuvent-ils refuser? Marc Lallemant et Sophie Le Cœur remarquent avec justesse que «le sous-développement constitue, à bien des égards, une transgression pure et simple des principes éthiques fondamentaux». Le consentement «obtenu dans le désert médical des pays les plus pauvres» reste, avec tous les dangers encourus, même si l'on prend la peine d'avertir minutieusement les sujets, «le seul espoir de prise en charge, ne fût-ce que temporaire». Dans la détresse du continent africain, dans la fragilité des protections sociales, il faut, pour appliquer les droits de l'homme «des mesures héroïques».

La complication des données par les caractères très particuliers du virus du sida remet en question jusqu'aux traitements des futures mères par AZT ou 3TC. Le Pr Stéphane Blanche a signalé au congrès de Chicago en 1999 le cas de décès de nourrissons à l'hôpital parisien Necker-Enfants malades: les mères séropositives traitées régulièrement pendant leur grossesse ont donné naissance à des enfants qui sont morts peu après, non du HIV mais d'une maladie rare, manifestée par des troubles neurologiques et des anomalies biologiques. Les médecins ne peuvent qu'intensifier la surveillance des mères séropositives, sans pouvoir encore porter de conclusion sur d'éventuels effets secondaires mortels du traitement.

La recherche d'un vaccin contre le sida se heurte constamment à des obstacles de ce genre. Cependant, de l'avis de tous les chercheurs, les possibilités deviennent chaque jour plus nombreuses et l'on approche de pistes nouvelles, qui peuvent être fécondes.

Le vrai problème, qui n'est nullement résolu, est celui de la correction de l'inégalité de traitement entre les malades du Nord et ceux du Sud. Si le sida régresse en Amérique et en Europe grâce aux dispositions prises et à l'attitude des communautés à risques, il progresse au contraire dans les pays du tiers-monde pour des raisons socio-économiques, et du fait de l'absence d'une véritable assistance médicale.

L'OMS est sans doute consciente de ces dangers. Le sida est actuellement la seule forme d'épidémie qui ne trouve pas de solution efficace, alors qu'il touche quelque 50 millions de séropositifs.

Comme on l'a vu déjà, le programme élargi de vaccination de l'OMS lancé en 1974, avant l'apparition du sida, prévoyait l'immunisation universelle des enfants contre trois maladies traditionnelles, la poliomyélite qui n'a pas complètement disparu, la rougeole et le tétanos. Les industries pharmaceutiques étaient en mesure de couvrir ce programme, à raison d'un milliard de doses distribuées en 1992.

Si considérables que soient les crédits affectés à la recherche contre le sida, la seule utilisation de l'AZT implique des investissements lourds que les pays en voie de développements ne peuvent consentir. On prévoit une extension du marché mondial à des vaccins faisant appel aux biotechnologies qui passerait de 2 milliards de francs en 1990 à 16 milliards en 1996, à beaucoup plus si l'on met en œuvre des produits anti-sida distribués à l'échelle du monde.

L'épidémie de sida place donc les institutions devant l'urgence de mettre en place de nouvelles masses d'investissements, en particulier pour développer les réseaux de santé publique dans le tiers-monde. Sans ces antennes au contact direct avec les malades, la prévention est impossible et les soins restent illusoires.

*
* *

Grâce au progrès scientifique, on pouvait encore croire en 1974, quand l'Organisation mondiale de la santé lançait sa dernière grande campagne d'éradication des maladies classiques, qu'il était possible, à relativement peu de frais, d'englober le monde d'une sorte de gigantesque étui hygiénique, d'un parfait barrage contre microbes et virus, d'assurer la survie harmonieuse et égalitaire de la planète, en soignant au même tarif nations riches et nations pauvres.

Le sida apparut, avec l'hépatite B et quelques autres maladies inconnues et mystérieuses, comme l'exception à la règle. Très vite il s'imposa comme phénomène épidémiologique majeur, en dépit de la spécificité de ses bases dans les milieux homosexuels d'Amérique et d'Europe. La nouveauté de l'épidémie répandit la terreur. Nul ne pouvait savoir depuis quand le mal sournois avait fait son siège dans l'espèce humaine. On pouvait craindre qu'il n'y eût dans le monde, des centaines de millions de sidéens qui s'ignoraient. Le seul fait positif, entièrement dû à l'avance scientifique des pays développés, était la précocité de son repérage. En trois ans, le sida était reconnu, désigné, photographié, pourvu d'une identité virale.

Cette rapidité de l'intervention des chercheurs était causée par l'apparition opportune du virus : il surgissait dans les laboratoires au moment où la recherche en biologie moléculaire révolutionnait cette discipline et autorisait, par l'emploi du microscope électronique, les détections les plus fines, reliées à un système de pensée biologique entièrement neuf.

La découverte de l'ADN, constituant essentiel des chromosomes, permettait tous les espoirs d'investigation de la cellule vivante. En 1973, Cohen et Boyer avaient réussi à introduire des gènes étrangers dans une bactérie. Le génie génétique était en place lors de l'apparition du sida au début des années 1980. Déjà Maupas avait fabriqué, le premier en France, un vaccin contre l'hépatite B.

Tout semblait encore possible à la science. En 1981, en collaboration avec International Chemical Industry, les chercheurs britanniques avaient réalisé par synthèse le gène humain responsable de la constitution de l'interféron, une molécule indispensable à la défense de l'organisme. Qu'on eût repéré si vite le virus du sida semblait aux scientifiques de bon augure. On multipliait dans le monde les manifestations pour trouver des ressources financières à destination de la recherche, afin qu'on en finît au plus vite avec la dernière en date des grandes épidémies.

On devait déchanter: la biologie moléculaire, en dépit de la puissance croissante de ses moyens d'investigation, se heurtait à des pièges en établissant la carte très particulière de la maladie. Sa longue durée empêchait les recherches de vaccin et leurs expérimentations. Les modifications constantes du virus, dans le temps et dans l'espace, rendaient la recherche tâtonnante, mal adaptée aux ruses du combat microbiologique qui se livrait avec acharnement pour sauver les défenses immunitaires.

On pouvait réaliser des progrès dans la prévention, en profitant de la faible circonscription géographique et sociologique du mal à ses débuts : il concernait en priorité des communautés d'homosexuels et de cocaïnomanes. Mais la rapidité des moyens de communication permettrait au virus HIV de toucher en peu de temps tous les continents, en profitant du «blanchiment» des perversions par la société marchande : *Eros Centers* d'Europe, amours tarifées des mineurs des deux sexes en Thaïlande, exportation des transsexuels brésiliens et des enfants de Manille...

Le sida s'intégrait, disait-on, aux schémas du vice. On en profitait pour le dénoncer comme une maladie diabolique, à extirper de milieux préalablement sectorisés, inséré dans des barrières impossibles à franchir. La lutte menée contre la «goulaguisation» du sidéen, contre son enfermement scandaleux, faite au nom des droits de l'homme réussissait seulement à dédramatiser la maladie dans l'hémisphère nord, alors que les traitements semblaient prolonger sa sinistre échéance en désignant les patients comme des malades chroniques.

Mais les HIV avaient franchi depuis longtemps leur limites d'origine, les quartiers de San Francisco ou ceux des travestis de Pigalle, pour être signalés dans le monde entier. Par le circuit de la prostitution, ils gagnaient l'Asie du Sud-Est, l'Inde très rapidement contaminée, et touchaient des millions d'hommes et de femmes.

En Afrique, des virus particuliers décimaient les familles et non les seuls homosexuels. Le sida devenait un fléau des sociétés en voie de développement, capable de dépeupler des continents entiers. Il n'était plus question de le traiter par les seuls moyens de la prévention, au reste condamnée par les religions dominantes, et de s'en tenir à l'emploi rassurant des préservatifs. Il était désormais urgent, moralement et démographiquement indispensable de sauver les enfants et les femmes enceintes contaminées, c'est-à-dire les familles elles-mêmes.

Pouvait-on espérer quelque résultat d'une révolution des mœurs dans des sociétés où les femmes n'avaient nullement l'initiative de l'acte sexuel, où les soins eux-mêmes ne pouvaient être distribués partout, ni sur une distance significative pour qu'une lutte réelle contre la maladie pût être assurée ? L'OMS devait avouer son échec. Il existerait au monde, en l'an 2000, une épidémie frappant 50 millions d'hommes et de femmes que l'on serait incapable d'attaquer de front.

On ne pouvait se résigner à cette impuissance manifeste. Mais la solution ne dépendait pas seulement de la recherche moléculaire. Les laboratoires du monde entier ne manquaient nullement de crédits ni de moyens. Ils progressaient durement, patiemment, dans la mise au point des substances chimiques qui permettaient de reculer l'échéance du mal, de ruser avec le virus.

Mais ils ne pouvaient faire de miracle. L'injustice de la répartition des richesses dans le monde, le terrain rapidement gagné par le sida en pays en voie de développement faisaient du traitement social de l'épidémie un cas particulier du scandaleux abandon dans lequel l'économie libérale triomphante avait laissé les continents les moins capables de s'intégrer au jeu de la concurrence. La propagation incoercible du sida dans le tiers-monde devenait réellement la honte de la société riche, il lui renvoyait l'image de son nouvel égoïsme conquérant : plus que jamais les profits se réalisaient dans l'abandon délibéré de plusieurs milliards d'humains.

Échappant au vent du progrès, ils ne pouvaient que se multiplier dans la misère, et faire croître sur leurs organismes dépourvus de défenses les stigmates de la nouvelle épidémie destructrice.

Jadis la « civilisation » coloniale s'était flattée d'éradiquer de la planète la peste, la variole, la lèpre, le choléra, plus récemment la tuberculose. Aucune de ces maladies n'imposaient de lourds investissements en vaccins et en traitements. À moindres frais, la bonne conscience des sociétés industrielles pouvait s'étaler. Le sida réclame des soins à long terme, suppose la mise en place partout dans le monde d'un coûteux appareil médical de surveillance et de soins. Les substances inventées pour les traitements et sans doute aussi le vaccin de demain ne sont pas à la portée des plus pauvres.

À moins d'un miracle donc, pour sauver le monde du sida, il ne faut rien moins qu'une révolution planétaire, avec une nouvelle répartition, plus égale, des moyens. Pour la première fois depuis le début du deuxième millénaire, une épidémie vient remettre en question l'ordre social et économique du monde, et dénoncer l'absolue insuffisance de la « communauté des nations ».

Six milliards d'hommes

Les épidémies de peste et de lèpre de l'an mille frappaient une population mondiale d'à peine 300 millions d'âmes. Le sida menace 50 millions d'habitants d'un monde qui comptera, en l'an 2000, 5 milliards 900 millions d'habitants.

La planète atteignait son premier milliard d'habitants quand elle était menacée, vers 1800, des fléaux conjugués du choléra, de la syphilis, de la tuberculose et de quelques autres épidémies. En quantité, le monde d'aujourd'hui semble mieux protégé contre les fléaux migratoires qu'il ne l'a jamais été, malgré l'importance des cas prévisibles et leur concentration sur les continents les plus désavantagés d'Afrique et d'Asie.

Repéré pour la première fois dans la richissime province de Californie, dans le pays le plus riche et le plus puissant du monde, les États-Unis, le sida, poursuivant sa course folle à travers les océans, a ripé vers les banlieues pauvres, devenues gigantesques, des villes africaines, et dans les foules colorées de l'Inde. Il est devenu une nouvelle épidémie de la misère.

S'il pose des problèmes d'éradication en Afrique, c'est que les conditions sociales des soins, du dépistage et de l'assistance médicale ne sont pas toujours ce qu'elles devraient être, malgré tous les efforts de l'Organisation mondiale de la santé. Pour affronter cette maladie, la recherche contre le sida a développé des traitements complexes en rapport avec les plus récents moyens d'investigation de la science biologique.

Aujourd'hui encore, comme jadis, les vaccinations sont le moyen d'intervention le moins coûteux de la médecine dans les pays en voie de développement. Quelques millions de piqûres suffisent pour établir un contre-front efficace, à relativement peu de frais. On ne vaccine pas encore contre le sida, mais le seul repérage de la maladie implique l'implantation de centres d'analyses bien équipés et son traitement l'emploi de drogues coûteuses et sophistiquées, sous l'étroite surveillance d'antennes médicales très averties : un traitement qui n'est vraiment applicable qu'aux malades pris en charge par l'organisation sociale et la puissance économique des peuples très privilégiés de l'Ouest européen et d'Amérique.

En l'an mille, c'était l'inverse : les populations d'Occident étaient les plus misérables et les plus fragiles de la planète. Les manants et les serfs mouraient par dizaines de milliers des pestes, sans être moindrement secourus. Des villages entiers se dépeuplaient. Les villes rejetaient leurs indésirables vers les faubourgs, en dehors des murs, où la famine et les maladies faisaient des ravages dans leurs rangs. Pour survivre, les victimes désignées ne comptaient que sur leurs prières, sur les vertus magiques des ossements miraculeux des saints, sur les pratiques d'exorcisme, et beaucoup sur les massacres organisés des juifs accusés d'avoir empoisonné les puits et sur d'autres pratiques barbares.

C'était alors en Orient qu'un malade avait quelque chance d'être secouru sinon guéri, de Bagdad et de Damas à Alexandrie, Palerme, Séville, Kairouan, centres de civilisation et de pratique de médecins héritiers des connaissances de l'Antiquité et des avancées de la médecine arabe d'Espagne et de Sicile.

Dans l'Occident sous-peuplé, sous-développé, déchiré par les querelles féodales, la médecine n'avait pas une chance de progresser, car elle existait à peine. Où trouver, où former des médecins ? Les maladies devaient s'éteindre de leur belle mort, s'épuiser dans les épidémies qui contribuaient à limiter l'expansion de la population. La peste noire du XIVᵉ siècle avait provoqué une régression très sensible de la démographie ouest-européenne.

La peste s'est propagée pendant huit siècles sans que la médecine ait pu fournir de parade efficace au déferlement périodique, presque régulier, des vagues épidémiques. Les médecins, de plus en plus nombreux à partir du XVIᵉ siècle, n'avaient pas les moyens scientifiques, sauf rarissimes intuitions, de soupçonner l'origine du mal, encore moins d'identifier et de dénoncer son vecteur.

La peste de 1720 à Marseille se présentait encore aux yeux des contemporains comme l'allégorie de la mort inévitable, de la mort programmée, celle qui venait à son heure, la faux en main, et l'évêque de Belsunce ne pouvait qu'offrir sa vie en sacrifice. On pensait encore au XVIIIᵉ siècle en France, au temps de Voltaire et de Buffon, qu'il fallait changer d'air pour échapper au mal, et purger les humeurs. Le délire médical allait son train, l'impuissance de la médecine était tragique.

La seule préoccupation du système hospitalier chargé de recueillir les malades et de les dépêcher est alors de les faire mourir du mieux possible, d'utiliser la souffrance et la mort à des fins d'apologétique chrétienne, de dénoncer constamment la colère de Dieu et de mobiliser les fidèles dans les cérémonies expiatoires.

Les religions se sont emparées des épidémies, comme

de chevaux de bataille, même si le clergé catholique, dans le danger, n'a pas été toujours à la hauteur de sa mission : ainsi les moines de Saint-Victor, à Marseille, prenaient-ils la fuite devant la peste. Ainsi les évêques faisaient-ils construire des résidences sur les hauteurs, pour échapper aux miasmes.

Pourtant seul le clergé avait pour mission, sinon de soigner, du moins d'encadrer la société des malades, au besoin de l'enfermer. On sait que les lépreux, isolés dans leurs maladreries, étaient censés monter au ciel plus vite que les autres, en raison de leur humiliation précédant le repentir et de leurs souffrances exemplaires. L'isolement contraint des malades n'était pas présenté comme une sanction, plutôt comme une bénédiction : ils étaient déjà morts au monde, comme les ermites. La différence était qu'ils ne l'avaient pas choisi : l'internement leur était cérémonialement imposé. Même si l'on prenait grand soin de justifier la contrainte, elle répondait aux exigences de la peur sociale et du refus panique de la contamination.

*
* *

Les pestes, elles, frappaient si vite et si fort qu'il était vain de mettre en place des mécanismes de défense pour apprendre aux pesteux l'avantage de mourir ensemble dans des isoloirs sanctifiés par les prières de déculpabilisation.

Les édiles avaient cherché à utiliser des lieux vacants, bien isolés et éloignés, en lisière des villes : des centres de rassemblement où les soins étaient sans espoir, mais où les malades étaient conduits sur l'ordre des autorités.

Les précautions prises étaient vite débordées et la peste courait sur son aire sans se soucier des barrages chétifs. On pouvait enfermer les lépreux, les fous, les errants de tout poil, les asociaux dangereux pour la sécurité des villes, mais non les pestiférés. Ils mouraient sur place avant qu'on pût les évacuer. Ils étaient un danger permanent pour les communautés urbaines. Le souci ardent d'enfouir les corps contaminés dans les fosses communes était le seul devoir qui s'imposait aux médecins dont l'impuissance était manifeste aux yeux du public.

Niveleuse, la mort pesteuse inspire les danses macabres du XIVᵉ siècle. Celle du cloître de la Chaise-Dieu aligne prélats et vagabonds, rois et serfs dans une sarabande en forme de mascarade. Cette provocation égalitaire ne peut manquer d'avoir des conséquences profondes et imprévisibles dans la vie sociale. Alphonse Dupront remarque qu'après les croisades, le clergé a maintenu l'ordre social en prenant en charge le devoir de charité et d'assistance. Son échec manifeste devant la peste le laissait nu devant les critiques, qui mettaient en question la hiérarchie. Plus les États étaient riches et développés, moins l'impuissance des responsables était tolérée, plus les troubles étaient violents.

La peste niveleuse accoutume les hommes à l'idée qu'aucun pouvoir ne peut leur être imposé. Elle naît à Florence, au point de prendre le nom de la ville en 1348, elle y reparaît tous les dix ans. En juillet 1378, c'est dans la cité de la laine qu'éclate la première émeute ouvrière du monde occidental, celle des Ciompi, les cardeurs et petits tisserands conduits par Michele di Lando.

Le *popolo minuto* chasse les hommes riches du *popolo grassoto* du pouvoir, pour constituer le gouvernement révolutionnaire des *Otto di Santa Maria Novella*, et le cardeur Michele, comme les personnages des images peintes sur les fresques de la danse macabre, prend le

pouvoir dans la ville en accédant au poste de gonfalo-
nier, sans être aucunement contrarié par les notables
conscients de leur incapacité : c'est le monde à l'envers.

La peste arrête les guerres, faute de combattants : elle
prend des villes où personne ne veut plus entrer, de
peur d'être victime de la contagion. L'armée des cavaliers mongols de la Horde d'or en 1347 n'a pas conquis
le comptoir génois de Caffa, en Crimée : les Mongols
n'eurent pas le temps de monter à cheval pour pénétrer
en force dans la ville assiégée, qui demandait grâce. Ils
moururent sur place, comme anéantis par le feu du
Ciel. Aucune guerre, aucune famine ne pouvait alors
prétendre rivaliser avec la peste, premier ennemi de
l'humanité.

La plupart des grandes cités occidentales avaient été
les victimes de l'épidémie, au point d'y laisser une
grande partie de leur population. La peste revenait
régulièrement dans Paris, presque tous les dix ans, on
ne savait pourquoi, et dans les grands ports européens :
où trouver des médecins pour soigner les Londoniens
en 1664 ? Un habitant de la capitale britannique sur
quatre devait y laisser la vie, plus de 100 000 au total.

Pourquoi des médecins, puisqu'il n'y avait pas de
médecine ? Ceux de Marseille, en 1720, fuyaient le mal
ou s'en isolaient en portant des longs masques, comme
si l'on pouvait échapper ainsi à la puce du rat : l'ignorance était bien la cause du drame humain de la peste.

Elle devait frapper longtemps encore, bien que l'on
connût tout son pedigree tragique. L'épisode raconté
par le romancier Albert Camus n'est pas imaginaire : il
ne s'est pas passé à Oran, où le situe l'auteur, mais à
Alger. Les Algérois ont effectivement vécu deux épidémies successives de peste en 1930 et en 1944. Bien
que les victimes fussent relativement peu nombreuses,
on y enterrait les corps, comme au Moyen Âge, précipitamment et dans des fosses communes.

À Paris même, en 1920, le mal avait connu une surprenante recrudescence, alors que la vigilance du corps médical était endormie. En vingt ans, au début du siècle, l'Inde devait brûler les corps de plus de 9 millions de victimes.

La connaissance de la maladie ne suffisait pas à en prévenir le ressac, quand elle parvenait à forcer des barrières sanitaires insuffisantes. Comment protéger 500 millions d'hommes en même temps contre la puce du rat, quand on ignore encore le DDT?

La plus active protection contre la peste reste plus que jamais la quarantaine des navires, la destruction massive des rats, l'isolement des victimes, la désinfection des lieux, toutes mesures qui n'empêchent pas le mal de sévir encore, après la Seconde Guerre mondiale, en Inde, dans le sud-est asiatique, à Java, en Amérique du nord où les réservoirs à virus ne sont pas détruits, en Amérique latine et en Afrique du Sud.

L'essentiel de la prévention repose sur la surveillance des grands courants de navigation. On vaccine contre la peste, on la traite à la streptomycine : le traitement est relativement moins coûteux que la surveillance et la prévention qui exigent la présence au sol d'un personnel médical qualifié, constamment en alerte, pays par pays, pour dénoncer aussitôt le péril à l'OMS.

Prévention et vaccination, la peste est un mal universel qui n'est pas totalement éradiqué de la planète, en raison de la résistance des souches. Mais il est relativement facile et peu coûteux de le maîtriser s'il resurgit, en utilisant toutes les ressources de la production de vaccins et de médicaments, et celles de l'organisation sociale de la santé, capable de dépêcher sur les lieux menacés des équipes de secours, qui savent comment s'attaquer efficacement aux germes.

Potentiellement, la peste n'existe plus. Historiquement, elle a été l'épidémie la plus redoutable pour les sociétés humaines qui n'avaient d'autre moyen de s'y opposer que de faire le vide devant elle ou de tenter d'isoler par la force les populations touchées. Des remèdes sociaux, à défaut d'armes biologiques.

*
* *

Les cas du choléra et de la variole sont différents. Les décès spectaculaires des familles royales en Occident, la découverte empirique du vaccin grâce à l'observation des animaux et à l'expérimentation ont laissé le corps médical longtemps en dehors des méthodes actives de prévention. Pour la première fois on vaccinait, des hommes prenaient le risque de servir de cobayes, ou de confier, comme le duc d'Orléans, leurs propres enfants à la piqûre du praticien expérimentateur. L'élite donnait l'exemple de la confiance dans la recherche et désavouait l'institution médicale fossilisée dans des pratiques d'un autre âge.

Il reste que la variole faisait périr 400 000 personnes par an encore au XVIIIᵉ siècle et que, jusqu'à la découverte du virus par Jenner chez les bovidés, les plus hardis en étaient réduits à insérer sous la peau une sorte de variole artificielle, mithridatisation sommaire dont les résultats pouvaient être désastreux.

Depuis 1797, on avait mis la population à l'abri de l'épidémie, du moins en Europe et en Amérique, en utilisant encore des moyens de prévention très modestes. Il restait pourtant des cas nombreux de variole dans le monde, ce qui contraignait l'OMS en 1967 à lancer un programme « d'éradication ».

Malgré le faible coût des vaccins, les zones à couvrir étaient si vastes que 100 millions de dollars furent nécessaires pour traiter 15 millions de cas, dont deux étaient mortels, dans trente-trois pays. En 1977, le nombre des malades était tombé à 3 000. Dix ans plus tard, on pouvait afficher la disparition probable de la variole.

Le choléra était plus résistant. En 1830, impossible de le combattre, sinon par des moyens rudimentaires. Les médecins juifs de Carpentras, si l'on en croit Jean Giono, examinaient des cadavres « culbutés juste sur le seuil de la petite porte de la synagogue ». Le silence des villes était impressionnant. Personne n'osait sortir. On disait à Marseille que l'eau des citernes était souillée. Les médecins piquaient les malades au laudanum, à la morphine. La peau noire du visage annonçait le naufrage. Il n'y avait rien à faire contre la cyanose des organes.

La campagne de Provence ressemblait à un champ de bataille où les corbeaux guettaient les cadavres, becquetant les yeux des morts. Les médecins frictionnaient les membres de ceux qui n'étaient pas encore à l'agonie, enveloppaient les ventres de gilets de flanelle, sans pouvoir, la plupart du temps, sauver les victimes.

La médecine était sans armes. Après la découverte du bacille-virgule en 1905 et la préparation de vaccins à bon marché, on pouvait croire le monde à l'abri de l'épidémie. Elle resurgissait en Russie en 1920, lors de la grande famine de la guerre civile, dans les années soixante-dix en Espagne en raison de la pollution des eaux. Le choléra restait présent sur de vastes zones en Inde et au Bangladesh, pays de famine endémique, occasionnant la mort de dix mille personnes par an sur une population contaminée de 500 000 personnes. Éradiquer le choléra était un autre objectif de l'OMS.

La recherche biologique était l'arme essentielle. Sans les progrès des pasteuriens, de Koch en Allemagne, sans l'isolement et l'étude du virus, les épidémies courraient encore le monde, de port en port, encore plus vite par le trafic aérien. La recherche chimique était l'autre arme capitale : la découverte du quinquina, puis de la quinine, de la pénicilline, surtout, après les sulfamides permettait de soigner les maladies avec une efficacité et une rapidité stupéfiantes, pendant que l'on essayait enfin de proposer, avec beaucoup de difficultés, des vaccins même contre la tuberculose.

Seule l'apparition des antibiotiques avait pu venir à bout de la maladie qui avait tué le Dr Laennec, jusqu'ici soignée par les moyens drastiques de la chirurgie ou par les cures en sanatoriums dans les régions montagneuses : le bacille de Koch devenait en effet fragile quand il manquait d'oxygène. L'altitude était censée aider les malades à tuer leurs propres germes. La généralisation du vaccin BCG ajoutait ses heureux effets aux traitements et permettait aux pays dotés d'un encadrement médical convenable de faire régresser l'épidémie très sérieusement de 1946 à 1970.

Les migrations des peuples du sud vers le nord entraînaient un regain de vigueur du bacille, en raison de l'absence d'immunité de ces populations devenues, dans les climats malsains et les conditions de vie précaires des banlieues européennes, très sensibles à une nouvelle attaque du grand fléau social du XIXe siècle. Les effets du sida, destructeur des défenses de l'organisme, accroissaient le risque d'un nouveau départ toujours possible de la maladie qui préoccupait l'OMS.

Ces effets furent également remarqués dans la recrudescence de la syphilis que l'on croyait disparue. Pourtant des mesures sociales drastiques, avec dépistage obligatoire lors des incorporations et des visites prénuptiales, jointes aux traitements par antibiotiques avaient pratiquement anéanti l'épidémie au point qu'un tout petit nombre des tests, moins de 2 %, sur 107 000 personnes examinées, devait se révéler positif en France de 1991 à 1993.

En avait-on fini avec la vérole ? Un tiers des malades

encore contaminés souffraient aussi du sida. Une éva-
luation de l'OMS en 1994 faisait apparaître qu'il existait encore dans le monde au moins 5 millions de
malades de la syphilis, dont certains étaient résistants à
tout traitement connu, et même aux plus récents antibiotiques. Pour ces maladies traditionnelles butant sur
des obstacles imprévus en fin de parcours, une nouvelle
étape dans la recherche biologique était nécessaire.

*
* *

La syphilis, le choléra, la tuberculose étaient des
fléaux dont on pouvait attribuer le développement à
des causes sociales, aisément identifiables. Aucune
autorité administrative ne pouvait empêcher la peste
véhiculée par les puces d'entrer dans Marseille, même
si l'on bouclait la ville et si les équipages étaient mis en
quarantaine. Le virus se riait de tous les obstacles, profitait de toutes les fissures, sautait d'un corps à l'autre
sans limite.

Pour combattre la syphilis, on pouvait s'en prendre à
des milieux particuliers, identifiables, bien que fluides
et presque volatils, par exemple fermer les étuves et les
bordels, réglementer les conditions sanitaires de l'exercice de la prostitution, contrôler les populations de
militaires et de marins.

Le choléra exigeait la mise en place d'un système
d'égouts dans les villes, d'adduction de l'eau potable
jusque dans les villages, le contrôle de la distribution de
l'eau. Il pouvait recevoir une solution capitaliste, urba-
nistique, en dehors des efforts des médecins. La
Provence de Giono ignorait le tout-à-l'égout et les
filtres sur les robinets. Elle était à la merci d'une infection, comme plus tard l'Espagne de Franco.

La tuberculose était objectivement la plus sociale des

épidémies, touchant les populations ouvrières surme-
nées, mal logées, soumises à des journées de travail
interminables dans des villes sans confort. La lutte
contre ce fléau était entreprise par les associations cari-
tatives dans les pays industriels protestants mais aussi
chez les catholiques et dans le cadre des politiques
européennes de colonisation, qui impliquaient généralement une action sanitaire.

La France républicaine imaginait des solutions
urbaines au fléau, en construisant (dans les années
vingt) des ceintures de logements aérés et chauffés
dans les zones ouvrières. L'intervention des pouvoirs
politique, syndical, confessionnel en faveur des plus
défavorisés permettait, par des distributions de lait aux
enfants, de vitamines aux écoliers pendant les guerres,
par la consommation accrue, après le retour à la paix
en 1945, des protéines et des lipides dans les régimes
alimentaires, de défendre le tissus organique, de l'armer
contre l'agression bacillaire que la médecine parvint
assez tard à combattre.

Dans ce cas d'épidémie aussi, les défenses sociales
intervenaient avant les véritables solutions médicales.
L'éradication biologique de la maladie ne viendrait que
de surcroît. Les mesures de défense élémentaires
l'avaient déjà sensiblement réduite, ou du moins limitée dans son développement.

En serait-il de même du sida, décelé dans quelques
communautés spécifiques d'homosexuels et de drogués? Les travaux de la biologie moléculaire avaient
inversé, en apparence, les termes du rapport. Pour
identifier la tuberculose, qui avait tué tant de victimes
illustres de la phtisie galopante depuis des siècles, on
avait dû attendre 1882. Pour reconnaître le tréponème
pâle qui avait empoisonné la vie amoureuse de
Casanova et bien auparavant celle des chevaliers français à Naples, on avait dû patienter jusqu'aux travaux

de Shaudinn et Hauffmann au début du XXᵉ siècle. Les chercheurs de Pasteur sautaient de joie après la découverte si précoce de Luc Montagnier, quelques mois seulement après le repérage des premiers effets du sida.

Il fallut déchanter : les moyens d'investigation considérables mis à la disposition des équipes ne permettaient pas de trouver un fil rouge dans le labyrinthe terrifiant des rétrovirus qui s'adaptaient au milieu organique, pénétraient les défenses, modifiaient leur composition pour déjouer les contre-attaques, empêchaient la mise au point d'un vaccin. Le sida n'était pas un virus ordinaire mais un virus à effet-retour imprévisible, un rétrovirus.

La difficulté d'obtenir un vaccin n'empêchait pas la découverte de certaines substances d'antiviraux capables de retarder l'évolution et de provoquer des rémissions en cas de dépistage précoce, d'empêcher la contagion de la mère à l'enfant porté et de retarder l'apparition des maladies « opportunistes ».

Mais des moyens importants devaient agir sur la prévention de la maladie, en organisant le milieu social de base le plus susceptible d'être la proie du fléau. Une fois la population des homosexuels et des toxicomanes avertie et pourvue des défenses essentielles, le cheminement de la maladie pouvait être mieux maîtrisé, mais le sida a alors opéré une percée intercontinentale dans les pays du tiers-monde, où les moyens de lutte n'existaient pas. On estimait en 1993 la dépense des pays africains à 300 dollars seulement par an et par malade, et à 50 000 dollars aux États-Unis...

Le discours international sur le « monde-un », les progrès de la communication et de la connaissance des épidémies rendent insupportable aujourd'hui cette disparité de traitement, mais ne suggérent pas de réponse appropriée. Le sida est englobé dans l'inégalité fondamentale Nord-Sud dont il n'est que l'aspect le plus scandaleux.

Ainsi la dernière des épidémies du deuxième millénaire incite à penser que les progrès fulgurants de la biologie et de la médecine peuvent probablement apporter des réponses plus rapides et constituer, demain peut-être, un front d'attaque efficace, mais que la fracture béante entre les deux mondes reste ouverte à toutes les nouvelles agressions, qu'elles soient militaires ou virales. Jadis, la peste avait à la longue provoqué une réflexion sur l'inégalité parmi les hommes. Le sida, au temps du village global, l'a portée devant l'opinion publique avec une vigueur accrue. Plus dure que le rétrovirus est la haine ou l'indifférence glacée de l'homme pour l'homme.

Table des matières :

Direction littéraire

Huguette MAURE

assistée de

Deborah KAUFMANN

Impression réalisée sur CAMERON par
BRODARD ET TAUPIN
La Flèche

pour le compte des Éditions Michel Lafon
en août 1999

ISBN : 2-84098-496-2
Dépôt légal : septembre 1999
N° d'impression : 6139W